SALZBURG ARCHIV 31

SALZBURG ARCHIV

SCHRIFTEN DES VEREINES
FREUNDE DER SALZBURGER GESCHICHTE

Band 31

SCHRIFTLEITUNG

Peter Husty · Wilfried K. Kovacsovics
Peter F. Kramml · Johannes Lang
Sabine Veits-Falk · Alfred Stefan Weiß

Hans Widmann (1847–1928)

Der Geschichtsschreiber Salzburgs

Historische, landeskundliche und biographische Texte
ausgewählt und eingeleitet von Christoph Mayrhofer

Salzburg 2006

Gedruckt mit Unterstützung von:

Land Salzburg

Landeshauptstadt Salzburg

Archiv und Statistisches Amt der Stadt Salzburg

Salzburger Körperschaft der Kirchenfreien

Bibliografische Information Der Deutschen Bibliothek

Die Deutsche Bibliothek verzeichnet diese Publikation in der Deutschen Nationalbibliografie;
detaillierte bibliografische Daten sind im Internet über http://dnb.ddb.de abrufbar.

© 2006 Verein „Freunde der Salzburger Geschichte"
Im Eigenverlag des Vereines
A-5020 Salzburg, Augustinergasse 4
Postanschrift: A-5026 Salzburg, Postfach 1
Tel. und Fax: +43/(0)662/62 15 99
E-mail: freunde@salzburger-geschichte.at
www.salzburger-geschichte.at
Umschlagbild vorne: Das Weitmoserschlössl, Lithographie
bei Josef Oberer, um 1845 (SMS)
Umschlagbild hinten: Hans Widmann, Photographie 1900 (SLA)
Umschlaggestaltung: Mag. Herbert Moser, CCM Salzburg
Satz und Layout: Dr. Peter F. Kramml
Druck: Neumarkter Druckerei Gesellschaft m. b. H.

ISBN 3-902582-00-6
ISBN 978-3-902582-00-3

Inhaltsverzeichnis

Vorwort

„Die ‚Geschichte Salzburgs', die Hans Widmann 1907–1914 in drei Bänden veröffentlichte, war und ist eine ganz außergewöhnliche Leistung."[1] Mit dieser Feststellung leitet der Herausgeber Heinz Dopsch den ersten Band der großen achtbändigen Geschichte Salzburgs ein, die ab 1981 erschien und das Werk Hans Widmanns nach immerhin siebzig Jahren als Standardwerk ablöste. Neben diesem monumentalen Werk hat Hans Widmann Aufsätze in verschiedenen historischen Zeitschriften veröffentlicht. Vor allem in den von ihm von 1902 bis 1910 redigierten „Mitteilungen der Gesellschaft für Salzburger Landeskunde" hat er einzelne Aspekte der Salzburger Landesgeschichte herausgearbeitet, zum Teil als Vorarbeiten zu seinem Hauptwerk, zum Teil als Vertiefung von Themen, die ihn besonders interessierten.

Neben diesen allgemein bekannten und auch immer wieder zitierten historischen Arbeiten hat Hans Widmann jedoch auch eine sehr große Zahl an kleineren Texten verfasst, die hauptsächlich in verschiedenen Zeitungen erschienen sind. Diese naturgemäß nicht so leicht zugänglichen Artikel behandeln in gut lesbarer Weise ein breites Spektrum an zumeist historischen oder literarischen Themen. Die verschiedenen Formen der Darstellung dieser Themen reichen von der Novelle vor historischem Salzburger Hintergrund bis zur kleinen Studie mit heute noch relevanten und beachtenswerten Ergebnissen. Diese formalen Eckpunkte umreißen auch schon die beiden Ziele, die die vorliegende Publikation dieser kleineren Arbeiten von Hans Widmann verfolgt und die auch die Auswahl der Texte bestimmt hat: Das Buch soll als historisches „Lesebuch" zur Unterhaltung dienen und gleichzeitig – sozusagen nebenbei – einige interessante, aber wegen ihres teilweise versteckten Publikationsorts bisher unbeachtete Forschungsergebnisse Hans Widmanns wieder zugänglich machen. Auf eine umfangreiche Kommentierung wurde dabei bewusst verzichtet. Im Anhang wird neben dem Zitat vor allem jene Literatur geboten, in der der aktuelle Forschungsstand bzw. Ausführlicheres zum jeweiligen Thema nachgelesen werden kann. Die als Einleitung gedachte biographische Skizze zu Hans Widmann soll die Einordnung der einzelnen Artikel in die Zeitumstände erleichtern.

Hans Widmann. Von ihm signierte und mit 12. Jänner 1900 datierte Photographie (SLA).

Hans Widmann (1847–1928)
Eine biographische Skizze

Wie viele andere wichtige Salzburger Historiker vor und nach ihm ist auch Hans Widmann kein geborener Salzburger[2]. Er kam am 11. März 1847 als Sohn von Georg Widmann, Besitzer einer Gärtnerei, und Maria, geborene Spornberger, in Bozen auf die Welt. Nach der Volksschule besuchte er das Bozener Gymnasium der Franziskaner[3]. Dort lehrte auch sein Onkel Pater Innozenz Widmann, der sich als Mathematiker und Philologe mit ebenso weit auseinander liegenden Gebieten beschäftigte, wie das später auch bei Hans Widmann beobachtet werden kann. Nach dem erfolgreich absolvierten Gymnasium studierte er ab 1867 an der Universität Innsbruck Geschichte, Geographie und Deutsch. Dort gehörten die Historiker Julius Ficker und Alfons Huber und der Germanist Ignaz Zingerle, mit dem er auch Reisen unternahm[4], zu seinen Lehrern. Schon ein Jahr nach Studienbeginn, im Jahre 1868, wurden die ersten historischen Arbeiten Widmanns veröffentlicht, die sich schon damals mit Landesgeschichte beschäftigten[5]. Er wird sich auf allen weiteren Stationen seines Lebens mit der Geschichte jenes Landes auseinandersetzen, in dem er gerade lebt, und jeweils Arbeiten zu diesem Thema veröffentlichen.

In den Jahren 1871 und 1872 erhielt er die Lehrbefähigung für Geschichte, Geographie und Deutsch für das gesamte Gymnasium. Am 22. Oktober 1872 wurde Hans Widmann zum Doktor der Philosophie promoviert, übrigens ohne eine Dissertation geschrieben zu haben, denn damals galt noch die alte Rigorosenordnung für die philosophischen Studien, die eine Dissertation nicht vorsah[6].

Noch im Jahr 1872 erhielt Widmann am Staatsobergymnasium in Görz eine feste Anstellung als Lehrer. Dort konnte er einige Arbeiten zu historischen und literarischen Themen veröffentlichen, die Tätigkeit an der Schule brachte jedoch Probleme mit sich. Als Liberaler hatte er Schwierigkeiten mit seinen klerikalkonservativen Vorgesetzten. Zwischen den klerikal gesinnten konservativen Slowenen und den ihre dominante Stellung verteidigenden Italienern bzw. Friulanern hatte der Liberale Hans Widmann in Görz einen schweren Stand. Nicht nur, dass die Liberalen grundsätzlich zentralistisch ausgerichtet waren und damit den Selbstständigkeitsbestrebungen von italienischer und slowenischer Seite skeptisch gegenüber standen, die slowenische Emanzipation wurde noch dazu durch konservative Kirchenmänner getragen, die sich mit Deutsch-Klerikalen verbündeten[7].

Um diesen Problemen zu entgehen, suchte er schon bald um Versetzung an. Nach zwei Schuljahren in Görz wurde er schließlich im Jahr 1874 an die Oberrealschule in Steyr versetzt[8]. Dort konnte er sich endlich auch gesellschaftlich etablieren und er wurde u. a. Schriftführer des Volksschulvereines, der sich besonders um die Kinder der Steyrer Fabrikarbeiter kümmerte, und engagierte sich überhaupt in Schulfragen. Besonders deutlich wird seine damalige Einstellung zur Schulfrage in einem Artikel aus dem Jahr 1876, in dem er die sogenannte Neuschule, also die von kirchlicher Aufsicht befreite, staatlich kontrollierte und interkonfessionelle Schule, verteidigte: „Die Geschichte bietet uns Tatsachen genug, um zu zeigen, daß wahre Sittlichkeit ohne den Katholicismus, ja ohne Christentum möglich war. [...] Die Verläumdung der Schule ist eine Waffe im Wettkampfe zweier Richtungen um die Gewinnung der Schule, der Jugend, des Volkes. Der Liberalismus will eine Jugend, welche frei von Vorurteilen ist, den Gesetzen Achtung entgegenbringt, frei, offen und ehrlich ihre ehrlichen Ziele anstrebt und zu so wahren Menschen auf Erden wird, als es der Menschheit möglich ist, – während die andere Richtung das Zurückhalten des Volkes auf dem Wege der Aufklärung hauptsächlich aus dem Grunde anzustreben scheint, um dasselbe noch länger für ihre Zwecke ausbeuten zu können. Wird eine Generation herangezogen, welche den alten Vorurteilen keinen Raum mehr gönnt, dann fallen selbstverständlich eine Menge von Messgeldern, Beichtgroschen und Opferpfennigen weg, dann wachsen die Kapitale der todten Hand nicht mehr, dann werden vielleicht die Milliönchen Peterspfennige zu einem Erhaltungsfonde für die Volksschulen!"[9] Man kann sich lebhaft vorstellen, wie solche Äußerungen eines 29jährigen auf konservativ-klerikale Vorgesetzte gewirkt haben.

Im Jahr 1882 heiratete Widmann Maria von Mathes, die Tochter des Linzer Landesgerichtsvizepräsidenten Karl August Ritter von Mathes. Mit seiner Frau, die „Minka" genannt wurde[10], hatte er zwei Söhne, Karl und Walter, und eine Tochter Lilly.

Die Schwierigkeiten, die Widmann durch seine liberale Einstellung hatte, blieben eine für ihn unangenehme Konstante in seinem weiteren Berufsleben. Dass ab 1879 die Konservativen wieder an die Regierung kamen und auch das Bildungswesen in ihrem Sinn beeinflussten, erschwerte seine berufliche Entwicklung zusätzlich. Symptomatisch dafür sind die Ereignisse rund um eine Ausstellung in Steyr im Jahr 1884. Der kulturgeschichtliche Teil der Ausstellung, der von Widmann zusammengestellt wurde, hat Kaiser Franz Josef I. bei seinem Ausstellungsbesuch besonders beeindruckt, weshalb er aus diesem Anlass neben anderen Persönlichkeiten für einen Orden vorgeschlagen wurde. Aufgrund seiner liberalen Gesinnung wurde sein Name jedoch von der Liste gestrichen. Eine positive Folge hatte die Ausstellung dennoch für ihn: er wurde zum korrespondierenden Mitglied der k. k. Zentralkommission zur Erhaltung und Erforschung der kunst- und historischen Denkmale ernannt, deren Ziele er in der Folge auch hartnäckig und streitbar unterstützte[11].

Veröffentlicht hat Hans Widmann in seiner Zeit in Steyr neben Führern über Steyr und Windischgarsten[12] vor allem zwei Arbeiten zur Geschichte Oberösterreichs in der Römerzeit, darunter den entsprechenden Abschnitt im sogenannten

Kronprinzenwerk, einer reich illustrierten Beschreibung der einzelnen Teile des Habsburgerreiches unter historischen, geographischen und volkskundlichen Gesichtspunkten, die Kronprinz Rudolf in die Wege geleitet und an der er auch selbst mitgearbeitet hat[13].

Im Jahr 1887 wurde die Oberrealschule in Steyr geschlossen und Widmann nach Brünn versetzt. Noch während des ersten Schuljahres in Brünn bewarb er sich um eine Stelle am Staatsgymnasium in Salzburg und wurde dieser Schule mit Beginn des Schuljahres 1888/1889 auch zugewiesen. Im Alter von 41 Jahren kam er so in die Stadt Salzburg, die er schließlich „als zweite Heimatstadt" liebte[14], mitunter auch als seine „geliebte Adoptivvaterstadt" bezeichnete[15]. Gewohnt hat Widmann im Haus der Schwiegereltern in der Arenbergstrasse 1; das Vorhandensein dieser besonders schön gelegenen Wohnung, die er bis 1896 bewohnte[16], dürfte mit ein Grund gewesen sein, warum er sich nach Salzburg beworben hatte. Am Gymnasium unterrichtete er die drei Fächer, zu denen er die Lehrbefähigung hatte und war auch Kustos der geographisch-historischen Lehrmittel. Aber auch in Salzburg verleideten ihm Probleme mit den Vorgesetzten die Tätigkeit an der Schule. Später bereitete ihm seine zunehmende Kurzsichtigkeit Probleme beim Unterrichten.

In seiner ersten Zeit in Salzburg hat Widmann sich vor allem mit Literaturkritik beschäftigt und wird geradezu als „Literaturhistoriker"[17] bezeichnet. Er wurde dabei „den jungen Stürmern und Drängern ein guter und weiser Förderer und den Alten der Feder oft ein treuer Berater", wie sein Freund Anton Breitner meinte[18], und verfasste eine Fülle von Kritiken, die zumeist im Salzburger Volksblatt erschienen. Seine Sympathie galt dabei den damals modernen Autoren mit ihrer sozialkritischen Weltsicht. Widmann, der selbst einige konventionelle Gedichte veröffentlich hat[19], verkehrte im Kreis der „Literatur- und Kunstgesellschaft Pan"[20]. In Vorträgen[21] und umfangreicheren Besprechungen[22] versuchte er, Leben und Werk der wichtigsten Mitglieder dieser Vereinigung einer durchaus sehr reservierten Salzburger Öffentlichkeit nahe zubringen, verlor dabei jedoch nie seine kritische Distanz. Zu nennen sind da vor allem Irma von Troll-Borostyáni, die sich besonders mit Frauenfragen beschäftigte, Hans Demel, der unter dem Pseudonym Hans Seebach mit seinem Stück „Glockenspielkinder" den größten Salzburger Theaterskandal der Zeit hervorrief und Burghard Breitner, dessen naturalistische Dramen unter dem bezeichnenden Namen Bruno Sturm erschienen und auch aufgeführt wurden[23]. Burghard Breitner war der Sohn des Privatgelehrten und Schriftstellers Anton Breitner, mit dem Widmann eine langjährige Freundschaft verband. Anton Breitner verehrte den Schriftsteller Josef Viktor von Scheffel und war ein ausgewiesener Gegner der damals modernen Literatur. In ihr sah er eine „Ausgeburt von Dreck und Feuer" und empfahl sogar, sich nach der Lektüre „den Mund mit Odol zu spülen"[24]. Dass Breitner Widmann „der neueren und neuesten Literatur nahe" brachte, wie Franz Martin meint, ist also ein offensichtlicher Irrtum, wie auch Widmanns Charakterisierung seines Verhältnisses zu Breitner zeigt: „Denn trotz aller Liebe, die ich zu ihm hege, hat er aus meinem Munde mehr Tadel als Lob erfahren und unsere Meinungen waren stets so verschieden wie unsere ganze Anlage, unser ganzer Charakter, unsere literarischen Neigungen und Abneigungen, wie – zwei Weltanschauungen möchte ich sagen, wenn das nicht zu hochtrabend klänge."[25] Es zeugt von der liberalen Gesinnung der beiden Freunde, dass das persönliche Verhältnis trotz dieser stark unterschiedlichen Standpunkte nie eine Trübung erfuhr.

Mit dem Ende des Schuljahres 1902/1903 wurde Widmann auf eigenen Wunsch in den Ruhestand versetzt[26]. Hatte er sich bisher schon immer wieder in kleineren Arbeiten mit der Salzburger Geschichte beschäftigt, so verfügte er jetzt über die notwendige Zeit, sich intensiver mit dem Thema zu beschäftigen. Und auch die Gelegenheit ergab sich bald, als ihn der Herausgeber der „Deutschen Landesgeschichten", Armin Tille, noch im Jahr 1903 beauftragte, für diese Reihe die Geschichte Salzburgs zu bearbeiten. Widmann hat dabei versucht „eine Geschichte des Landes, nicht, wie bisher immer geschehen, seiner Fürsten zu schreiben"[27]. Dazu waren zusätzlich zur Verarbeitung der schon damals umfangreichen Literatur zum Thema auch eigene Quellenstudien nötig. Umso erstaunlicher ist es, dass der erste Band, der den Zeitraum bis 1270 behandelt, schon im Jahr 1907 erscheinen konnte. Er widmete ihn seiner Frau Maria. Nur zwei Jahre später, im Jahr 1909, erschien der zweite, bis 1519 reichende Band, der der Gesellschaft für Salzburger Landeskunde zum 50. Bestandsjubiläum 1910 gewidmet ist. Mit dem die Neuzeit bis 1805 behandelnden dritten Band, der 1914 erschien, waren die über 1435 Druckseiten der Geschichte Salzburgs abgeschlossen und blieben, wie schon oben erwähnt, für die folgenden 70 Jahre das Standardwerk zur Salzburger Geschichte.

Neben dieser für einen einzelnen ohnehin nur schwer zu bewältigenden Arbeit hat Widmann in unzähligen Zeitungsartikeln ganz wesentlich zur Verbreitung von Wissen über Salzburger Geschichte beigetragen. Die meisten dieser Artikel sind im Salzburger Volksblatt erschienen, der damals auflagenstärksten Salzburger Zeitung, die politisch zuerst liberal und dann gemäßigt deutschnational ausgerichtet war[28]. Diese politische Ausrichtung kam Hans Widmann, der Zeit seines Lebens ein Altliberaler blieb, durchaus entgegen. Die in den 1870er Jahren einsetzende Differenzierung der Liberalen in die Deutschliberalen und die „jungen" Deutschnationalen[29] fand ihn trotz seines damals jugendlichen Alters auf der Seite der Deutschliberalen. Er hat den bestimmenden Einfluss der Kirche auf Staat und Gesellschaft sehr kritisch beurteilt, war aber nicht ausgesprochen antiklerikal eingestellt. Das zeigt unter anderem auch die in diesen Band aufgenommene Würdigung des Abtes von St. Peter, Willibald Hauthaler, in der er neben den Verdiensten für das Kloster und die Geschichtswissenschaft auch hervorhebt, dass Hauthaler „bei steter Betonung seines kirchlichen Standpunktes sich immer von echt humaner Gesinnung leiten ließ, sich niemals zum Organe extremer Anschauungen machte"[30]. Auch antisemitische oder extrem nationalistische Ansichten waren ihm fremd, er blieb als Altliberaler ein „österreichischer Deutscher". Seine zumeist moderate Meinung äußerte er zwar stets sehr dezidiert, respektierte aber andererseits auch divergierende Meinungen. Dies erweist sich nicht nur in der schon erwähnten langjährigen Freundschaft mit Anton Breitner, sondern zeigt sich auch in der Beurteilung Widmanns durch Andersgesinnte. So hat die Salzburger Chronik, das Organ des „gegnerischen" katholischen Lagers, ihm einen langen positiven Nachruf gewidmet, der nur in einem etwas verklausulierten und relativierenden Satz auf weltanschauliche Differenzen in der historischen Beurteilung eingeht[31]. Typisch für ihn ist, dass bei vielen Arbeiten sein Blickwinkel keineswegs nur rückwärts gewandt war, sondern er durchaus wichtige Anregungen für die Zukunft gab[32]. Neben seinen streng wissenschaftlich geprägten historischen Arbeiten näherte er sich dem gestellten Thema auch in novellistischer Form und mitunter auf sehr humorvoller Weise.

Der Gesellschaft für Salzburger Landeskunde war Widmann seit seiner Übersiedlung nach Salzburg verbunden. Schon 1890 wurde er in den Ausschuss berufen, in den Jahren von 1902 bis in das Jubiläumsjahr 1910 redigierte er die „Mitteilungen", in denen er selbst zahlreiche wichtige Arbeiten veröffentlichte. Im Jahr 1910 wurde er zum Ehrenmitglied der Gesellschaft ernannt. Seit 1911 war auch Widmann im Verwaltungsrat des Salzburger Museums Carolino Augusteum tätig. Zum Korrespondenten des k. k. Archivrates wurde er 1914 ernannt[33].

Der Erste Weltkrieg brachte für Widmann schwere Schicksalsschläge. Er verlor zwei seiner drei Kinder. Sein ältester Sohn Karl fiel 1915 am Isonzo. Seine Tochter, die mit dem ehemaligen Kollegen ihres Vaters, Professor Ferdinand Niedermayr[34], verheiratet war, starb im August 1918 unter tragischen Umständen[35]. Schwierigkeiten bei der Lebensmittelversorgung in Salzburg nach dem Weltkrieg zwangen ihn schließlich, im Jahr 1921 nach Henndorf zu übersiedeln. Seine Bibliothek musste er jedoch in Salzburg zurücklassen und auch die anderen Informations- und Diskussionsmöglichkeiten in der Stadt Salzburg standen ihm nun nicht mehr zur Verfügung. Nach 1920 hat Widmann, dem das Schreiben sozusagen zur zweiten Natur geworden war, deshalb nur noch eine einzige größere Arbeit veröffentlichen können, nämlich „Der Lohbauer. Ein Beitrag zur Geschichte des geistigen Lebens im alten Salzburg", die 1923 in einem Sammelband erschien[36] und hier als letzter Text aufgenommen wurde. Das Buch, das dieser Arbeit zugrunde liegt, hat er bezeichnenderweise in der Bibliothek eines Henndorfer Gasthauses gefunden.

Zu seinem 75. Geburtstag wurde ihm 1922 der Titel eines Regierungsrates verliehen. Als er 1926 wieder nach Salzburg, in seine Wohnung in der Westbahnstrasse (heute Rainerstrasse) Nr. 2 zurückkehren konnte, war er „nur mehr ein Schatten von einst, ein hilfloser Greis. Fast blind und taub, musste er fast jeden Verkehr aufgeben."[37] Aus dem Jahr 1926 stammt auch die letzte, dem Herausgeber bekannt gewordene kleine Veröffentlichung von Widmann[38]. Zum 80. Geburtstag 1927 wurde ihm von der Stadt Salzburg das Bürgerrecht verliehen.

*Hans Widmann mit 80 Jahren. Photographie
aus der Zeitschrift „Bergland" 1927, Heft 3, S. 48.*

Nach dreiwöchiger Krankheit starb er schließlich am 25. Oktober 1928 an Al-
tersschwäche. Er hinterließ *außer wertlosen Kleidungsstücken* nur seine wissenschaftliche Bibliothek, für die er bereits in seinem Testament vom 1. Jänner
1917 Vorsorge getroffen hatte[39]. Ein Teil ging an das Museum Carolino Augusteum, darunter die Sammlung seiner *kleinen Beiträge in Zeitungen*[40], ein
weiterer Teil ging an die k. k. Studienbibliothek, heute Universitätsbibliothek
Salzburg[41]. Sein Freund Franz Martin, der ihm einen umfangreichen Nachruf in
den Mitteilungen der Salzburger Landeskunde widmete, wurde als einzige Person, die nicht zur Familie gehörte, im Testament bedacht. Einem im Testament
geäußerten Wunsch, der nur aus seiner schwierigen persönlichen Lage im Jahr
1917 verständlich ist, hat man allerdings nicht entsprochen, nämlich, *dass die
Welt mich bald vergessen möge, wie ich ihrer längst vergessen habe.* An seiner
Bahre legte Landeshauptmann Franz Rehrl einen Kranz nieder mit der Inschrift
„Dem Geschichtsschreiber Salzburgs". Begraben wurde Hans Widmann am
Salzburger Kommunalfriedhof[42]. Nur wenige Jahre nach seinem Tod, im Jahr
1936, wurde eine Strasse in der Stadt Salzburg nach ihm benannt[43].

Hans Widmann hat die erste „moderne" Landesgeschichte für Salzburg geschaffen, die für über siebzig Jahre das Standardwerk zum Thema war. Neben
seiner wissenschaftlichen Genauigkeit war es vor allem die gute Lesbarkeit seiner größeren Arbeiten und eben auch der in diesem Band vor allem abgedruckten Zeitungsartikel, die wesentlich zur Verbreitung von historischem Wissen in
Salzburg beigetragen haben.

Anmerkungen

1 Heinz Dopsch, Vorwort zu Bd. I/1 Vorgeschichte, Altertum, Mittelalter, in: Derselbe und Hans Spatzenegger (Hg.), Geschichte Salzburgs. Stadt und Land, Salzburg 1981, S. 7.

2 Wo nicht anders angegeben stützt sich diese biographische Skizze auf den von seinem Schüler und Freund Franz Martin verfassten ausführlichen Nekrolog: Hans Widmann, in: Mitteilungen der Gesellschaft für Salzburger Landeskunde (künftig: MGSL) 69 (1929), S. 175–183.

3 Dieselbe Schule besuchte übrigens später der Salzburger Maler Anton Faistauer; Anton Faistauer, Brief an Dr. Walter Minnich, in: Anton Faistauer (1887–1930), Katalog zur Sonderausstellung des Salzburger Museums Carolino Augusteum (Monografische Reihe zur Salzburger Kunst 30), Salzburg 2005, S. 9.

4 Hans Widmann, Mein erster Zeitungsartikel, in: Salzburger Volksblatt 1910, Nr. 197, S. 4.

5 Friedrich mit der leeren Tasche auf der Flucht in Proveis, in: Archiv für Geschichte und Altertumskunde Tirols 5 (1868); zwei kleine Aufsätze über „Kloster Wilten" und „Zwei alte Tiroler Festungen" im Innsbrucker Kalender 1868 und 1869.

6 Das ist die Ursache dafür, dass für Martin, Widmann (wie Anm. 2), S. 176 das Dissertationsthema „leider nicht mehr eruierbar" war. Ich danke dem Leiter des Innsbrucker Universitätsarchivs Peter Goller für die freundliche Auskunft.

7 In einem etwas misslungenen Bild meint Martin, Widmann (wie Anm. 2), S. 180, dass „schon im Mai seines Berufslebens, in Görz, ein Reif die Blüte sengte".

8 Ministerialerlass vom 24. Juni 1874, Jahresbericht des k. k. Obergymnasiums in Görz 24 (1874), S. 58.

9 Hans Widmann, Über die Verschlimmerung der sittlichen Haltung der Schuljugend, in: Zeitschrift des Oberösterreichischen Lehrervereines 8 (1876), Nr. 27, S. 315.

10 In der Parte für Hans Widmann im Salzburger Volksblatt 1928, Nr. 247 vom 26. Oktober, S. 11, heißt es: „Frau Minka Widmann, geb. Edle von Mathes ...".

11 Vgl. etwa die in diesem Band abgedruckten Arbeiten „Das alte Salzburger Schloß Kropfsberg" und „Das Linzer Tor in Salzburg".

12 Der Markt Windischgarsten und seine Umgebung, Steyr 1877; Führer von Steyr und Umgebung, Steyr 1884.

13 Die österreichisch-ungarische Monarchie in Wort und Bild. Oberösterreich und Salzburg, Wien 1889, S. 69–74; Das Land Österreich ob der Enns unter der Herrschaft der Römer. Programm der Realschule Steyr 1881.

14 Museum und Festung, in: Salzburger Volksblatt 1917, Nr. 22, S. 3.

15 Hans Widmann, Geschichte Salzburgs, Gotha 1907, Vorwort, S. XIII.

16 Archiv der Stadt Salzburg (AStS), Salzburger Altstadt-Informationssystem (SAIS).

17 Salzburger Volksblatt 1903, Nr. 251, S. 3.

18 Hans Widmann (Zu seinem 80. Geburtstag), in: Salzburger Volksblatt 1927, Nr. 57, S. 5.

19 Zumeist waren das Gelegenheitsgedichte, so z. B. „Vor Gottes Thron" auf den Tod Kaiser Franz Josef I. in: Salzburger Volksblatt 1916, Nr. 285, S. 3 f.; „1895–1920. Zur Hauptversammlung des D. u. Ö. Alpenvereins in Salzburg" in: Salzburger Volksblatt 1920, Nr. 205, S. 3; vgl. auch seine Mitarbeit an: Ambros Mayr (Hg.), Tiroler Dichterbuch. Herausgegeben im Auftrage des Vereins zur Errichtung eines Denkmals Walthers von der Vogelweide in Bozen, Innsbruck 1888.

20 Ernst Hanisch und Ulrike Fleischer, Im Schatten berühmter Zeiten. Salzburg in den Jahren Georg Trakls 1887–1914 (Traklstudien, Bd. 13), Salzburg 1986, S. 144.

21 Besprechung seines Vortrages „Moderne Salzburger Dichter" in der Gesellschaft für Salzburger Landeskunde: Salzburger Volksblatt 1903, Nr. 281, S. 3.

22 Hans Widmann, Moderne Salzburger Dichter. Randglossen zur deutschen Literaturgeschichte, herausgegeben von Anton Breitner. Bd. 10, Salzburg 1904.

23 Vgl. zu diesen Autoren Hanisch/Fleischer, Im Schatten berühmter Zeiten (wie Anm. 20), S. 138–142.

24 Ebenda, S.135.

25 Hans Widmann, Anton Breitner. Zu seinem fünfzigsten Geburtstag, in: Salzburger Volksblatt 1908, Nr. 64, S. 1.

26 Programm des k. k. Staatsgymnasiums in Salzburg. Veröffentlicht am Schlusse des Schuljahres 1902–1903, Salzburg 1903, S. 1 der Schulnachrichten.

27 Hans Widmann, Geschichte Salzburgs, Gotha 1907, Vorwort, S. X.

28 Hanisch/Fleischer, Im Schatten berühmter Zeiten (wie Anm. 20), S. 84.

29 Helmut Rumpler, Eine Chance für Mitteleuropa. Bürgerliche Emanzipation und Staatsverfall in der Habsburgermonarchie (Österreichische Geschichte 1804–1914, hg. von Herwig Wolfram), Wien 1997, S. 452.

30 Salzburger Volksblatt 1918, Nr. 170, S. 3.

31 „Wir glauben, der Ehre des Toten, vor allem aber seiner wissenschaftlichen Akribie und seinem Wahrheitssinne keinen Abbruch zu tun, wenn wir zugestehen, daß es ihm nicht immer gelungen ist, auch den Schein einer völlig unbeeinflußten Beurteilung zu wahren." Salzburger Chronik, 1928, Nr. 247, S. 7.

32 So wurde das Rainermuseum – wie von ihm angeregt – auf der Festung Hohensalzburg verwirklicht. Festung und Museum, in: Salzburger Volksblatt 1917, Nr. 22, S. 3 f. Der Pegasus wurde ein Jahr nach Veröffentlichung seines diesbezüglichen Vorschlages im Mirabellgarten wieder aufgestellt. Der Pegasus, in: Salzburger Volksblatt 1912, Nr. 102, S. 1 f. Beide Artikel sind in diesem Band wieder abgedruckt.

33 Salzburger Museum Carolino Augusteum (SMCA), Personalia Widmann, Schreiben des k. k. Archivrates vom 4. März 1914.

34 Im Schuljahr 1902/03 wurde Ferdinand Niedermayr zum supplierenden Gymnasiallehrer am k. k. Staatsgymnasium in Salzburg ernannt und unterrichtete Deutsch, Geschichte, Geographie und Mathematik; Programm des k. k. Staatsgymnasiums in Salzburg. Veröffentlicht am Schlusse des Schuljahres 1902–1903, Salzburg 1903, S. 1 der Schulnachrichten. Dieses Schuljahr war zugleich das letzte aktive von Hans Widmann.

35 Sie starb mit 27 Jahren in der Salzburger Landesheilanstalt für Geistes- und Gemütskranke an Lungenentzündung. Seit dem Jahr 1917 war ihr Mann als Kurator für sie bestellt. Salzburger Landesarchiv (SLA), Verlassenschaftsakt Bezirksgericht Salzburg A I 439/18.

36 Florian Asanger, Karl d'Ester und Hans Ludwig Rosegger (Hg.), Deutsch Österreich. Ein Heimatbuch, Leipzig 1923, S. 398–404.

37 Martin, Widmann (wie Anm. 2), S. 182.

38 Zu J. V. Scheffels hundertstem Geburtstag, in: Joseph Victor von Scheffel im Lichte seines hundersten Geburtstages. Eine Huldigung deutscher Dichter und Schriftsteller. Herausgegeben vom Scheffel-Museum in Mattsee Salzburg, Stuttgart 1926, S. 109 f. In diesem von Widmanns Freund Anton Breitner zusammengestellten Bändchen finden sich unter anderen noch Würdigungen Scheffels durch Hermann Bahr, Gerhard Hauptmann, Hugo von Hofmannsthal und Stefan Zweig.

39 SLA, Verlassenschaftsakt Bezirksgericht Salzburg A I 707/28, dem auch eine notariell beglaubigte Abschrift des Testaments vom 1. Jänner 1917 beiliegt.

40 Im SMCA unter „Widmann Personalia" erhalten.

41 Darunter nicht nur von ihm selbst und anderen verfasste historische Werke, sondern auch eine Handschrift aus der Zeit um 1600, die mit einem Pergamentblatt eines Breviariums des 12. Jahrhunderts eingebunden ist. Universitätsbibliothek Salzburg, Signatur M I 334.

42 Parte Salzburger Volksblatt 1928, Nr. 247 vom 26. Oktober, S. 11. Friederike Zaisberger und Reinhard R. Heinisch, Leben über den Tod hinaus. Prominente im Salzburger Kommunalfriedhof (MGSL Erg.-Bd. 23), Salzburg 2006, S. 342 f.

43 Franz Martin, Salzburger Straßennamen. 4. Aufl. (MGSL Erg.-Bd. 15), Salzburg 1995, S. 234. Die Widmannstraße liegt in Neu-Maxglan und verbindet die Willibald-Hauthaler-Straße mit der Heinrich-Haubner-Straße.

Hans Widmann:

Historische, landeskundliche und biographische Texte

Editorische Hinweise

Die Texte werden in der Originalschreibweise wiederabgedruckt. Das hat zur Folge, dass sich in diesem Buch drei verschiedene Rechtschreibungen finden. Die Texte bis inklusive 1901 haben noch das „th" auch in ursprünglich deutschen Worte oder auch „giengen" statt „gingen". Nach 1901 sind die Texte in der uns vertrauten „alten" Rechtschreibung verfasst. Vorwort, biographische Skizze und Kommentar richten sich schließlich nach den seit 1998 geltenden neuen Rechtschreibregeln.

Offensichtliche Satzfehler, die in Zeitungen und Zeitschriften ja häufiger vorkommen, wurden stillschweigend korrigiert. Ergänzungen zum Text und die Auflösung von Abkürzungen und Pseudonymen, die Hans Widmann in der von ihm angelegten Sammlung seiner Artikel handschriftlich vorgenommen hat, sind dagegen im Kommentar vermerkt. Die Anmerkungen, die im Original zumeist mit Sternen oder Kreuzen gekennzeichnet sind, wurden zu innerhalb der einzelnen Texte fortlaufenden Ziffern vereinheitlicht.

Die Illustrationen, die Widmann einigen Artikeln beigab, waren wegen der Qualität des Zeitungsdrucks nicht reproduzierbar. In diesen Fällen wie auch bei den nicht illustrierten Beiträgen wurde versucht, andere ansprechende und instruktive Abbildungen zu finden. Die Herkunft der Bilder ist in den Bilduntersschriften nachgewiesen (AStS: Archiv der Stadt Salzburg, SLA: Salzburger Landesarchiv, SMS: Sammlung Matern Salzburg, UBS: Universitätsbibliothek Salzburg). Wo ein solcher Nachweis fehlt, stammen sie vom Herausgeber.

Umseitiger Buchschmuck aus: Fiktive Lebensbeschreibung des Hansen Widmann von Mieringen als Vorrede zur ebenso fiktiven „Chronika der fürnemben, fürstlichen Vestung Hochen-Saltzpurg von der Römer Zeiten bis auf gegenwärtiges Jahr Christi 1650", Salzburg 1895 (UBS).

Mein erster Zeitungsartikel

❧ 1910 zu 1870 ❧

Noch heute sehe ich die Ecke in dem kleinen Kaffeehause in Innsbruck vor Augen, in der mir Herr von Schüllern die Zeitung mit der Nachricht von den Emser Vorfällen des Jahres 1870 wies und seiner Besorgnis Ausdruck gab, Österreich möchte sich verleiten lassen, neuerdings gegen Preußen die Waffen zu ergreifen. Lebhaft höre ich noch die frohen Stimmen der sogenannten „Liberalen", die den Ausbruch des Kampfes zwischen Deutschland und Frankreich als das Ende der deutschen Zersplitterung priesen; nicht minder laut ließen sich die „Klerikalen" hören, die ihrer Begeisterung für das katholische Frankreich, wie ihrem Hasse gegen das protestantische Preußen allerorts Ausdruck gaben und nichts anderes als den Eintritt Österreichs in den Kampf gegen Preußen wünschten. Fast für gewiß hielten die Franzosen den Anschluß Bayerns an die Franzosen und deren Sieg. Dann konnte der katholische Weizen blühen! Doch es kam anders! In Österreich behielt die besonnene liberale Partei die Oberhand, Bayern schloß sich an Preußen an, – das gesamte Deutschland marschierte gegen die Erbfeinde und bald verkündeten die Blätter von Siegen und Erfolgen, die niemand geträumt hätte.

Gegen Ende August lud mich Professor Zingerle ein, mit ihm und dem alljährlich aus München ins geliebte Tirol gereisten Dr. Ludwig Steub einen Ausflug ins Unterinntal mitzumachen. Eine Unterbrechung meiner Arbeit an den häuslichen Aufgaben der Lehramtsprüfung in solchem Geleite konnte mir nur höchst erfreulich sein. Wir fuhren ins Unterinntal und trafen abends in Brixlegg ein, wo eine Kolonie von Innsbrucker Sommerfrischlern ein höchst vergnügtes Dasein führte. Auch der berühmte Münchner Professor Dr. Haushofer war dort anwesend. Und an demselben Abende, wo wir in der Restauration am Bahnhof saßen, kam die Nachricht von dem Falle Sedans und der Gefangennahme Kaiser Napoleons! Unter den Gästen war auch der Besitzer des Schlosses Matzen, Ritter von Pfeifersberg, der in einer netten Villa unterhalb der verfallenen Burg hauste.

Der lud uns alle für den nächsten Abend zu einer Siegesfeier in seinem Landhause ein, – ein Ruf, dem man nur zu gerne folgte. Denn es war bekannt, daß er gastfreundlich sei und einen guten Tropfen führe. Der nächste Tag verging auf einem Ausfluge mit Professor Zingerle und Dr. Steub, der uns auch nach Reith führte, einem friedlich gelegenen Dörfchen auf einer Anhöhe südlich von Brixlegg. Der Ort ist deshalb bemerkenswert, weil hier im Jahre 1837 jener „seeleneifrige" geistliche Hirte saß, der den Anstoß zur Austreibung der „protestantischen" Zillertaler bot, – einem Akte, der sich der gewaltsamen Entfernung der „ketzerischen" Defregger im Jahre 1685 und der „aufrührerischen irrgläubigen" Salzburger 1731 würdig als dritter Akt in dem düsteren Schauspiele der „Gegenreformation" anschließt.

Der Abend vereinigte eine recht schöne Gesellschaft in der Villa Pfeifersbergs. Es fehlte nicht an Reden und Toasten, auch nicht an einem schwungvollen Gedichte, das Professor Haushofer in gehobenster Stimmung vortrug. Ich ersuchte ihn, mir die Verse abschreiben zu dürfen und stenographierte sie eiligst. Gegen Schluß des Festes erschien sogar der Bezirkshauptmann von Brixlegg, – besser gesagt: wagte zu erscheinen –! Im frommen Lande war es damals wie heute noch nicht ganz ungefährlich, seine Gefühle für das Deutschtum und gar für das ketzerische Preußentum zu bekennen.

Erst ziemlich spät ging ich mit Professor Zingerle in das Dörfchen St. Margareten. Auf dem Wege dahin riet mir dieser, einen Bericht über die Sedanfeier in Matzen in den „Tiroler Boten" zu geben, die damals angesehenste Zeitung des Landes, die ihr Steuermann klug durch die Klippen des Klerikalismus hier, des Liberalismus dort zu lenken verstand. Da Österreich jetzt nicht gegen Preußen stand, fand mein Artikel auch Aufnahme, um so mehr als ich die wirklich schönen Verse Haushofers abdrucken ließ. Diese waren am ganzen, mit jugendlicher Überschwenglichkeit geschriebenen Aufsatze entschieden das Beste. Aber leider hatte ich in journalistischer Unerfahrenheit nicht daran gedacht, beim Dichter die Erlaubnis zum Abdrucke seines Werkes zu erbitten. Er beklagte sich darüber bei Professor Zingerle, der mir dafür einen freundschaftlichen Verweis gab, aber auch meinte, es wäre wirklich schade gewesen, wenn die tapferen Verse nur im engsten Kreise der Matzner Festteilnehmer bekannt und bejubelt worden wären. Aber auch anderwärts wurde des Artikelschreibers, der seinen bescheidenen Namen natürlich nicht unter sein Werk setzte, nicht zum besten gedacht. Ein lieber Freund, der in aristokratischen Kreisen zu verkehren gezwungen war, sagte mir, daß man sich in diesen über das Fest und dessen Schilderung und die niedergelegte Gesinnung des Schreibers recht geärgert habe. – Der liebe Freund ist infolge seiner Klugheit freilich heute Hofrat, – ich bin etwas weniger geblieben.

Leider ist mir auch mein erster Artikel verloren gegangen; vor einigen Jahren fand ich ihn einmal, – vielleicht kommt er gelegentlich wieder zum Vorschein. Und wenn auch nicht, so erinnere ich mich doch mit Vergnügen daran – denn so viel ich auch seitdem mit Schreiben verbrochen habe, ich glaube, nie habe ich mit aufrichtigerer Liebe zum Gegenstande, mit wärmerem Herzen, mit ehrlicherer Begeisterung für die Sache geschrieben, als damals in den ersten Septembertagen des Jahres 1870.

*Der gefangene französische Kaiser Napoleon III. und der preußische Minister-
präsident Otto von Bismarck verhandeln über die Bedingungen der Kapitulation
von Sedan. Holzstich aus: Illustrirte Geschichte des Krieges vom Jahre 1870
und 1871, Stuttgart 1871.*

Fiktive Lebensbeschreibung des Hansen Widmann von Mieringen

als Vorrede zur ebenso fiktiven „Chronika der fürnemben, fürstlichen Vestung Hochen-Saltzpurg von der Römer Zeiten bis auf gegenwärtiges Jahr Christi 1650"

☙ 1895 ❧

Vorrede an den teutsch geneigten Leser

Ehe und bevor Du dies Büchlein / Teutsch-geneigter lieber Leser / in dem der hochen Vestung von Salzburg Ursprung, Wachsthumb und fürgang aufgezeiget wird / in die Handt nimbst / halte ich nit für ein eitel und unstatthafte Sach / Dir kürzlich den Lebenslauf <u>auctoris</u> zu vermelden / auf daß Du sechest / er habe nit unbedachter Weiß / sondern als ein alter / erfahrner Mann die Feder mit dem Degen vertauschet / umb was er in vielen Schriften gelesen / zu Deinem Nutz und frumben niederzuschreiben.

Mein Herr Vater säliger Hans Philipp Widmann von Mieringen / gewester fürsterzbischöflicher Rath / Pfleger in Kaprun und Probst in der Fusch / auch Landtrichter zu Zell im Pinzgew / ist aus der Welt gegangen ehbevor ich mein zweites Lebensjahr erreichet / den 18. Tag January <u>anno Domini</u> 1599 und lieget in der Stadt Lauffen an der Saltzach begraben / allwo sein marbler Grabstein in der Pfarrkirchen daselbsten bei der Thür rechter Hand offt meines Herzens Seufzer und Zächern gemerckhet / wenn meine Mutter säliger Gedechtnus mich dahin geführet. Selbige war eine geborne Goldin von Lampoting / so mich als ihren einzigen Sohn in ihres Herrn Brueders Haus zu Lampoting christlich auferzogen / auch wohl hat unterrichten lassen / daß ich mit meinem zwelften Jahre dem hochseligen meinem genedigsten Fürsten und Erzbischofen zu Saltzpurg Wolfen Dietrichen als Edelknab hab durch etlich Jahr artlich auffwarten können / bis vorgedachter Herr und Fürst von Landt und Leutten verjaget worden und allhier auf Hochen-Salzpurg die letzlichen Jahr seins Lebens in strenger Vanknuß hat hinzubringen müssen. Bin also <u>anno</u> 1612 zu meiner Mutter und meim

Chronika

∼ der fürnemben, fürstlichen Vestung ∼

Hochen-Saltzpurg

von der Römer Zeiten bis aũf gegenwärtiges Jahr Chriſti 1650.

Zu Nutz und Beſten
derer von Adel vnd Geiſtlichkeit/ nit minder Burger vnd
Inwohner der löblichen Stadt Saltzpurg/
auch zureiſender frembden

aus den bewährteſten Auctoribus

zuſambengetragen durch

Hanſen Widmann von Mieringen

Sr. Hochfürſtlichen Gnaden von Saltzpurg Rath vnd Pfleger ſelbiger Veſtung.

Zum erſtenmal in Druck ausgegangen vnd zu finden bei
HERMANNUM KERBERN
Buchfuerer vnd Verlegern in Saltzpurg
1895.

Titelblatt der „Chronika der fürnemben, fürstlichen Vestung Hochen-Saltzpurg von der Römer Zeiten bis auf gegenwärtiges Jahr Christi 1650", Salzburg 1895 (UBS).

Ohm gen München geritten und hat mich Seine fürstlich Durchlaucht Herzog Maximilian in Bayern / so später nach des ob Feloniam geächten Churfürsten Friedrich von der Pfalz Vertreibung ist selbst zu einem Churfürsten erhoben worden / als einen Junker bei hochseiner Reitterey angenommen. Hab dann unter des edl und fürnemben Helden Grafen von Tilly Führung in während großen teutschen Krieg manch Scharmützl und Schlacht mitgemacht / aber GOtt sei Dank! niemalen bös gewundet worden. Hat aber das Kriegsglück dem Herrn Grafen von Tilly den Rücken kehrt, nachdeme Gustavus Adolphus / König derer Schweden und Gothen / eine schöne Armata iner Teutschland geführet und bei Breitenfeld und hernach bei Rain am Lech victorisieret / auch den Durchlauchtigsten Churfürsten Maximilian von Bayern aus seiner Haubtstadt vertrieben. Wasmassen ich mich mit einigen Fähnlein salvieret und grad bin zurecht kommen der Durchlauchtigsten Frau Churfürstin Elisabethae auf Dero Flucht nach Salzpurg Geleit zu geben; ist Ihro Durchlaucht vom Erzbischofe Paris mit gar großen Ehren und tröstlichen Worten empfangen worden. Sahe also Salzpurg wieder / war aber kein Aufhaltens da / sondern zogen ich und etlich andere von Adel / dieweil der berümbte Kriegsheld Herzog von Friedland / insgemein der Wallenstein geheißen / die Werbtrummel hat rüren lassen / im Monat März des 1632gisten Jahres gen Böheimb und bin bei denen Reittern / so unter des Grafen von Pappenheimb Befelch gestanden / erst für einem Cornet aufgenommen / sodann nach der Affair bei Nürnberg zu einem Leithenant und hernach zu einem Rittmeister befördert worden. Hab auch in der grausamb mörderischen Schlacht bei Lützen / allwo Gustavus Adolphus gefallen / einen Schuß in den Schenkel davongetragen / aber lebender gerettet worden und mein Heilung in Leipzick abgewartet / von wannen ich zu besserer Genesung nach Lampoting und dann in das weitberümbt Wildtbad nacher Gastein gezogen / auch mit der Gnad Gottes vollends bin heil und auffgerichtt worden. Darauf bin ich wieder in churfürstlich bayerische Dienst getretten und hab unter dem Obristen Hannsen von Werth etlich Feldzüg wider Bernharden von Weimar und die Frantzosen mitgemach / auch anno 1638 bei Breisach mit etlichen / worunter auch unser Obrist gewesen / von den Frantzosen gefangen genommen worden / erstlich in die Stadt Paris geführet / sodann im festen Schloß von Vincennes in leidlicher Gefangenschaft gehalten worden. Und kann ich hier meins guten Freundts des Obristleithenants Fridolin von Säkkingen / Freyherrn / nicht uneingedenk bleiben / deß lieblich Abendtheuer im Gefängniß ohn Zweifel in futuro ein beruffner deutscher Poët gar ergötzlich zu beschreiben / sich nit wird nehmen lassen. Haben nämblichen wir teutschen Edelleut zur Kurzweill etlich irdene Pfeiffen und Kanaster komben lassen / und allda ein Tubackrauchen angehoben / daß vil vornehmbe Herren und <u>Dames</u> solches zu sehen gekommen seynd / sintemalen in Frankreich das Tubacktrinken noch nit erhöret gewesen. War darunter auch ein gar fürnemb / uberaus liebreizend Edelfräulein / so <u>Leanor Montfort du Plessys</u> geheißen und sich in genannten Freyherren von Säckingen dermaßen verliebet / daß sie ihme als wir wieder ausgewechslet und also der Gefangenschafft ledig worden / auf sein Stammschloß als sein ehelich Weib gefolget / allda auch einem Töchterlein das Leben geben / so Margaretha benambst worden; hat mir Freyherr Fridolin auch vor etlicher Zeit durch seinen treuen Pflegern Antonium Breitern von Wartstein im Mattiggau ein guetn Grueß entbieten lassen. Hätt' wohl auch ich mein Augen in Frankreich auf etlich saubre Mägdlein gekehrt / bin aber nit erhöret worden / sintemalen ich nit so stattlicher mannhafter Figur / sondern mehr grober bäurischer Gestalt gewesen / tröstet mich dergestalter Sachen mit Herrn Philandro von Sittenwald, als welcher in seinem andern Gesichte pag. 99 sich also vernehmen lasset: „So wisse daß der größere Tail der Weiber nit anders / als mit Stoltz bekleidete und mit Falschheit gefüterte Thiere seynd" – bin demnach Zeit meines Lebens ohn einiges Weib gewesen und mag wohl diesergestalt zu fröhlicher Urstend eingehen. –

Giengen die Kriegsläufte in teutschen Landes also fort und brachten viel Mord / Brand und Seuche mit sich. Mußt im 1648gisten Jahre der durchlauchtigste Churfürst von Bayern zum andertenmal vor der schwedisch-französischen Armata auß München nacher Saltzpurg flüchten / welch hochberümbte Stadt Erzbischofe Paris aus denen Grafen von Lodron gar fest und stattlich mit Mauren, Thürmen und Schanzen hat verwehren lassen. Bin wieder mit Ihr Churfürstlicher Durchlaucht zogen / hab auch Sr. erzbischöflichen Gnaden aufgewartet und hat mich Ihro Gnaden zu einem Pflegern in der Hawbtvestung an- und aufgenommen und zu Hochihrem Rathe ernennet. Ist auch endlich im Westphalenland zu Osnabruck und Münster der längst erwartt Frieden geschlossen worden / so dann im znegst verwichnen 1650. Jahre den 26. Junii in Nürnberg völlig unterschrieben worden / wovon der berümbte teutsche Poët Johannes Clajus folgends schönes Poëm gefertigt:

Mich deucht der Engel-Volck / läßt sich in Lüfften hören
singt Fried / Fried / Fried auf Erd in tausend süeßen Chören
   deß Friedens Lobgesang. Man fängt auf Erden an
   mit hellen Glockenton zu läuten was man kann.
Auf Thürmen um und um die großen Glocken klingen /
Auf Thoren hin und her die großen Stücke singen /
   der Stücken-Knall dem Krieg zu letzten Ehren knallt /
   der Glockenhall dem Fried zu neuem Eintritt hallt.

Man danckt dem höchsten GOtt der bey verblichne Tage
sein Salem einst erlöst von der verdienten Plage,
   man läuft bei später Nacht hinauff in GOttes-Haus
   und lässet sich mit Danck des Psalmens freudig aus.
                    Psalm 147.

Hat seine hochfürstliche Gnaden auch in der Stadt Saltzburg den er-
wünschten Friedensschluß gar stattlich gefeyert / ist hernach der meh-
rist Theil des Kriegsvolcks abgedankt worden und gar gute Ruh und
Fried eintreten / also daß ich leichtlich Zeit gehabt vil nützlicher Bue-
cher zu lesen und daraus diese gegenwärtige Chronika hab zusammen-
tragen mögen.

So angefangen worden mit GOtt am zwanzigisten Tag des Maien / da
man zält nach Christi gnadenreicher Geburt 1651 Jahre, als das heilig
römisch Reich regieret Kaiser Ferdinandus / des Namens der Dritt / im
14ten und Erzbischof von Saltzburg war Paris aus dem Stamm der Graf-
fen zu Lodron im 32gisten Jahr und bin ich meins Alters fünfzig und
ain Jahr.

Wie's anno 1809
in Bad-Gastein aussah
(Nach handschriftlicher Quelle)

⮞ 1895 ⮜

Ein Stück moderner Welt, mitten in die ehrwürdige Naturpracht der Tauern hinein gesetzt, ist heute Bad-Gastein. Nichts fehlt, weder die elegante Menge noch die Kurmusik, weder der befrackte Kellner noch die elektrische Beleuchtung, nicht sorgsam gepflegte Spazierwege, prächtige Hotels, komfortable Villen, nicht – doch wozu diese Aufzählung?

Versetzen wir uns im Geiste so gegen neunzig Jahre zurück, in die Zeit des ersten Kaiserreiches, des Endes unseres mittelalterlichen Kleinstaates, der Volkshelden, wie des Sandwirthes Andreas Hofer und des Stegenwalderwirthes Joseph Struber. Soeben hatte das alte Fürsterzbisthum Salzburg wieder einmal seinen Herrn vertauscht. Aus der Hand des Kaisers Franz I. von Österreich war Salzburg in die des Königs Max I. von Bayern übergegangen und als „Salzachkreis" ein Bestandtheil dieses jungen Königreiches von Napoleons Gnaden geworden. Die königliche Regierung des „Salzachkreises" befahl unter Anderem auch allen Landphysikern, die etwa unseren Bezirksärzten entsprechen, Berichte über die in ihrem Bezirke befindlichen Heilquellen und Bäder einzuliefern. Über die vornehmste Heilquelle des Landes, jene von Bad-Gastein, erstattete der damalige Protomedikatsverweser, Dr. Josef von Barisani, selbst einen solchen, dem wir manches entnehmen können. So bestand damals die Absicht, die ganze Badeanstalt außer der Badbrücke in das Thal zu versetzen, was aber, meint der Berichterstatter, nicht so bald geschehen wird – eine richtige Prophezeiung! In den damals bestandenen drei Badeanstalten scheint Manches, was heute kaum in einem Tiroler Bauernbadl fehlt, noch unbekannt gewesen zu sein. So wird beanständet, daß in dem damals vorzüglichsten Badeschloß keine eigene Uhr sei, „die umso nothwendiger ist, als die Badegäste in den Bädern die Kirchenuhr nicht schlagen hören;" daher solle im Gang zwischen den Bädern eine schlagende Uhr aufgehängt werden. Ebenso wird gefordert, in jeder Badezelle eine Glocke herzurichten, „wobei der Draht zum Pallier (Bademeister) geht, damit derselbe oder eine seiner Mägde auf Verlangen erscheinen." Nicht minder sollen an den Stiegen Stangen angebracht werden „zum Anhalten beim Hinaufsteigen" und des Nachts die Vorhäuser im Erdgeschosse, ersten und zweiten Stock beleuchtet werden, „wofür jeder der Badegäste gerne etwas bezahlen wird." Der Herr Protomedikatsverweser würde Augen machen, wenn er heute die Flut elektrischen Lichtes über das Bad ergossen sähe!

Doch wie sah es in den anderen Badeanstalten aus? Da wird dem Landrichter zu Gastein befohlen, strenge Aufsicht zu pflegen, daß beim Straubinger nach und nach alle Betten, Bettstätte, Sesseln, Kästen, Tafeln und Wände der Zimmer von den dort eingenisteten Wanzen befreit, daß alles ausgelüftet und ausgeräuchert werde. Auch die Mäuse sollen vertilgt und alle Zimmer, soviel es thunlich ist, reparirt werden. Freilich scheint dieses ganze Haus etwas baufällig gewesen zu sein, da befohlen wird, das ganze Haus neu zu decken. Auf den Comfort der Einrichtung läßt der Befehl schließen, daß „künftig in ein jedes Zimmer wenigstens ein oder zwey mit den hiezu erforderlichen Schlössern versehene Kästen, ein oder zwey nicht zu großen Tischen und eine dem Bedarfe angemessene Zahl von brauchbaren Sesseln zu stehen kommen. Die wenigen, ohnehin schlechten Bilder sind wegzulassen, und dagegen in den bessern Zimmern Spiegel aufzuhängen". Diese Eleganz! Aber nicht genug: „Die Betten und derselben Fournituren sind soviel möglich wieder auszubessern und brauchbarer zu machen. Auch ist zu wünschen, daß die Badegäste anstatt der lästigen Federbetten auf Verlangen Matratzen haben könnten". Aber auch für die Badekammern wird Sorge getragen. Wie sie aussehen, kann man schließen, wenn dem Besitzer aufgetragen wird, sie „in vollkommen haltbaren und brauchbaren Zustand herzustellen, die vielen Klüfte an den Wänden zu vermachen und die Fenster mit ihren Rahmen ganz auszubessern, damit die Luft nicht durchstreichen kann". Doch nicht genug damit! Dem Besitzer „ist zu befehlen, daß er sich bis Anfangs April einen eigenen Bademeister mit Begnehmigung (!) des Landrichters aufnehme, der, anstatt dem fahrlässigen Badergesellen, die Reinigung, das Aus- und Einlassen, und die erforderliche Wärme der Bäder allein besorget, worin derselbe von dem Badearzte zu unterrichten und zu leiten ist".

Zum Schlusse endlich wird dem unglücklichen Badhausbesitzer empfohlen, nach dem Muster des vornehmsten Bades des Ortes „in ein jedes Bad einen eigenen Thermometer nach dem Reaumur'schen Wärmemaße in einem eigens dazu hergerichteten Verschlage anzuhaften. Diese Thermometer wird er sich von dem hiesigen Professor der Mathematik zu verschaffen „suchen, damit man von der zuverlässigen Echtheit derselben überzeugt sein kann". Also scheint damals sogar das jetzt nicht mehr gebräuchliche Fälschen von Thermometern im Schwunge gewesen zu sein!

Und nun das Punktum darauf: „für die sichere Erfüllung dieses (ganzen) Befehls muß der Landrichter zu Gastein verantwortlich gemacht werden." Der Badearzt aber hat sich bei seiner zu Anfang April erfolgenden Ankunft in Gastein von der Befolgung des Befehles durch eine allsogleich vorzunehmende Untersuchung zu überzeugen und darüber „unverzüglich einen befriedigenden und getreuen Bericht an das königliche General-Kreis-Kommissariat zu erstatten." – Leider liegt uns dieser Bericht nicht vor. Aber wir glauben, der hohe

Das Wildbad Gastein (heute Badgastein), Kupferstich um 1820 (SMS).

Befehl ist wenigstens „nach und nach" erfüllt worden. Es fehlt heute nicht an echten Thermometern und elektrischen Klingeln neben den Badewannen, die Badezellen haben „keinen Zug", die Zimmer nicht bloß brauchbare, sondern sogar gute Betten, nicht bloß Spiegel, sondern auch Vorhänge und – einen Dukaten für eine Wanze! So ändert sich alles zum Besten, nur die Quellen bleiben, Gott sei Dank, wie sie waren, und die Leidenden, sei's Gott geklagt, sind noch immer so arm und doch so hoffnungsvoll, wie vor neunzig Jahren!

Schulzeitung

Zur Geschichte eines alten Schulhauses

∽ 1898 ∽

Einen ungemein freundlichen Eindruck macht das Dörfchen St. Martin im Lammerthale, das gerade auf der Wasserscheide zwischen der Lammer und dem Fritzbache in einer Seehöhe von 969 Meter liegt und von der Bahnstation Hüttau aus in zwei Stunden zu erreichen ist. Es ist von Fluren und bewaldeten Höhenzügen umgeben, über die sich im Osten das klippenreiche Stuhlgebirge, im Westen das mächtige Tauerngebirge erhebt. Im 11. Jahrhundert kam die Gegend durch Schenkung an das 1074 gegründete Kloster Admont. Dieses erbaute hier wahrscheinlich die erste Kirche zu Ehren des hl. Martin, wovon der Ort den Namen „St. Martin im Walde" oder „St. Martin datz Viltz", d. i. im Moose bekam; denn die Gegend, wo die Kirche steht, ist noch heute eine moosige Fläche, vielleicht ein ehemaliges Seebett. Das Stift hatte hier einen großen Maierhof, und auf dem sogenannten Filzhofe, jetzt Knöblgut, saß ein admontischer Waldmeister Vorstern. Möglicherweise hielt sich auch, wenigstens zeitweilig, ein admontischer Stiftsgeistlicher hier auf, um über des Klosters Unterthanen die Seelsorge auszuüben. Im Bauernaufstande von 1526 wurden diese Höfe zerstört und auch die Kirche, an der eine Kapelle des hl. Blasius, des Schutzpatrons von Admont, angebaut war, beschädigt. Diese Kirche war 1432 vollendet und eingeweiht worden, wurde 1621 renovirt. Spätere Veränderungen wurden Ende des 18. und Anfangs des 19. Jahrhunderts vorgenommen, nicht ohne Beeinträchtigung des gothischen Charakters derselben, den heute eigentlich nur mehr der hübsche Thurm zeigt. Im 15. Jahrhundert wurde die Seelsorge über die mittlerweile angewachsene Gemeinde von einem Priester der Pfarre Altenmarkt versehen, der schließlich beständig hier wohnte, aber jährlich um Lichtmeß gewechselt wurde. Der neueintretende Seelsorger bekam, wie andere im Dienstverhältnis stehende Leute, von der Gemeinde ein Verding- oder Verhärrgeld (Aerha) von 1 fl. 30 kr. und einen Beitrag von 8 fl. zur Anschaffung und Ausbesserung des Bettgewandes, welche Abgabe auch blieb, als ein ständiger Pfarrer angestellt wurde. (Die Geldsumme nach dem Ansatze vom Anfang dieses Jahrhundert). 1521 wurde durch milde Beiträge ein eigenes Haus für den Seelsorger erbaut; das Verzeichnis der Spender ist noch vorhanden und weist Namen nach, die noch heute, meist auf den gleichen Höfen, vorkommen. Seit 1536 gab es nun nachweislich eigene Seelsorger; nach einem Vertrage mit dem Pfarrer von Altenmarkt vom Jahre 1542 durfte die Gemeinde St. Martin jederzeit selbst

„St. Martin im Lammertale", Postkarte von F. Matzka 1913. Rechts von der Kirche das neue, 1903 eingeweihte Schulgebäude, das nach über 150 Jahren das unzulängliche Schulzimmer im Mesnerhaus ersetzte (SMS).

einen Kaplan aufnehmen, soll jedoch denselben dem Pfarrer von Altenmarkt vorstellen und dieser soll ihm die Seelsorge übertragen, wogegen er dem Pfarrer gelobt, der Seelsorge getreulich vorzustehen und ihm die gebührende Ehre und Achtung zu erzeigen.

Zu den Festen der Kirchweih, Mariä Geburt und Frohnleichnam, soll er aber zur Pfarre kommen und dem Hochamte und der Vesper beiwohnen. 1563 bestiftete aber Erzbischof Johann Jakob von Kuen-Belasy selbst den Vikar von St. Martin und weist ihm seine Bezüge an, darunter je einen Zwölfer (12 kr.) von jedem 100 Gulden, um welches das Vermögen eines Verstorbenen 1000 Gulden übersteigt. Aus dem Jahre 1644 datirt das älteste „Seelenbuch", d. i. Verzeichnis der Pfarrangehörigen, wonach in 100 Bauernlehen und 11 Söllhäusern 843 Seelen erscheinen, die bis 1731 auf 989 angewachsen erscheinen, infolge der Emigration von 1732 aber auf 253 sanken.

Da die Geschichte des Vikariates kein weiteres Interesse bietet, wenden wir uns der der Schule und des Schulhauses zu und überlassen das Wort dem Manne, dessen sorgfältigen, im Archiv der jetzigen Pfarre St. Martin verwahrten Aufzeichnungen die mitgetheilten Daten entnommen wurden, dem Vikar Joseph Mayr, gebürtig aus Großarl, der von 1804 bis 1819, also in der bewegten Kriegszeit, hier den Seelsorgeposten innehatte und auch hier starb[1]. Mayr schreibt:

Schule

p. 20. „Unter Vikar Auer (1750†) wurde der Obkirchenhof käuflich oder bestandsmäßig in fremde Hände gelassen. Unter diesen wurden die Aussichten in Hinsicht auf das Bestreben, die Jugend besser und sorgfältiger auszubilden, schon um vieles hellerer. Es war hier zwar eine Schule, die im Meßner-, vulgo Obkirchengut gehalten wurde". „Um die Zeit wurde das benachbarte Meßnerhaus gebaut und dasselbe auch mit einer Schulstube versehen. Ein nicht unwahrscheinlicher Beweis, daß sowohl dieser Herr Vikar, als auch die hiesige Gemeinde mehr Sinn und Zuneigung gegen bessere und gemeinnützige Schulanstalten gehabt – oder bekommen hat, als es vorher gehabt zu haben scheint. Nur schade und traurig ist es, daß man bey diesem Hausbaue so wenig auf Gemeinnützigkeit und Bequemlichkeit Acht hatte, das doch zu einem Schulhause vor allen gehört hätte. Man baute nur ein halbes Haus – versah es mit Fenstern, wie es in den schlechten Bauernhäusern gewöhnlich war, mit meistens unsichtigen kleinen Scheiben – man nahm beynahe gar keine Rücksicht, weder auf eine geräumige Wohnung für einen Meßner und Schullehrer, noch weniger auf ein ordentliches, helles und gesundes Schulzimmer. Es ist dies Haus ein elendes Machwerk von Außen – und noch ein elenderes Machwerk von Innen".

p. 34. Nach dem Visitations-Recess von 1784 unter Vikar Raacher sub Nr. 4, „wurde die Wegschaffung der Betten im Schulzimmer anbefohlen, und ein Vorschlag, wie das hiesige Schulzimmer ordentlicher und bequemer, z. B. mittelst eines neuen Ofens oder eines Verschlages etc. etwa eingerichtet und hergestellt werden könnte, abgefordert. Ist Herr Vikar die Seele dieses Vorschlages gewesen, wie man allerdings vermuthen kann, so gereicht ihm dies zur Ehre, weil er sich sowohl in physischer als moralischer Hinsicht als ein warmer Kinder- und Schulfreund gezeigt hat. Schade, daß sein kurzer Aufenthalt das nicht erwirken konnte, was er bezweckt zu haben schien. Denn außer eines Verschlages mittels einer noch zu dünnen und nicht ganz zweckmässigen Wand, die das Schulzimmer vom Wohnzimmer hätte absondern sollen, ist jetzt noch im Jahre 1805, wie anno 1784 in allen noch der elende status quo."

p. 37. Bei Vikar Hofer 1784–1795 erzählt Mayr folgendes: „Ferners geruhte der vorige alte Meßner Gruber im Jahre 1788 seinen Meßner- und Schulmeisterdienst ganz frey zu resignieren."

p. 38. „Da damals die neue Normalschule, wie schon an vielen Orthen geschah, auch hier zu blühen anfangen sollte, aber wegen zu vielen tabellarischen Kenntnissen den wenigsten Schullehrern auf dem Lande begreiflich war, so ist die Ursache dieser freyen Resignation leicht zu errathen. Anstatt diesen meldete sich sein Meßnerknecht Josef Mooßlechner um den ledig gewordenen Dienst. Vikar Hofer wurde um ein hiereinfälliges Gutachten aufgefordert, das er auch laut des Diariums-Verzeichnisses der herausgekommenen Befehle im gedachten Jahre zu des Competentens Gunsten an das Dekanatamt abgab. Nun wanderte der Competent anher Salzburg, um sich alldort, so viel möglich war, ausbilden zu lassen, und kam von dort mit einem Bund Schultabellen stattlich ausgerüstet als Schullehrer hieher zurück.

Parturiunt montes: nascetur? Ridiculus mus. Herr Vicar Hofer hat entweder nach der Zeit seine günstige Gesinnung gegen eine verbesserte Schul-Lehrart verändert oder er wurde hierinfalls verleumdet. Man sehe die Fragen, die er in dieser Hinsicht 1792 vom Dekanatamt erhalten hatte, um sich hierinfalls standhaft zu verantworten. Diese Fragen liegen noch im hiesigen Archive vorfindig da."

p. 46. „Herrn Vicar Metzger (1802–1804) hat man auch die Einführung einer Sonntagschul für die Kinder zu danken. Diese wurde aber nur an den Sonntagen im Sommer und Herbst und nur für die Kinder gratis gehalten. Um auch der hiesigen Schule mehreren Vorschub zur Regelmäßig- und Gleichförmigkeit zu verschaffen, wurde laut eines Regierungs-Rescript und einer Anzeige vom Pfleggerichte Radstadt und dem Dekanatamte Altenmarkt paare 25 Gulden aus der Dekanat-Kasse dazu angewiesen, daß von denselben zweckmäßige und gleichförmige Schulbücher für die hiesige Schule angeschafft werden sollten. Herr Metzger bekam die Weisung, diese Bücher zu bestimmen vom Dekanatamte, und das Pfleggericht Radstadt wurde von der Landesregierung beauftragt, für die sichere Verwendung obgedachter 25 Gulden zu Schulbüchern Sorge zu tragen. Das alles ist im hiesigen Archive vorfindig und geschah im Jahre 1804. Bey meiner Ankunft in eben diesem Jahre traf ich folgende Schulbibliothek an: 1) 1 Dutzend Evangelien von Vierthaler. 2) 1 Dutzend Traugott. 3) 1 Dutzend Geschichte von Salzburg und dessen Lande von Vierthaler. 4) 2 Dutzend Felbinger Catechismen (die kleinen). 5) 1 Dutzend Jais Erzählungen und ebensoviel von dessen Lehr- und Gebetbüchel für Kinder. 6) 2 Dutzend Amuleter v. Jais für Jünglinge und Jungfrauen. 7) 5 kleine Schifertafeln. ABC-Schulen und Schreibschulen waren gar keine vorhanden. Es wurden aber von dieser letzten überall ein Dutzend neu nachgeschafft, wovon von den Schreibschulen noch ein Dutzend zum Gebrauche vorhanden sind. Der Abgang der letzten Gattungen Schulbücher, nämlich der ABC- und Schreibschulen kam mir sehr wunderlich vor. Denn Bücher von solcher Gattung sind in einer kleinen Dorfschule, wie sie hier ist, doch wohl um vieles nöthiger, besonders da ihre ordentliche Einrichtung (!) erst im Entstehen – in der kleinsten Kindheit war – als oben angeführte Traugotte, – Geschichte von Salzburg etc., die mehr auf ein eitles Großthun, als wäre die hiesige Schule schon sehr weit im Wachsthum und Regelmäßigkeit vorgerückt, als auf wahren Nutz und Nothwendigkeit hinzuzielen scheinen".

p. 48. „Bey meiner Ankunft allhier setzte ich diese Sonntagsschule gleich fort, gab ihr aber die Ausdehnung, daß ich sie nicht bloß an Sonntagen im Sommer und Frühherbst, sondern auch an allen Sonn-, Fest- und auch an den abgewürdigten Feyertagen nur mit Ausnahme der höchsten Festtägen fort hielt. Auch die Erwachsenen hatten dazu den Zutritt. Im Winter wurde die Sonn- und Feyertäge bloß für die Erwachsenen von mir gehalten, wobey die größeren Kinder doch nicht ausgeschlossen wurden. Im Sommer aber wurde die Sonn- und Feyertags-schul bisher alternativ gehalten, so daß das einemal die Kinder, das anderemal die Erwachsenen dabey zu erscheinen pflegen. Bey dieser Schule wird sowohl der Unterricht gratis ertheilt, als auch das Papier und die nöthigen Bücher, die ABC und Schreibschulen und den brauchbaren Jais Gebeth und Lehrbücher von mir unentgeltlich nebst 16 grossen Schifertafeln zum einstweiligen Gebrauche hergeschafft, wovon ich mir aber das Eigenthum noch vorbehalte, damit ich davon auch anderwärts, wohin ich von hier kommen sollte, nach Befund der Umstände Gebrauch machen kann.

Nebst dieser Sonn- und Feyertagschul eröfnete ich hier auch eine Sommerschu-le für Kinder, die aber nur Vormittag 1 bis anderthalb Stunden lang ebenfalls gratis von mir gehalten wird. Ich wünsche herzlichst, daß diese meine bestge-meinten Anstrengungen in Hinsicht dieser Schulanstalten ihr gewünschtes Ziel erreichen und auch nach meinem Abgang von hier ununterbrochen fortdauern möchten. Die guten Folgen davon werden sicher zu seiner Zeit mit Gotteshilfe sich offenbaren und sich immer mehr und mehr entwickeln. Deus det!"

In den Aufzeichungen des Vikars Josef Mayr über die Schule zu St. Martin im Lammerthal heißt es weiter:

p. 58. „Da ich gleich nach meiner Anstellung allhier nebst der bisherigen Sonn-tag-Schul für die Kinder auch eine Sonn- und Feyertagschul auch für die Er-wachsenen einfürte, so sah ich mich gezwungen, bey der hl. Schulinspection um eine Änderung des hiesigen elenden Schulzimmers anzulangen." Die Bitte wurde gewährt. „Allein, wie es bey jeder ähnlich guten Sache sehr oft zu ge-schehen pflegt, so ging es auch in dieser Angelegenheit. Ich fand allhier gewis-se Menschen, denen dieß Ding durchaus nicht gefallen wollte, die dann auch der Ausführung dieser Bewilligung allerhand Hindernisse entgegen zu setzen suchten und die geflissentlich angelegte Verzögerung dieses Werkes ward mir endlich so auffallend, daß ich mich gezwungen sah, meine in obiger Rücksicht schriftlich gestellte Bitte selbst mündlich zu wiederholen, und die Folge war, daß ich nach erhaltener Erlaubnis sowohl vom Pfleggerichte Radstadt, als auch vom hochw. Consistorium in Salzburg und dem Dekanat Altenmarkt nun in allem Ernste zur Ausführung obgenannter Bewilligung fortschreiten konnte." Es wurde die Erlaubnis gegeben, zu den 3 bewilligten Fenstern ein 4. zu machen, um dem Schulzimmer von allen Seiten eine vollständige Lichte verschaffen zu können. Auch wurde ein neues Privat gemacht (p. 59), weil das alte doppelten Zugang hat, eigens für Kinder. Dem Mesner wurden 7–8° Holz zur besseren Heizung verschafft; dafür wird ihm das Stock- oder Forstrecht nachgesehen, er muß das Holz aber selbst bringen. Die Eingabe um dieses alles lautet:

„p. 61.   Hochlöbl. Schul-Inspektion!

Ich kann, und muß es der leichter zu bezweckenden guten – sehr nothwendigen Sache aufrichtig bekennen, daß ich nicht wenig betroffen wurde, als ich bald nach dem Antritte dieses Vicariates in das hiesige Schulzimmer hineintrat, um das erstemal die von meinem Herrn Vorfahrer eingeführte Sonntagschul fortzu-setzen. Da sassen 19 Kinder in einer elenden Stube, die mehr einem Gefängnis-se, als einem dem öffentlichen Unterrichte gewidmeten Ort gleicht. Da stehen 2 Tafeln aneinandergereiht – dort das Bett der Dirne, woran wieder eine Tafel angestoßen ist, hier wieder ein Bett für den Knaben. Das Schulzimmer, dessen Höhe, Länge und Breite ohnehin schon bekannt ist, ist mit 4 kaum 2 Schuh ho-hen kleinen Fenstern versehen, die größtentheils aus kleinen und mitunter sogar undurchsichtigen Scheiben bestehen. Der Zugang hierzu geht durch ein Vor-zimmer, das im Grunde mit der Schulstube ein Zimmer ausmacht und nur mit-tels eines dünnen, hölzernen Verschlages davon abgesondert ist. Hier wohnen gewöhnlich bey Tage die Mesnerleute mit ihren Kindern – hier rauchen die Wärm-Leute Toback, daß es nebelt – hier schreyet oder weinet bald dieses, bald jenes Mesnerkind (p. 62.) hier wird sogar auch das noch kleine und fast immer ungesunde Kind des Mesners ausgewiegt. Die Düsterkeit des Schulzimmers, wo ein Kind dem andern für das Licht sitzen muß – der ungesunde Dampf von den gegenwärtigen Betten und der Toback-Rauchgestank müssen natürlich den Schul-Kindern in Hinsicht auf Augen, Gesundheit und heiteren Sinn eben so schädlich seyn, als der Lärm und das Kindergeschrey der noch 2 kleinen Mes-ner-Kinder die Aufmerksamkeit der Lernenden stören muß. Wirklich könnte ich der hochlöbl. Schul-Inspection Kinder namentlich anzeigen, die bloß aus obge-dachten Ursachen die Winterschule nur ein Paar Wochen lang besucht haben, weil sie das Ungesunde des Schulzimmers nicht haben aushalten können. Bey der Sonn- und Feyertagschule der Erwachsenen, die natürlich einen noch größe-ren Platz als die Kinder brauchen, sieht es in obgedachten Hinsichten noch schlechter aus, und das Gedräng war so groß, daß wir mehr in einem stinkenden Schwitzbade als in einer Schulstube zu seyn schienen, und ich war in dieser Rücksicht wirklich selbsten froh, daß sich deren Anzahl theils durch die be-kannte Wanderung der Dienstleute um Lichtmessen, theils auch durch den Aus-tritt derjenigen, die das, was sie durch das Schulgehen bezweckten, größ-tentheils (p. 63.) schon erlernt hatten, sehr merklich verringert wurde, weil ich den schrecklichen Dunst auch bey eröffneten Fenstern nicht mehr hätte aushal-ten können, ohne meine Gesundheit zu untergraben. Eine hochlöbl. Schul-Inspection kann aus diesen Vorstellungen, die obendrein nur oberflächlich da stehen, schon schließen, daß ein neues Schulzimmer hier nichts weniger als etwas überflüssiges wäre, wozu, wie es der Maurermeister von Radstadt, der im heurigen Winter darum hieher geschickt wurde, um in Hinsicht des Schulzim-mers eine Änderung treffen zu können, ohne Zweifel wird angezeigt haben, ein trefflicher Ort an der dem Hause angebauten und ordentlich gedeckten Holzhüt-te des Mesners vorhanden wäre.

Vielleicht ist der Plan dazu entworfen. Doch da bisher die Umstände das Ge-gentheil vermuthen lassen, und die Herstellung eines neuen Schulzimmers für dermalen etwa noch zu kostspielig sein könnte, so wage ich es, eine Änderung des dermaligen Schulzimmers selbsten vorzuschlagen, die gar so kostspielig nicht ausfallen und doch der guten Sache einen weit günstigeren Ausschlag geben würde. Es dürfte nämlich a) die Fenster-Stöcke nur höher ausgeschnitten und mit hellen Gläsern versehen, b) die 3 Schultafeln sammt den Betten hinweg und letztere in das vordere Zimmer, wozu Platz genug wäre, geschafft und (pag. 64) c) anstatt der Tafeln ordentliche Schulbänke, wozu diese Tafeln das Holz schon zum Theil liefern würden, hergestellt werden. Hiedurch würde auch schon das alte Schulzimmer an Helligkeit, Geräumigkeit und Ruhe sehr viel gewinnen und der Mesner würde an Platz für seine Kinder nicht viel verlieren. Da ihm ohne Zweifel neuerdings so viel Holz gratis wird angewiesen worden seyn, daß er sein oberes sauberes Zimmer mit einer nicht gar ungeräumigen Kammer für seine Kinder heitzen und zu ihrer ordentlichen Wohnung wenigstens so lange die Schule dauert, benutzen könnte. Im Zimmer vor dem Schulzimmer könnte die Mesnerin oder Magd doch immer noch sich aufhalten, um die Leute, die vom Krammladen etwas hollen oder kaufen wollen, ohne sonderbare Beschwerde bedienen zu können. Dieß wäre nun also mein Vorschlag, den ich einer hl. Schul-Insp. mit einem dem Wohl der Kinder und aller Schulbesuchenden bestmeynten Herzen vortrage, in der zuversichtlichen Hoffnung, daß mir Hochselbe diese Paar Wort noch zur rechten Zeit, ehe noch der Winter kommt, gesprochen um so weniger ungütig aufnehmen werde, da ich es auch hier durch die That hinlänglich gezeigt zu haben glaube, daß mir nicht bloß das Äußerliche, sondern auch das Wesentliche der hiesigen (pag. 65) Schule sehr nahe am Herzen gelegen ist – und noch liegt – immer liegen wird, so lange es meine Kräfte und die Umstände gestatten werden. Ich traff hier bey meiner Ankunft als Vicar zwar schon zu meinem besonderen Vergnügen eine Feyertagschule an: allein diese wurde nur an den Sonntagen im Sommer und Frühherbst und nur für die Kinder allein gehalten. Ich sezte diese fort – errichtete aber dazu auch eine Sonn- und Feyertagschule für die Erwachsenen beyderley Geschlechts, die noch immer fortdauernd und mit den Kindern durchaus abwechselnd fleißig in einer noch immer nicht unbeträchtlichen Anzahl von Schülern, worunter selbst Verehelichte und Bauern sind, besucht und fortgesetzt wird, wobey die Hauptarbeit doch immer auf mich kömmt, da der Hr. Schullehrer dabei mehr einen Aufseher als einen Mitarbeiter macht. Auch eine, freylich nur vormittägige Sommerschule, eröffnete ich hier, die ich, weil der Schullehrer aus mir noch nicht ganz bekannten Gründen zur Eröffnung derselben nicht zu bringen war, nun allein und ganz unentgeldlich halte und die abwechselnd mit 16–18 Kindern fleißig benutzt wird. Will man noch dazu die Auslagen, die ich hier zur Beyschaffung der nöthigen Schulbücher und Schreibmaterialien, die ich aus meinem eigenen Säckel schon gemacht habe und noch immer mache, in Anschlag bringen, so wird, wie ich mit Grund erwarten kann, dieser unterthänig gemachte Vorschlag in Betreff der zu machenden Änderungen des hiesigen wahrhaft (pag. 66) elenden Schulzimmers gewiß nicht übel oder als anmassend aufgenommen werden, um so weniger, da überdem damit meine eigene Gesundheit compromittirt ist.

St. Martin im Lammerthall, den 26. Juni 1805.

Joseph Mayr, Vikar."

Nach einer späteren Notiz wurden die angedeuteten Verbesserungen mit einem Aufwande von 43 fl. 56 kr. wirklich gemacht. Seitdem dürfte an diesem Schulhause nichts mehr oder nur unbedeutendes geändert worden sein und es wird deshalb nicht ganz ohne Interesse sein, dieses Unicum zu betrachten. Es ist ganz von Holz und enthält ebenerdig sein Schulzimmer, eine Küche und einen Krämerladen. Im 1. Stock ist eine Wohnung, bestehend aus einem heizbaren Wohnzimmer, einer Kammer, einer Durchgangskammer zum Closet, das übrige ist Vorhaus, von dem ein kleiner Raum als Vorrathskammer des Krämers abgesondert ist. Das Schulzimmer im Erdgeschosse ist 9,56 Meter lang, 5,56 Meter breit und 2,25 Meter (!!!) hoch; in der Mitte ist es durch einen Holzpfeiler gestützt, der dem Lehrer die Aussicht auf die Schüler erschwert. Eine Ventilation ist nur durch Öffnen der kleinen Fenster möglich. In diesem Zimmer müssen 53 Knaben und 40 Mädchen, also 93 Kinder (die Zahl vom laufenden Schuljahre) Platz finden!

Es ist wohl überflüssig, diesen Angaben ein Wort hinzuzufügen; aber um von der Gemeinde den Verdacht der Vernachlässigung der Schule abzuwälzen, muß bemerkt werden, daß dieselbe den Bau einer zweiklassigen Schule unternehmen wollte, wozu der Plan mit einem Kostenvoranschlage von 8000 fl. bei der k. k. Bezirkshauptmannschaft in St. Johann verfertigt wurde. Das wäre wohl kein Schulpalast geworden, aber im Vergleiche zum 150jährigen Holzhause ein anständiges Schulhaus, das der nichts weniger als reichen Gemeinde auch kein kleines Opfer gekostet hätte. Ein hohes k. k. Unterrichtsministerium ist aber mit diesem Plane nicht zufrieden, sondern fordert einen Bau nach einem anderen Plane, dessen Ausführung auf – 16.000 fl. kommt. Daß diesen die Gemeinde nicht annehmen konnte, ist wohl jedem unbefangenen Beobachter klar. Und so wird denn in dem ehrwürdigen alten, schon vor 150 Jahren als allen Forderungen Hohn sprechend erklärten Schulhause noch heute Schule gehalten im Jahre 1898!

Anmerkung

1 Die Einsicht in diese Schriftstücke gestattet mir Herr Pfarrer Caspar Brandner, ehemals in St. Martin, jetzt in Henndorf, dem ich an dieser Stelle einen gebührenden Dank auszusprechen verpflichtet bin. (D. V.).

Der Kampf um die Zaunrith'sche Druckerei (1801–1802)

⮞ 1901 ⮜

Als ältester Buchdrucker in Salzburg gilt Hans Baumann von Rothenburg an der Tauber, den wahrscheinlich der Administrator des Erzstiftes, Herzog Ernst von Bayern, im Jahre 1548 bei seiner Rückkehr vom Reichstage in Augsburg (1547) mit sich brachte. Das erste bestimmbare Werk, das aus der neuen Druckerei hervorging, ist die 1551 erschienene Bergwerksordnung des Erzbischofs Matthäus Lang.[1] Ausserdem sind noch einige Drucke Baumanns bekannt.[2] Er soll sogar eine salzburgische Chronik, die bis 1561 reicht, herausgegeben haben; sie sei mit dem Datum 2. März 1561 dem Herrn Hans Fugger von Kirchberg gewidmet.[3] Um diese Zeit scheint er Salzburg wieder verlassen zu haben. – Schon vor Baumann erscheint ein Salzburger als Buchdrucker, wohl nicht in Salzburg selbst, sondern in Augsburg, Jacob Wacker. Von ihm führt Georg Wilhelm Zapf in „Augsburg Buchdruckerei Geschichte", (Augsburg 1788) H. 12 drei Werke aus dem Jahre 1503 an, deren eines ihn als Drucker nennt („durch mittel des ebern jacob wackers von saltzburg, buchdruckers solch hystori mit dem druckh gemaynsam zu machen"), während die andern zwei ihn als Verleger oder Buchhändler erscheinen lassen. („Durch verordnung des fursichtigen herrn Johan Rynman von öringen vnd Jacob wackers von saltzburg hat mayster hanns otmar diss hystori gedruckt zu Augsburg" – und „Impensis providi viri Jacobi Wacker de Salzburg Auguste impressus"). Wacker scheint demnach das Druckereigeschäft aufgegeben und Buchhändler (Buchfuerer) geworden zu sein, als welcher er in den Stadtrathsprotokollen 1495 und wieder 1515 erscheint.[4] In diesem Jahre kauft ihm die Verwaltung der Pfarrkirche auf dem Rupertidult vier Messbücher, das Stück um 4 fl. ab.[5] Erst am Ende des 16. Jahrhundertes erscheint wieder ein Buchdrucker und Buchhändler, Konrad Kürner, dessen erstes nachweisbares Werk von 1598 datiert ist.[6] Sein Sohn Georg erscheint 1619 im Rathsprotokolle. 1632 ersucht er um das Bürgerecht und die – Bräuereigerechtsame. Er übte sein Geschäft in einem dem jetzigen Ursulinenkloster benachbarten Hause, dem Golserhause aus, das der Maria Strasser, Tochter des Bräuers an der Stiege (Stieglbräu) gehörte,[7] mit der er sich wahrscheinlich im genannten Jahre verehelichte. Da Kürner Bräuer wurde, ging die Druckerei auf Christoph Khotzenperg oder Katzenberger über, der seit 1632 erwähnt wird (Bürgerbücher). Er starb 1653.[8] Sein Nachfolger war Johann Baptist Mayr,[9] der Sohn eines salzburgischen Rittmeisters; er nannte sich fürsterzbi-

PROPRIVM
SANCTORVM
ARCHIDIOECE-
SIS SALISBVR-
GENSIS.
Ex approbatione Sedis Apostoli-
cæ, ad vsum Breuiarij Romani
accommodatum.
C K
ILLVSTRISSIMI
AC REVERENDISSIMI
DOMINI D. MARCI SITTICI
Dei gratia Archiepiscopi Principisque
Salisburgensis, & Sedis Apostolicæ Lega-
ti, &c. iussu & authoritate reuisum, cor-
rectum. typisque mandatum.

SALISBVRGI,
Per Conradum Kürnerum Typogra-
phum Aulicum.

Anno Domini M. DC. XIX.

C. knör

*Titel des Proprium Sanctorum Archidioecesis Salisburgensis (Liturgische Formu-
lare und Kalender für die Heiligen der Salzburger Erzdiözese). Gedruckt 1619
von Konrad Kürner, mit dem 1592 die ununterbrochene Druckereigeschichte in
Salzburg beginnt.*

schöflicher Kammerdiener, juris utriusque candidatus und notarius publicus. In einem Streite mit dem gleichzeitig genannten Buchdrucker Melchior Haan (in den Bürgerbüchern 1666 und 1675) erhielt Mayr vom Erzbischofe Max Gandolph von Kuenburg am 12. November 1668 ein ausdrückliches Privilegium als Hof- und akademischer Buchdrucker;[10] 1677 gab er die erste Zeitung in Salzburg heraus.[11] 1696 wurde er vom Kaiser Leopold I. mit dem Prädicate „von Mayregg" geadelt. Bei dem großen vom Mönchsberg abgehenden Bergsturze vom 16. Juli 1669[12] gieng auch Mayr's Haus zugrunde, wofür er auf dem Platze des ehemaligen Lamberggartens[13] ein neues erbaute.[14] Er starb 1708. Sein Geschäft führte sein Sohn Johann Joseph und dann dessen Witwe Maria Barbara fort, von der es an ihre Tochter Anna Victoria kam, die sich mit dem Hofkammerrath Josef Maximilian Konhauser von Sternfeld vermählte. Sie führte die ererbten Geschäfte bis 1775, in welche Jahre sie durch einen Willküract des Erzbischofes Hieronymus dieselben verlor.

Im Jahre 1773 hatte ein Franciscaner P. Clarentius Pscheider in ihrer Druckerei ohne ihr Wissen eine Schrift gegen die vom Erzbischofe verfügte Aufhebung der Feiertage erscheinen lassen. Der Erzbischof erfuhr hievon, ließ die ganze Auflage confisciren, den Verfasser in ein entferntes Kloster abführen, den Factor der Druckerei in die Festung legen, verurtheilte die Inhaberin derselben zu 100 Ducaten Strafe und nicht um etwa der Gerechtigkeit Genüge zu thun, sondern sein beleidigtes Selbstgefühl zu rächen, wurde die Witwe Mayr gezwungen, ihre beiden Gerechtsamen um einen willkürlich taxirten Preis von 13.500 fl. an eine milde Stiftung, das Waisenhaus, abzutreten. Das 1774 aufgenommene Inventar schätzt den Wert der Gerechtsame, Pressen, Büchervorräthe u. dgl. nebst Haus auf 64.790 fl.[15]

Das Waisenhaus übertrug die Druckerei und Buchhandlung in das Ritzerbogenhaus (heute Buchhandlung Eduard Höllrigl, vormals H. Kerber), wo die beiden Geschäfte bis 1789 ausgeübt wurden. In diesem Jahre kaufte der bisherige Factor der Druckerei Franz Xaver Duyle[16] diese Geschäfte vom fürsterzbischöflichen Consistorium als dem Verwalter des Waisenhauses um 10.000 fl., wovon 5000 baar, 5000 binnen zwei Jahren zu erlegen waren. Duyle übertrug Druckerei und Buchhandel in das Rehling- oder Antretternhaus auf dem Wagplatz.[17]

Neben der Hof- und akademischen Druckerei bestand, wie erwähnt wurde, schon im 17. Jahrhundert die Druckerei des Melchior Haan oder Hahn, der wahrscheinlich aus Ingolstadt stammte. Er wird „einer löblichen Landschaft und Stadt Buchdrucker und Buchhändler" genannt. Sein Nachfolger war Johann Josef Bernhard Prambsteidl;[18] das Geschäft war anfangs auf dem Wagplatze, dann in der Brodgasse.[19] Seine Tochter war mit Franz Prodinger vermählt, der das Geschäft fortführte, aber in die ehemalige Mayr'sche Druckerei in der Griesgasse verlegte, nachdem das Waisenhaus die von Mayr herstammenden Geschäfte angekauft hatte. Nach Prodingers Tode führte die Witwe das Ge-

RITUALE
SALISBURGENSE
Ad ufum Romanum accommodatum
AUTHORITATE, ET JUSSU
CELSISSIMI AC REVERENDISSIMI
DOMINI DOMINI
SIGISMUNDI
CHRISTOPHORI,
Archi-Epifcopi, & S.R.I. Principis Salisbur-
genfis, S. Sedis Apoftolicæ Legati Nati,
Germaniæ Primatis &c. &c.
EX ILLUSTRISSIMA ET ANTIQUISSIMA PROSAPIA
S. R. I. Comitum.
De SCHRATTENBACH &c. &c.
Denuò recognitum, & revifum.

SALISBURGI,
Sumptibus, & typis JOANNIS JOSEPHI MAYR, Aulico Academici
Typographi, & Bibliopolæ p. m Hæredis.

ANNO M. DCC. LXVIII.

Rituale Salisburgense (Handbuch für sakramentale Feiern). Titelseite mit den Heiligen Rupert und Virgil zu beiden Seiten des Wappens Erzbischof Sigismund Schrattenbachs (1753–1771). Druck der Anna Maria Konhauser von Sternenfeld von 1768. Seit dem Tod ihres Vaters im Jahr 1724 erscheint im Druckvermerk jedoch nur der Hinweis auf „Johann Joseph Mayrs Erben". Wenige Jahre nach diesem Druck verlor sie „durch einen Willküract des Erzbischofes Hieronymus" ihre Druckerei.

schäft fort. Doch scheint die Druckerei schlecht eingerichtet und geleitet gewesen zu sein, so dass sie wegen Mangels an Typen kein über drei Bogen starkes Werk drucken konnte. Noch unter Prodinger war Franz Xaver Oberer[20] als Factor in die Druckerei gekommen, hatte sie aber bald wieder verlassen. Nach dem Tode Prodingers kehrte er auf Ersuchen der Witwe wieder zurück. Diese übergab ihm 1785 die Druckerei mit lebenslänglichem Vorbehalt der Verwaltung und Nutznießung, aber schon ein Jahr später selbständig gegen Übernahme der darauf lastenden Schulden von 3500 fl. und eine Leibrente von wöchentlich 6 fl. 1793 wurde Oberer Bürger, 1795 kaufte er mit finanzieller Beihilfe des Hoforgelmachers Johann Schmid das sogenannte Tanzmeisterhaus am Hannibalplatz.[21]

Seit der Mitte des 17. Jahrhunderts gab es in Salzburg neben der genannten Buchhandlung des Joh. Bapt. Mayr eine zweite Buchhandlung, deren erster Inhaber Georg Hebenstreit, deren zweiter Georg Mantler war (1647 in den Bürgerbüchern genannt, wohl aber schon früher thätig;[22] sie hatte ihren Sitz in der Goldgasse[23]). Die Buchhandlung erscheint dann im Besitze des Johann Dratzieher oder Tradtzieher (Bürgerbücher 1701–1713), und seines Schwiegersohnes Johann Eckbrechter (Eckelbrecht und Eckebrecht, Bürgerbücher), der darauf zugrunde gieng, worauf Victoria Konhauser von Sternfeld sie erwarb (1764?), deren Geschäftsführer Franz Ferstl (später Buchhändler in Graz) und Kaspar Zaunrith[24] sie wieder in blühenden Zustand brachten. Victoria Konhauser führte sie auch nach dem Verluste der altererbten Geschäfte bis zu ihrem Tode 1788 fort und übergab sie durch Testament vom 15. Februar 1788 deren letzten Leiter Zaunrith gegen Hinauszahlung von 7000 fl. an ihre Erben.[25] Wenn Zaunrith die Buchhandlung nach der Übernahme als Mayr'sche bezeichnete, war er (unabsichtlich oder absichtlich?) im Irrthume.

Somit gab es zu Beginn des 19. Jahrhunderts in Salzburg zwei Buchhandlungen und zwei Buchdruckereien. Von letzteren hatte die Duyle'sche sechs Pressen, die Oberer'sche vier. Duyle druckte Gebet- und Schulbücher, die „Staatszeitung von Salzburg" und die akademischen Schriften, wie Kataloge, Dissertationen u. dgl.; er hatte gewöhnlich nur 3 Pressen im Gang. Aus Oberers Druckerei giengen Kalender, Hochzeitseinladungen, Drucksorten für die Landschaft und Dr. Johann Jacob Hartenkeils „Medicinisch-chirurgische Zeitung" hervor. In der Regel beschäftigte er nur zwei Pressen.

Die Leistungsfähigkeit beider Druckereien erscheint nicht groß. Doch hatten sie für die currenten Arbeiten „bei Anwesenheit der Neufranken, ungeachtet sie nicht nur von den diesseitigen Bureaus oft Tag und Nacht beschäftigt, sondern auch von dem französischen Kommando beinahe gänzlich in Requisition gesetzt waren",[26] die Belastungsprobe bestanden. Aber der Druck größerer Werke scheint sich häufig verzögert zu haben. Deshalb richtete Caspar Zaunrith am 21. März 1801 an die seit der Flucht des Erzbischofes Hieronymus eingesetzte Statthalterschaft, – Bischof Christoph Sigmund von Chiemsee, Domdechant Gr.

Der Hannibalplatz (heute Makartplatz) mit der Druckerei Oberer. Lithographie von J. Stießberger nach Georg Pezolt 1838 (SMS).

von Waldstein, ständischer Generalsteuereinnehmer Johann Baron von Rehlingen, Hofkanzler Baron von Bleul, Hofrathsdirector Franz Thaddäus von Kleimayrn und Hofkammerdirector Baron von Moll[27] – ein Gesuch um die Errichtung einer Druckerei. Er stützt sich dabei darauf, dass die beiden vorhandenen Druckereien seinem Bedürfnisse nicht genügen, weshalb er viel im Auslande drucken lassen müsse, daher sein Unternehmen nicht nur zur Beförderung der Wissenschaft und Literatur, sondern auch zum finanziellen Vortheil des Staates sei. Diese Bitte wurde von der Regierung nach einem eingehenden Vortrage des Referenten in Bücher-Censur-Sachen (Dr. Theodor Hartleben), am 10. April günstig erledigt und dem Gesuchsteller am 20. April diese Entschließung eröffnet. Schon am 24. April bedankt sich Zaunrith für die ertheilte Concession, fügt aber die Bitte hinzu, dieselbe möge als ein Realgewerbe erklärt werden, da sich die Statthalterschaft darüber nicht geäußert hatte. Die ertheilte Gerechtsame war dem hochfürstlichen Polizeiamte mitgetheilt worden. Dieses beschloss nun, entgegen dem Vorschlage des ersten Referenten, der eine Befragung der zwei Druckereibesitzer für unnöthig erklärt hatte, diese vor Fällung der Entscheidung einzuvernehmen – und damit begann ein Kampf, der erst im August 1802 durch einen Vergleich zwischen den streitenden Parteien erledigt wurde.

Vom 5. Mai ist der von den beiden Druckern Duyle und Oberer unterzeichnete Protest an die Landesregierung gegen die Errichtung einer neuen Druckerei datiert. Unter den Gründen gegen die Errichtung sind manche Scheingründe, andere geradezu Verdächtigungen. Zu jenen gehört die Angabe, dass Duyle und Oberer nicht einmal alle Pressen beschäftigen können, dass sie nicht so billig drucken können, wie die Wagnerische Druckerei in Ulm (wo Zaunrith viele Sachen arbeiten ließ), weil Wagner einer der größten Papierverleger in Deutschland sei und mit verheiratetem Druckereipersonale arbeite; die Weiber der Gehilfen fänden Gelegenheit zum Broderwerb bei verschiedenen Fabricaturbeschäftigungen, aber deren Männer seien dadurch wieder an den Ort gebunden und daher genöthigt dem Druckereibesitzer um ein geringeres Salarium zu arbeiten. Sie dagegen müssen das Papier aus den inländischen zwei Papiermühlen theuer beziehen, können ihre Druckergesellen nicht heiraten lassen, da die Frauen keine Beschäftigung hätten und die Zahl der Dürftigen und Bettler in der Residenz vermehren würden. Zaunrith würde ferner alle Druckarbeiten für hiesige Institute heranziehen, wodurch sie dem gänzlichen Verderben preisgegeben werden. Jedenfalls müsse er aber ein Verzeichnis jener Werke vorlegen, die er im Auslande habe drucken lassen; daraus wird sich jene Ursache von selbst verrathen, warum er auf den Besitz einer eigenen Druckerei so sehr getrachtet habe. Denn er könnte „auch solche Werke, welche hier verbothen, und der Zensur ausgesetzt sind, heimlich drucken und in seinem Verlage führen".

Dem folgen die bereits benützten Angaben über die Erwerbung und den Wert ihrer Druckereien und zum Schluss die Drohung, lieber ihre beiden Druckereien zu verkaufen und dem Zaunrith anzubieten, als sich durch eine dritte Druckerei zugrunderichten zu lassen.

Am 28. Mai richtete Oberer an die Statthalterschaft ein neues Gesuch, worin er den alten Ton anschlägt, aber für den Fall, dass Zaunrith eine Druckerei bewilligt wird, selbst die Concession zu einer Buchhandlung erbitte, wogegen er sich zur Errichtung einer Schriftgießerei binnen 4–5 Jahren verpflichtet, da im ganzen bayerischen Kreise sich keine solche befinde, die nächst liegenden in Augsburg, Prag und Wien seien und für Lettern jährlich mehr als 1000 fl. außer Land gehen.

Von Interesse ist in diesem Gesuche die Angabe, dass er seit 15. October 1792 an die Zaunrith'sche Buchhandlung Druckarbeiten und den Betrag von 11.736 fl. 15 kr. geliefert habe. In einer neuerlichen Erklärung an den Hofrath erklärte Oberer, er habe im Falle seine Bitte Gewährung finde, nichts dagegen, dass dem Zaunrith eine freie Buchhandlung verliehen werde, da beschränkte Gerechtsame zu immerwährenden Beschwerden Anlass geben. Dr. Hartleben arbeitete über die Sache ein umfangreiches Referat aus; demselben ist zu entnehmen, dass Duyle eine vortrefflich eingerichtete Druckerei und eine mit gangbaren Artikeln reich versehene Buchhandlung um 10.000 fl. gekauft habe, die 5–6 Jahre früher auf 20.000 fl. geschätzt wurde. Duyle, „der weder Kenner des Buchhandels noch der Druckerei ist", mache schöne Geschäfte, würde aber noch bessere machen, „wenn er den Sortiments Handel gehörig betriebe und in seine Geschäfte durch eigene Thätigkeit mehr Speculation, mehr Geist und Leben zu bringen wüsste". Oberer habe ein Geschäft gegen Leibrenten übernommen „und seine Rechnung, dass die Alte bald sterben würde, ist ihm fehlgeschlagen"; daher lasse es sich erst nach dem Tode der Verkäuferin bestimmen, ob er theuer oder wohlfeil gekauft habe.[28] Zaunrith habe die Buchhandlung als Legat bekommen, musste aber den Erben 7000 fl. hinauszahlen; das Sortiment war groß, bestand aber aus ungangbaren Artikeln. Sein Fleiß, seine Handlungskenntnisse und sein Speculationsgeist erst haben seine Sortiments- und Verlagsbuchhandlung emporgehoben. Dass die zwei vorhandenen Druckereien nicht genügen, sei erwiesen. Müsse ein größeres Werk gedruckt werden, so stellen die Drucker nur auf Kosten des Verlegers die nöthigen ein oder zwei Setzer mehr an. Andernorten, wo geringere literarische Thätigkeit herrsche, seien mehr Druckereien; „das kleine Offenbach hält drei Druckereien und zwei Buchhandlungen, ungeachtet ein haupt-litterärischer Stapelplatz – Frankfurt – welches so viele Druckereien hat, in der Nähe ist. Das mittelmäßige Weimar hat mehrere Handlungen, Druckereien, ein Industrie Komptoir, eine Schriftgießerey, Kupferstecher, von welchen allen hier nichts zu finden ist".

Dass die hiesigen Drucker nicht alle Pressen beschäftigen können, ist unwahr; sie könnten, wenn sie Energie hätten; aber vielfach sparen sie falsch. Oberer hatte nur einen Setzer und als dieser mehr Lohn verlangte, entließ er ihn und arbeitet nun mit Lehrbuben. Auch die Arbeiten seien hier theurer als anderswo; in Wien zahlt man für den Bogen 1 Ducaten, ebenso in Leipzig, Augsburg, Ulm, München. Für die Preisbestimmung ist die Angabe wertvoll, dass man bei Oberer, der noch billiger sei als Duyle, für Satz und Druck ohne Papier 9 fl. bezahlt; der Setzer bekommt bei ihm für den Bogen 2 fl. 8 kr., der Drucker 2 fl.; rechnet man für die Abnützung der Lettern, Schwärze, Presse 1 fl., so bleiben ihm 3 fl. 52 kr. reiner Profit. Bei Duyle muss man für den Bogen 10–11 fl. zahlen.

Die leichte Widerlegung der anderen Einwürfe der beiden protestierenden Drucker darf übergangen werden, besonders die Entkräftung des Verdachtes, sich der Censur zu entziehen. Referent ist daher für die Gestattung der Druckerei, wobei die bestehenden Druckereien mit ihren bisherigen Verlagsartikeln geschützt werden sollen, aber auch für die Concession einer Buchhandlung an Oberer. In einer Universitätsstadt können leicht drei Buchhandlungen existieren; Nürnberg hat über 15, obwohl dortselbst nur 10 Schriftsteller sind, während in Salzburg 12 aufgezählt werden können; in Frankfurt nähren sich 20 Buchhändler nur vom Auslande. Dazu komme, dass man hier die Bücher schwer erhält; Duyle stehe mit wenigen Buchhandlungen in Verbindung, bei Zaunrith müsse man oft ein halbes Jahr warten, da er die Waare mittelst Frachtwagen bezieht; dabei ist er theurer als andere. Daher komme es, dass hiesige Gelehrte ihre Bücher von Lindauer in München, Felsecker in Nürnberg, von Ulm, ja von Stettin beziehen. Auch die Nähe von Tirol und Oberösterreich, wo kein nennenswerter Buchhändler existiert, sei in Betracht zu ziehen, um zu erkennen, dass durch eine dritte Buchhandlung der Abfluss des Geldes ins Ausland vermieden und fremdes Geld herangezogen würde. Bezüglich der Errichtung der Schriftgießerei drückt sich der Referent etwas optimistisch aus, wenn auch die nationalökonomische Einsicht desselben aus seinen Ausführungen klar hervorgeht. Schließlich beantragt er zustimmende Erledigung aller Bitten und Erklärung aller Concessionen als Realgerechtsame. Dem Referate liegt ein Verzeichnis aller Werke bei, die Zaunrith seit 1788 in Ulm oder München drucken ließ. Es sind ca. 50 Werke aufgezählt, unter Gebetbüchern, Predigten, Schulbüchern u. dgl. Kants Schriften sammt Jacobs Seelenlehre (283 Bogen, 500 Exemplare), Brauns Flora von Salzburg, drei Bände (118 Bogen, 500 Ex.), Fingerlos, Wozu sind Geistliche da? (40 ½ Bogen, 1000 Ex.), Zauner, Über Aufklärung (12 B., 600 Ex.), Vierthaler, Sokratik (17 B., 2000 Ex.), desselben Reisen (23 B., 1000 Ex.). Entsprechen den Anträgen Hartlebens entschied der Hofrath nach einem, das wesentliche jenes Referates wiederholenden Vortrage des Hofrathes von Zillersberg am 24. Juli; wobei dem Oberer eine zehnjährige Steuerfreiheit für die Buchhandlung und die binnen fünf Jahren zu errichtende Schriftgießerei zugesichert wurde, wogegen Zaunrith einen Theil der Duyle'schen Steuer übernehmen sollte. Demgemäß werden an das Polizei- und das Steueramt der Landschaft die nöthigen Weisungen erlassen.

Gegen diese Verfügung richtete Duyle am 21. August eine Vorstellung an den Landesfürsten Erzbischof Hieronymus selbst, worin er sich durch die Errichtung einer neuen Druckerei für ruiniert erklärte, sich aber auch auf das der Waisenhausdruckerei und Buchhandlung ertheilte Privilegium, das ihm durch den Kaufbrief vom 29. April 1789 gesichert worden sei, berief und schließlich gegen seine zu hohe Steuerleistung, 45 fl. in jedem Termine, Stellung nahm.

Infolge dessen wurde die Regierung von der Statthalterschaft zur „wohlüberlegten Prüfung" der Beschwerde Duyle's und Aufstellung eines neuen Referenten angefordert (31. August 1801). Auch Zaunrith richtete am 19. September, da er gerüchteweise erfahren habe, der Landesfürst habe ihm die ertheilte Concession entzogen, einen Protest an die Statthalterschaft. Er berief sich darin auf seine früheren Gründe, legte neuerdings ein Verzeichnis seiner seit October 1801 im Auslande in Druck gegebenen Werke vor, erwähnte auch die zur Errichtung der Druckerei bereits gemachten Auslagen, besonders den Ankauf und Umbau eines eigenen Hauses[29] und verlangte eventuellen Schadenersatz. Mit dem neuerlichen Referate wurde J. Th. von Kleinmayrn beauftragt; er löste seine Aufgabe in einem höchst gelehrten, 38 Paragraphe umfassenden Actenstück, das reichlich mit Citaten aus juristischen Dissertationen versehen ist; es wurde der Statthalterschaft am 30. März 1802 mitgetheilt und gipfelte in denselben Vorschlägen, die schon Hartleben gemacht. Bezeichnend ist der Satz, es „möchte wohl endlich auch der Zaunrith und Oberers neu errichtete Gerechtsame nach Ausweisung ihrer letzten Concession das Landesherrliche Höchste Bestättigungssiegel, ohne eines und des andern Theiles Beseitigung aufgedruckt, und das Ansehen der Hohen Statthalterschaft dabei am wenigsten compromittirt werden". Der Erstattung dieses Gutachtens war eine Commissionsverhandlung vorhergegangen; als landesfürstliche Deputation nahmen Geheimrath J. Th. v. Kleinmayrn, sowie die Hofräthe von Koflern und von Edlenbach daran Theil. Aber der Commission war es nicht möglich gewesen, „diese verdrüßliche Sache" durch einen gütlichen Vergleich zu beendigen. Duyle bestand auf seinem Scheine, und ganz besonders deswegen, weil ihm der Wiener Buchhändler von Mößle, durch den er seine Bittschrift vom 21. August 1801 dem Erzbischofe Hieronymus in Wien hatte überreichen lassen, angeblich mitgetheilt: Der Erzbischof habe sich „wegen Verleihung einer neuen Buchdruckerei- und Buchhandlungsgerechtigkeit sehr aufgebracht gezeigt und hätte geäußert alles wieder rückgängig zu machen und für null und nichtig erklären zu wollen". – Dieses Schreiben von Mößle's vermochte er jedoch der Deputation nicht vorzuweisen, wohl weil es nicht existierte. Außerdem kam er immer wieder auf seinen früheren Antrag zurück, Zaunrith und Oberer mögen ihm seine Druckerei abkaufen. Daher wurde am 30. März 1802 ein eingehender von den drei Commissionsmitgliedern unterzeichneter Bericht an den Erzbischof abgesendet, der im wesentlichen auf die Vorschläge von Kleinmayern's beruhte. Unter den Beilagen dazu finden sich einige Schriftstücke, in denen dem Duyle von seinem Collegen Oberer hart zu Leibe gerückt und ihm sein wenig ehrenhaftes Benehmen in dieser Angelegenheit vorgeworfen wird, während im amtlichen Berichte selbst seine geringen Fähigkeiten und seine Lässigkeit im Betriebe seines Geschäftes mehrmals erwähnt sind. Daraufhin verordnete der Erzbischof von Wien aus am 30. April 1802 (nach einem von Salzburg eingesandten Concepte?) „dass die Partheien nochmals vorzurufen und ihnen alle Gründe, welche die Realisierung des Vergleichsprojectes empfehlen" mündlich auseinanderzusetzen seien. Beim Zustandekommen des Vergleiches erwarte er weitere Anzeige. Im entgegengesetzten Fall ist den Partheien zu bedeuten, „dass es unser Wunsch gewesen wäre, Bürger der nemlichen Stadt besonders in den gegenwärtigen ungewissen Zeiten auf gütlichem Wege vereinigen zu können, weswegen wir dann auch keinen Anstand genommen haben würden, aus landesherrlicher Gnade die zu dem Vergleiche führenden Begünstigungen mit unserer höchsten Bestättigung zu versehen". Die Partheien haben sich binnen vierzehn Tagen zu entscheiden und die Commission habe dann sofort Nachricht zu geben. Der Schluss dieses Dekretes ist beachtenswert für Duyle's Vorgehen. „Was endlich noch insbesondere das Vorgehen des Buchdruckers Duyle betrifft, als hätten wir demselben durch den hiesigen Buchhändler von Mößle eigene Versicherungen ertheilen lassen, so bemerken wir nur noch im Vorübergehen, dass, ob wir zwar dem Duyle, so wie jedem andern Bürger, die Gerechtigkeit, worauf derselbe Anspruch machen kann, nie versagen werden, wir doch um so weniger in dem Falle sein konnten uns desfalls gegen den von Mößle zu äußern, als wir solchen nicht ein Mahl persönlich kennen und also noch viel weniger gesprochen haben".

Neuerdings begannen die Verhandlungen. Am 13. März 1802 fand wieder eine Commission statt, wobei den Partheien der dem Erzbischof unterbreitete Vergleichsvorschlag mitgetheilt wurde. Am 19. Mai theilte Duyle der Commission die Annahme mit, falls ihm das Recht auf den Verlag der Staatszeitung gewahrt werde und bei Vergebung von Druckereiarbeiten nicht „der geringere Anbot" seiner Collegen „zum Maasstabe genommen, sondern die Taxierung der für übertrieben gehaltenen Forderungen ad impartiales exteros verschickt werden möge". Am 26. Mai erklärte sich Zaunrith mit der Bestätigung des Privilegiums als Hof- und Universitätsbuchdrucker für Duyle einverstanden, ebenso mit der Übernahme eines Theiles der Duyle'schen Steuerleistung; dagegen verwahrt er sich gegen jede Beschränkung seiner Concession, da er ja doch durch die Errichtung einer neuen Buchhandlung in diesem Gewerbe beeinträchtigt werde. Oberer hingegen betonte in einer Eingabe vom 27. Mai, dass die Einschränkung der Zaunrith'schen Druckerei auf gewisse Arbeiten wertlos sei und nur Ursache zu Zwist gebe; dass, wenn Duyle die Privilegien behalte, er auch die Steuer allein tragen möge und endlich, dass die Verleihung einer Buchhandlung an ihn selbst gegen das Versprechen binnen fünf Jahren eine Schriftgießerei zu errichten, keine billige Entschädigung sei. Die Schriftgießerei könne in fünf Jahren nicht vollkommen eingerichtet sein, höchstens in zehn, und fordere ein Kapital von mehr als 12.000 fl. „ohne der Sorgen, Mühe, Studien und bittern Stunden zu gedenken, welche ein solches Unternehmen kostet". Auch im Falle der Nichterrichtung der Schriftgießerei müsse ihm der Buchhandel bleiben. Auf diese Mittheilungen hin berichtete die Commission am 6. Juni neuerdings dem Erzbischofe und ertheilte den Rath, die Partheien im Falle einer neuerlichen Ablehnung des Vergleiches auf den Rechtsweg zu verweisen. Der Bericht wurde nach einem Schreiben von Kleinmayrn an den Erzbischof vom 29. Juni diesem erst an diesem Zeitpunkte vorgelegt. Der Geheimrath schreibt: „Da mir aber als unwürdigstem Mitglied höchstdero Statthalterschaft bekannt war, dass man Euer Hochfürstl. Gnaden während der Baade-Kur mit verschüblichen Vorträgen und Anfragen unbelästigt lassen soll, so hielt ich mit obigem Vertrage um so unbedenklicher zurück, als von Seite der befangenen Buchdrucker und Buchhändler nicht der mindeste Betrieb erfolgte, welches mehr eine Gattung Kaltblütigkeit über die güttliche Abkunft und Hinlegung ihrer Ansprüche, als wahres Interesse dafür zu verrathen scheint".

Die Antwort des Erzbischofes vom 7. Juli 1802 an J. Th. v. Kleinmayrn lautet wörtlich: „Hieronymus etc. Unsern gnädigen Gruß in geneigtem Willen zuvor, Edler besonders Lieber und Getreuer! Deine unter dem 29. des vorigen Monats an Uns gebrachte Anzeige, womit Du das Resultat der über die streitigen Buchhandlungs- und Buchdruckerey-Gerechtigkeiten eingeleitheten Vergleichsverhandlungen einbegleidest, giebt Uns die schickliche Veranlassung Dir und der ganzen angeordneten Hofraths-Deputation das besondere Wohlgefallen zu erkennen zu geben, womit wir Uns von Deiner mit dem gewöhnten Eifer geführten Leithung sowohl, als von der fleißigen und pflichtmäßigen Behandlung, die sich sämmtliche Deputations Glieder in dieser Sache haben angelegen seyn lassen, überzeugt haben. Um so weniger kömmt es mit Unsern Wünschen überein, daß alle Versuche zu gütiger Beylegung der Sache noch zur Zeit fehlgeschlagen sind. Uns bleibt daher nichts anderst übrig, als den betheiligten nochmals erklären zu lassen, wie Wir auf den Fall, wo die Interessenten nach dem von der Deputation gemachten Vorschlage einen gütlichen Vergleich eingiengen, Wir geneigt wären, diesen Vergleich gnädigst zu bestättigen; in Gegentheile aber die Sachen auf dem geraden Wege Rechtens entscheiden lassen würden.

Du wirst demnach Sorge tragen, dass diesen Unsern Gesinnungen den dabey interessirten Bürgern von der Deputation gehörig eröfnet, und wenn sie nochmahls den Weg der Güte verwerfen, solche an den stracken Gang der Justitz bestimmt angewiesen werden. In dem letzten Falle versteht es sich jedoch von selbst, dass man von Seite des Hofrathes auf Verfügung jenes Zustandes bedacht seyn werde, der unsern ersten in dieser Sache abgegebenen Bemerkungen zufolge schon gleich anfänglich hatte Statt finden sollen.

Der Vertag mit seinen Beylagen wird mit dem nächsten Postwagen nachfolgen und Wir verbleiben Dir einstweilen, wie immer, zu allen Guten jederzeit in Gnaden wohlgewogen. Hieronymus".

Die Folge dieses Rescriptes war eine nochmalige Verhandlung der drei Deputationsmitglieder am 28. Juli und diese führte endlich zu einem Vergleiche, der am 13. August vom Erzbischof bestätigt wurde. Die Hauptpunkte des Vergleiches waren: 1. Dem Duyle wird das von Erzbischof Max Gandolph am 12. November 1668 dem Drucker Joh. Bapt. Mayr verliehene Privilegium einer Hof- und akademischen Druckerei erneuert. Dagegen muss sich Duyle verpflichten, die Hof- und akademischen Schriften rasch und um billige Preise zu drucken. Als Hofschriften sind nach einem eigenen Artikel „nur jene Aufsätze, Verordnungen, Befehle, Tabellen u. d. g. zu verstehen, die unmittelbar von der höchsten Behörde und den nachgesetzten Stellen erlassen werden"; als Schriften der Universität „die Thoeses (Thesen), Catalogge, Gradusbriefe, Testimonien, Xenia und die unmittelbar im Namen der Universität erlassende Statuten und Verfügungen, wie auch die unmittelbar zu einem Lesebuche vorgeschriebenen und bestimmten Aufsätze, nicht aber was Rector und Professoren als Privatauthoren verfassen". Zaunrith darf alles drucken außer den gegenwärtig bestehenden Staats- oder politischen und gelehrten Zeitungen, dem Intelligenzblatte und den dem Duyle vorbehaltenen Schriften. Oberer erhält die Buchhandlung und soll binnen fünf Jahren eine Schriftgießerei errichten. Zaunrith wird, was er nicht selbst zu drucken imstande ist, Duyle und Oberer übergeben, Oberer hingegen bei gehäufter Arbeit den Duyle beschäftigen. Zaunrith und Oberer leisten einen Beitrag zur Steuer Duyle's, ersterer vom Zeitpunkte an, wo er auch nur mit einer Presse zu drucken beginnt.[30] Der Betrag der zu übernehmenden Steuer soll durch Übereinkommen der Betheiligten oder durch billige Bemessung seitens der Behörde bestimmt werden. Dagegen zahlen Zaunrith und Oberer zehn Jahre lang keine Steuer; nach Ablauf dieser Zeit sollen alle drei Geschäfte möglichst gleichmäßig besteuert werden. Oberer ist für die Schriftgießerei zehn Jahre lang steuerfrei.

Die Bestätigung dieses Vergleiches durch den Erzbischof Hieronymus dürfte eine seiner letzten Regierungshandlungen gewesen sein. Denn bereits am 19. August 1802 wurde Salzburg von den kaiserlichen Truppen besetzt.

Als Duyle am 25. September 1804 gestorben war, suchte Zaunrith den ihm lästigen Vergleich umzustoßen und bat um Aufhebung jeder Beschränkung seiner Befugnis. Auf dieses Ansuchen liegt ein Referat von Koch-Sternfeld vor, worin auf dessen Ablehnung aus rechtlichen Gründen angerathen wird. Wie die Sache weiter gieng, erhellt aus den Acten nicht mehr. Oberer hat weder die Schriftgießerei errichtet, noch den Buchhandel ausgeübt, obwohl er ihn versteuerte. Erst sein Sohn Joseph etablierte 1826 die Buchhandlung und errichtete 1830 die erste lithographische Anstalt in Salzburg.[31]

So endete dieser Streit, der uns einige Einblicke in das geistige und gewerbliche Leben Salzburgs am Beginne des XIX. Jahrhunderts gewährt.[32]

Anmerkungen

1 Mittheilungen der Gesellschaft für Salzburger Landeskunde (LK.) XXXIV, 233.
2 LK, XXXV, 144.
3 Nach Dr. Storch, Pantheon Salisburgense VII. MS im Mus. Carolino-Augusteum.
4 Handschriftliche Auszüge aus den Bürgerbüchern und Rathsprotokollen vom städt. Kanzleidirector Ludwig Pezolt, MS. im Museum, eine äußerst sorgfältige und für die Stadtgeschichte wertvolle Arbeit.
5 Zillner, Dr. Franz, Salzburgs Stadtgeschichte I, 224.
6 Maria Vincenz Süss, Beiträge zur Geschichte der Typographie und des Buchhandels im vormaligen Erzstifte nun Herzogthume Salzburg. Salzburg 1845, S. 5.
7 Zillner, Stadtgeschichte I, 401.
8 Seine Grabschrift bei Süss, Beitr. 7.
9 Bei Zillner, Stadtgeschichte I, 401, erscheint Kürners Haus 1553 im Besitze der Witwe Wager (Wagner?), die sich nach demselben Gewährsmann 1670 mit J. B. Mayr vermählt habe, was nicht wahrscheinlich ist.
10 Süss, Beitr. 41.
11 Riedl J., Salzburgs Zeitungswesen. LK. III, 2.
12 G. A. Pichler, Salzburgs Landesgeschichte 477.
13 L. Becker, Über den ehemaligen Lamberggarten. LK. XL, 29 fl.
14 Zillner Stg. 377. Heute Griesgasse 25.
15 Süss, Beitr. 10.11.
16 Nach einem MS., das durch den verstorbenen Custos Anton Petermandl dem Archive der Landesregierung geschenkt wurde: Biographie der Duyleschen Familie. Zusammengetragen aus mündlichen und schriftlichen Familientraditionen im Jahre 1843 durch Franz Xaver Duyle, (das bereits Süss, Beiträge benützt hat), stammt die Familie von vertriebenen Huge-

notten ab. Sie soll den Namen Deville geführt haben. Eine Familientradition über die Erhebung eines Bäckermeisters Duyle in Augsburg in den Freiherrnstand durch Kaiser Leopold I. (MS. und Süss, Beitr. 19, Anm.) geht wohl auf eine Nachahmung der Nobilitierung Mayr's hinaus. Franz Xaver Duyle, 1743 in Burgau als Sohn eines Bäckers geboren, wurde Rentbeamter bei Graf Fugger in Constanz, lernte seit 1764 bei Wagner (in Ulm?) Buchdruck und Buchhandel, kam 1781 nach Salzburg, wurde Factor der Waisenhausdruckerei, und heiratete die Tochter des Waisenhausverwalters Weibhauser (eine Instruction des Erzbischofs Sigmund an diesen bei Tettinek, Die Armenversorgungs- und Heilanstalten im Herzogthum Salzburg [Salzburg 1850] 163). Sein gleichnamiger Sohn führte das Geschäft nach dem 1804 erfolgten Tode des Vaters fort.

17 Zillner StG. 279. Heute Mozartplatz 7.
18 Süss, Beitr. 45
19 Zillner, StG. 320, heute Brodgasse 28.
20 Oberer wurde (nach Süss 7) 1755 als Sohn eines Weinhändlers in Prag geboren, der infolge des Krieges fast sein ganzes Vermögen verlor und bald mit Hinterlassung von vier Kindern starb. Franz kam zu einem Verwandten nach Wien, besuchte sechs Gymnasialclassen, kam als Druckerlehrling in die Kurzböck'sche Druckerei, dann als Factor zu Gerold, von wo er 1781 nach Salzburg wanderte. Er starb am 29. December 1826. Von den Schicksalen seines ältesten Sohnes und Geschäftsnachfolgers Joseph, der während einer Reise in Frankreich zu den sogenannten (!) Volontairs des Voltigeurs d'Allemand gepresst wurde und als solcher in Italien Kriegsdienst leistete, erzählt Süss 51–56.
21 Zillner StG. 431, heute Makartplatz 7, noch Sitz einer Druckerei und Buchhandlung.
22 Süss, Beitr. 31.
23 Zillner StG. 322, heute Goldgasse 14.
24 Zaunrith war der Sohn eines Bäckermeisters in Mondsee, 1754 geboren, lernte unbekannt wo den Buchhandel und kam 1771 zur Konhauser nach Salzburg. Er besass eine Zeit lang auch in Graz eine Buchhandlung. Als er 1802 die Druckereibefugnis erhielt, kaufte er ein Haus an (Bergstraße 12) und nannte die Druckerei auch, ebensowenig richtig wie die Buchhandlung, die „Mayr'sche Druckerei". Am 30. April 1818 wurde das Zaunrith'sche Haus sammt Inhalt ein Raub der Flammen, in denen Zaunrith selbst umkam. Seine Asche wurde einige Wochen nach dem Brande aufgefunden und im St. Sebastian-Friedhofe beigesetzt. Die Familie betrieb nun bis 1835 nur den Buchhandel; erst in diesem Jahre errichtete der Sohn des Verunglückten Leopold Zaunrith neuerdings eine Druckerei. (Süss A. a. O.)
25 Süss, 33.
26 Nach den Acten des Regierungsarchives Rub. 95, ENr. 4.
27 G. A. Pichler, Salzburgs Landesgeschichte 681.
28 In einem späteren Actenstücke wird gesagt, er habe nur zwei elende Pressen übernommen und an Leibrente von 1788–1802 die Summe von 4368 fl. bezahlt; 1802 sei Witwe Prodinger gestorben.
29 Das Haus Bergstraße 12, wo noch heute die Zaunrith'sche Druckerei (Actiengesellschaft) ist. Zillner StG. 428.
30 Nach einer Andeutung in einem undatierten Concept scheint Duyle verlangt zu haben, dass Zaunrith sofort einen Theil der Steuer zahle.
31 Süss, Beiträge 57.
32 Zum Schlusse sei noch Herrn k. k. Archivsdirector Dr. Schuster für die Mittheilung der betreffenden Actenstücke und Herrn kaiserlichen Rathe Dr. A. Petter für die Erlaubnis zur Benützung der Musealbibliothek der beste Dank ausgesprochen.

Christian Doppler
Der Entdecker des astrophysischen Prinzips

~ 1903 ~

In dem bescheidenen Hause außer dem ehemaligen Lederertore, heute Nr. 1 Makartplatz – Café Edtmayr – wurde vor einem Jahrhundert, am 29. November 1803, dem Steinmetzmeister Doppler der zweite Sohn geboren. Salzburg, das altehrwürdige geistliche Fürstentum war seit dem 15. Februar desselben Jahres ein Kurfürstentum des Großherzogs Ferdinand von Toscana geworden. Freilich hatte diese neue Schöpfung nur kurzen Bestand. Schon 1806 fiel Salzburg an Österreich, um nach wieder drei Jahren ein Bestandteil des Königreiches Bayern zu werden, dem es durch ein Jahrzehnt angehörte. Im Jahre 1816 wurde es wieder österreichisch, aber nur ein Kreis Oberösterreichs, kein selbständiges Kronland. Die Auflösung des fürstlichen Hofstaates, die feindlichen Einfälle und Plünderungen, die Aufhebung der Hochschule, die Entfernung zahlreicher Ämter hatten die Stadt Salzburg in ihren Erwerbsverhältnissen sehr zurückgebracht und so ist es erklärlich, daß der Steinmetzmeister Doppler seinen geistig bevorzugten, aber schwächlichen Sohn Christian nicht dem Studium widmete und in das sechsklassige Gymnasium eintreten ließ, das damals allein im Lande eine etwas bessere Bildung vermittelte, sondern zu einem Kaufmann in die Lehre gab. Einer der damaligen Gymnasialprofessoren, Simon Stampfer, ein gebürtiger Tiroler, der als mittelloser Hirtenknabe die Studien in Salzburg begonnen hatte und 1816 am Gymnasium daselbst Lehrer wurde, 1823 aber als Professor der praktischen Geometrie an das polytechnische Institut in Wien kam, erkannte die Fähigkeiten des jungen Christian und ermunterte ihn zum Studium der Technik. Vom Oktober 1822 bis Jänner 1825 war Christian Hörer des polytechnischen Institutes in Wien. Um Zutritt zur Universität zu erlangen, entschloß er sich, bereits über 21 Jahre alt, die Gymnasialstudien in Salzburg nachzuholen. Es gelang ihm das Gymnasium von 6 und den philosophischen Kurs von 2 Jahren in 4½ Jahren zurückzulegen. Mit den besten Zeugnissen ausgestattet, kehrte er 1829 nach Wien zurück. Er erhielt hier die Assistentenstelle für höhere Mathematik an der Universität, die er bis 1833 bekleidete; aber trotz mehrerer sogenannter Konkursprüfungen, die damals die Stelle der heutigen Lehramtsprüfung vertraten, gelang es ihm nicht, eine ordentliche Lehrstelle zu erhalten. Er

Christian Doppler um das Jahr 1844, Photographie von Josef Löwy nach einer Daguerreotypie.

Bisher waren zwei Photographien von Christian Doppler bekannt. Hier wird erstmals eine dritte photographische Darstellung Dopplers veröffentlicht. Sie diente auch als Vorlage zu der bekannten Lithographie von Franz Schier.

beschloß deshalb, sein Glück in den Vereinigten Staaten von Nordamerika zu versuchen, verkaufte seine Habseligkeiten und reiste ab. Schon in München erhielt er zwei angenehme Nachrichten; die eine war seine Ernennung zum Lehrer der Mathematik an der Realschule in Prag mit 800 fl. Gehalt, die andere eine Berufung in die Schweiz. Die Heimatsliebe hielt ihn ab, nicht nur sein ursprüngliches Vorhaben fortzusetzen, sondern auch letzterem Rufe zu folgen, obwohl ihm in diesen Ländern aufblühender Industrie eine große Zukunft winkte. Er ging nach Prag, verehlichte sich dort 1836 und wurde hier 1841 zum Professor an der technischen Lehranstalt befördert. Einen neuerlichen Beweis der steigenden Anerkennung empfing er 1847 durch seine Ernennung zum k. k. Bergrat und Professor der Mathematik, Physik und Mechanik an der k. k. Bergakademie in Schemnitz. Diese Lehranstalt war damals eine wirkliche Hochschule für das Berg- und Hüttenwesen und bekam 1850 in dem berühmten Reisenden Josef Rußegger, auch einem der hervorragenden Söhne der alten Salzachstadt, dessen Leben Hofrat i. R. M. Kelb in den Mitteilungen der Gesellschaft für Salzburger Landeskunde 1903, 1. Heft, so anziehend geschildert hat, einen Direktor von höchster Bedeutung. Doch Doppler wirkte nicht mehr mit seinem nur um ein Jahr älteren Landsmanne zusammen. Denn schon 1849 war er zum Professor der praktischen Geometrie am polytechnischen Institute und 1850 zum ordentlichen Universitätsprofessor und Direktor des physikalischen Institutes in Wien ernannt worden. Die Ereignisse des bewegten Jahres 1848 hatten nämlich unter anderem auch die günstige Folge, daß Österreich sich endlich entschloß, sein veraltetes und verrottetes Unterrichtswesen von Grund aus umzugestalten. In dem Grafen Thun fand sich der Minister, der trotz seiner klerikalen Gesinnung, dem Rate erleuchteter Geister folgend, das neue Gymnasium und die neue Universität in Österreich schuf. Für die Bildung der Gymnasiallehrer, die nun erst eine wirkliche Fachbildung wurde, sollten verschiedene mit der Universität vereinigte Institute sorgen, deren einem, dem physikalischen Doppler als erster Vorstand gegeben wurde. Damals stand er auf dem Höhepunkte seines Lebens – ein Gelehrter, dessen Ruhm zahlreiche wissenschaftliche Arbeiten bereits über die Grenzen der Heimat verbreitet hatten, dem jetzt die Anerkennung der Welt der Wissenschaft durch die Verleihung des Ehrendoktorates seitens der Universität in Prag, durch die Ernennung zum wirklichen Mitgliede der Akademie der Wissenschaften in Wien, sowie anderer gelehrter Gesellschaften in reichem Maße zuteil geworden war. Leider konnte er als Bildner von Gymnasiallehrern keine langdauernde Wirksamkeit entfalten. Sein schwächlicher Körper war der rastlosen, aufreibenden Arbeit des Forschens, Lehrens und Organisierens nicht mehr gewachsen. Schon am 17. März 1853 erlag er in Venedig, wo er Linderung seiner Schmerzen gesucht, einem tückischen Brustleiden. Ihn überlebte seine Witwe mit fünf unmündigen Kindern. Von diesen leben heute noch Adolf Doppler, k. k. Ministerialrat, Ludwig, k. u. k. Oberstleutnant d. R., und die Töchter Mathilde, verehelichte Edle von Pflügl, sowie Berta Edle von Klein in Wien; der Sohn Hermann, fürstlich Windischgrätz'scher Rentverwalter in Tachau in Böhmen; in Salzburg lebt Frau Steinmetzmeisterswitwe Doppler, seine Schwägerin, mit ihren Kindern.

Von den zahlreichen wissenschaftlichen Arbeiten des großen Gelehrten, der über einen Schatz von originellen und fruchtbaren Ideen verfügte, kann an dieser Stelle nicht ausführlicher die Rede sein. Nur auf eine seiner epochalen Entdeckungen sei hingewiesen, auf jene, die seinen Namen in der Gelehrtenwelt unsterblich gemacht. Es ist jener Satz, der als „Doppler'sches Prinzip" heute eines der wichtigsten Hilfsmittel der Astronomie zur Bestimmung der Bewegung sogenannter Fixsterne ist. Der Satz Dopplers wurde von ihm zuerst 1842 in einer Schrift „Über das farbige Licht der Doppelsterne" aufgestellt und ist für Schall- wie Lichtwellen anwendbar. Er lautet: „Die Höhe des wahrgenommenen Tones ändert sich, wenn Beobachter und Tonquelle sich rasch einander nähern oder entfernen und zwar erscheint bei rascher Annäherung ein Ton höher, bei rascher Entfernung ein Ton tiefer." Dasselbe gilt auch für Lichtquellen. Auch die Farbe muß sich bei einer raschen Bewegung der Lichtquelle ändern. Da aber bei der ungeheuren Geschwindigkeit der Lichtquellen der Satz für diese durch Experimente nicht zu veranschaulichen ist, so muß die Bestätigung der Theorie am Himmel gesucht werden. So sollen Sterne, die sich uns nähern, in mehr bläulicher Färbung, also in höherem Farbenton, solche die sich entfernen, in rötlicher, also in niederem erscheinen. Wenn sich auch schon dem Entdecker des Prinzips, Doppler selbst, durch weitere Forschungen herausstellte, daß dies wegen des zusammengesetzten Lichtes der Fixsterne nicht so ganz der Fall sei, so hat die erst nach seinem Tode durch die großen Physiker Kirchhoff und Bunsen begründete Spektralanalyse die Richtigkeit des „Dopplerschen Prinzips" vollständig nachgewiesen und das, was er mit genialer Ahnungsgabe einst ausgesprochen, zum allgemein geltenden Axiom erhoben. Seitdem weiß man aus der Verschiebung der Fraunhofer'schen Linien jene Fixsterne zu bezeichnen, die sich unserer Erde nähern, wie Pollux, oder sich von ihr entfernen, wie Sirius. Auch die noch jüngere Anwendung der Photographie auf astronomische Untersuchungen hat eine neue Bestätigung des Prinzips des Salzburger Gelehrten gegeben.

Nur auf 50 Jahre hat der große Mann sein Leben gebracht – einem Zeitraum, der aber lang genug war, eine fast vollständige Umwälzung der Wissenschaft hervorzurufen. Er sah nur die Anfänge zu den großen Entdeckungen der zweiten Hälfte seines Jahrhunderts, aber er hat durch seine Forschungen, durch seine Arbeiten den Grund und Boden dazu vorbereitet. Er war einer der Pioniere, die den Urwald roden und die Plätze der Neusiedlungen bestimmen. Die Früchte zu ernten, ruhig und sicher des Erworbenen sich zu freuen, war ihm nicht mehr vergönnt. Aber gerade solchen Männern, wie ihm, die auf keine Vorgänger sich stützend, alles aus sich selbst holen müssen, die wahrhaft schöpferisch auftreten und durch ihre Begeisterung in zahllosen Schülern das heilige Feuer entflammen, gebührt der Lorbeer. So auch unserem genialen Landsmanne, dem großen Sohne unserer schönen Vaterstadt. Er ist kein Vergessener, sein Ruhmesstern strahlt noch heute. Daher hat auch die Universität in Wien dem großen Lehrer eine prächtige Büste gewidmet. Wir schauen mit Bewunderung die prächtige Bildung des Kopfes, die gedankenreiche Stirne, die tiefblickenden Augen, den sanft bewegten Mund des gelehrten Mannes. Einen Abguß der Büste hat die Stadtgemeinde-Vorstehung auf Ansuchen des Vereines für Landeskunde für das städtische Museum erworben. Samstag den 28. November werden im Versammlungssaale der genannten Gesellschaft die einnehmenden Züge dieses Mannes von Söhnen und Anverwandten, von Festgästen und Mitgliedern der Gesellschaft freudig begrüßt werden. Herr Realschuldirektor Dr. Ed. Kunz wird in einer Festrede das Leben und Wirken, die Arbeiten und Forschungen des Gelehrten ausführlich würdigen und zeigen, daß er ein ebenbürtiger Genosse jener Männer ist, die ihrer Vaterstadt zur unvergänglichen Ehre gereichen. Sonntag den 29. November, am hundertsten Geburtstagsfeste, wird am Geburtshause Christian Dopplers selbst eine von der Gesellschaft für Landeskunde gestiftete und von dem Großneffen des Gefeierten, Steinmetzmeister Johann Doppler, verfertigte marmorne Gedenktafel enthüllt werden, die für immer jene Stätte bezeichnen soll, wo der Mann das Licht der Welt erblickt, der so vielen ein Licht geworden, dessen Studien besonders dem Licht gegolten und dessen Name lichtstrahlend in den Blättern der Heimatgeschichte für immer eingeschrieben ist.

Moderne Salzburger Dichter

∾ 1904 ∾

Friedrich Fürst Wrede

Mit glänzendem Erfolge in die Literatur eingetreten, darf Friedrich Fürst Wrede neue Siege buchen. Ein kühner Griff ins „volle Menschenleben" nicht nur, sondern auch in die historische Vergangenheit ist das Werk: „Die Goldschilds". Kulturgeschichtlicher Roman aus der zweiten Hälfte des 19. Jahrhunderts. (Berlin, Ernst Hofman & C. 1900). Die erzählten Ereignisse sind zwar nicht romanhaft im alten Sinne des Wortes und doch fesseln sie den Leser. Sie reichen weit in die „vormärzliche" Zeit zurück und enden mit den letzten Jahren des abgelaufenen Säculums – und doch hängen sie inhaltlich fest gefügt zusammen. Endlich sind die Träger der Handlung nur Juden, edle und gemeine, gute und schlechte, solche, die Juden bleiben und andere, die Christen werden, – aber der Roman selbst ist weder anti-, noch philosemitisch. Der Schauplatz der Handlung ist Österreich und Frankreich; die politischen Ereignisse hier wie dort sind für den Fortschritt jener maßgebend, aber trotzdem ist der Roman kein politischer. Er ist auch kein Tendenzroman. Die Bezeichnung „kulturgeschichtlicher" ist daher insoferne zutreffend, als eine, aber auch nur eine Seite der kulturgeschichtlichen Bewegung des geschiedenen Jahrhunderts ins Auge gefaßt wird. Man könnte ihn auch als Bildungsroman bezeichnen; er erinnert unwillkürlich an Jordans „Die Sebalds". Ich weiß nicht, ob die Bezeichnung „entwicklungsgeschichtlich" sich auf einen Roman anwenden läßt. Wenn ja, so kann man Fürst Wredes Werk als die Darstellung der Entwicklung des jüdischen Geistes seit den dreißiger Jahren bezeichnen: geistig, religiös und materiell hat sich seitdem das Judentum verändert und um sich her Veränderungen hervorgerufen. Im Mittelpunkte der Ereignisse, nicht aktiv an ihnen teilnehmend, sondern die Rolle des Chores in der griechischen Tragödie spielend, steht die sympatische Gestalt des Dr. David Goldschild. Ihr Modell war offenbar der seinerzeit so hoch angesehene Politiker Dr. Fischhoff; man könnte auch an Dr. Kuranda denken. Auch zu anderen Typen lassen sich die Personen in der österreichischen Zeitgeschichte nachweisen. David, eines armen mährischen Hausierers Sohn, ist als Student in Wien begeisterter Teilnehmer der achtundvierziger Ereignisse. Er absolviert Medizin, übt aber die Praxis nicht aus, sondern wird Journalist beim „Freien Blatt". Als dessen Redakteur sich endlich von der Börse erkaufen läßt, widmet er sich wieder dem ursprünglichen Berufe mit aller Selbstverleugnung und Hingebung, die dieser verlangt. Sein heller Geist hat schon lange jene Fesseln gesprengt, die Religion und Rasse den Juden angelegt. Sein Ideal ist die Befreiung der jüdischen Mitbürger von denselben drückenden Ketten, ist deren geistige und sittliche Wiedergeburt. Sein ganzes Wesen ist Toleranz. In ihm zeigt sich, welcher Grad geistiger Höhe und ethischer Bildung der Jude erreichen kann. Gegenpol ist sein Neffe Isak. Diesem Schnapshändlerssohn sind Ideal und Ethik leere Begriffe. Für ihn gibt es nur Eins: Gelderwerb. Sein Wahlspruch ist: Nur den Klugen und Starken hat Schomboruch hu (der, dessen Name gelobt sei) die Welt geschenkt". Klugheit, List, Unverfrorenheit, Unbedenklichkeit in der Wahl der Mittel machen ihn zum millionenreichen Börsenbeherrscher in Paris. Er soll zeigen, wie weit es der Jude in materiellen Dingen bringen kann. – Das durch den talmudischen Religionsbegriff nicht gestillte religiöse Bedürfnis des Judentums kann nur außerhalb der alten Religion Befriedigung finden. Ein zweiter Neffe des Dr. David, der Sohn eines streng orthodoxen Rabbiners, muß daher Katholik werden. Dieser, Karl Raphael, tritt durch die Ehe in Verbindung mit dem kerndeutschen, kräftigen Bauernvolk Niederösterreichs. Die Frucht dieser Verbindung ist Josef, der Priester und Pfarrer wird. „In diesem Reis des uralten, ehrwürdigen Stammes verkörpert sich der schwärmerisch-mystische Sinn Raphaels, die opferfreudige unbeugsame Gläubigkeit der alten Sarah (seiner Großmutter) und die unheimliche rücksichtslose Energie Isaks". Und dieser Pfarrer Josef siegt über den Dr. David, wie über den Baron Isak und hält schließlich die Zügel in der Hand. „Dem Klugen und Starken ist die Welt geschenkt!" Und während Isak trotz allen häuslichen Jammers nach neuen Millionen jagt, träumt Dr. David seinen schönen Traum von Menschenliebe und Menschenglück weiter. Sein Glaube an den Fortschritt bleibt unerschüttert, auch Baron Isak und Pfarrer Josef müssen diesem unbewußt dienen.

Es würde zu weit führen, noch auf die eigentliche Handlung, die reich an ernsten Szenen ist, aber auch komische und idyllische enthält, näher einzugehen. Es genüge die Bemerkung, daß jenen Sensationen, wie sie die Moderne liebt und auch Fürst Wrede in früheren Werken nicht vermied, hier gänzlich fehlen. Aber der Roman ist dennoch ganz modern, nicht nur weil er von modernen Ideen durchtränkt ist, sondern weil er geradezu deren Entstehen aufzeigt und deren Wesen deutet. Da sich damit Feinheit der Form vereint, so darf er wohl als ein starker Schritt nach vorwärts bezeichnet werden. Er ist eine reife Frucht, gepflückt vom Baume der Erkenntnis des Menschentums in seiner Entwicklung unter dem Einflusse idealer und materieller Mächte und Kräfte in ihrer unlöslichen Durchdringung und Gestaltung schaffender und vernichtender, fördernder und hemmender, erhebender und demütigender Momente.

Auch Fürst Wredes jüngstes Werk „Durchlaucht Iff und andere Novellen"
(Berlin, Ernst Hofmann & Co. 1901) rechtfertigt in vollstem Maße die Hochachtung des Dichters. Ich lasse dem Kritiker eines Salzburger Blattes F(erry)
N(iedermayr) darüber das Wort. „Eine visionäre Einführung, Bruder Gram
betitelt, hat der Verfasser seinen Novellen vorausgeschickt. Bitterer Gram,
unabweisbarer Pessimismus ist denn auch der Grundton des ganzen Büch-
leins, dessen Titel am besten das Bild einer Trauerweide zieren würde.
„Durchlaucht Iff" nennt Fürst Wrede die eine Erzählung, die den größeren
Teil des Buches füllt, eine Novelle, die Niemand vergißt, der sie einmal gelesen! Ein düsteres Drama der Eifersucht baut sich vor unseren Augen auf,
meisterhaft exponiert, mit sicherer Hand durchgeführt. Der Held selbst erzählt
seine unsäglich traurige Geschichte. Das steigert unser Interesse aufs höchste.
Wir glauben den abgeklärten, durch einen maßlosen Schmerz gereinigten
fürstlichen Greis mit den eisernen Zügen vor uns zu sehen, seine gedämpfte
Stimme zu hören. Auch er war jung gewesen und hatte an Menschen geglaubt
und an das Glück. Iff war sein Glück, Iff, das rätselhafte Weib, mit den großen, langbewimperten scheuen Augen. – – – Die Tage des Glückes sind bald
gezählt. Marternde Zweifel an der Liebe seiner Gemahlin verdüstern des Fürsten Herz, der finstere Dämon der Eifersucht hält es mit eisernen Krallen um-
klammert. Ein Zufall bringt Erlösung. Poldo, der tiefgehaßte Gegner, stürzt
mit dem Pferde und bleibt bewußtlos liegen. Da wirft sich Iff, alles vergessend, mit wildem Aufschrei über ihn. Jetzt ist jeder Zweifel gehoben, der
Fürst von der qualvollen Folter der Ungewißheit erlöst, für ihn gibt es nur
mehr ein Gefühl: Rache. Mit gespannten Pistolen stehen sich die Todfeinde
gegenüber, zwei Schüsse krachen, Poldo wälzt sich im Sande. Tot! Noch ist
der Tote nicht bestattet, da erfährt der Fürst, daß er den leiblichen Bruder
seiner Gemahlin erschossen hat! Iff wird wahnsinnig, ihr unglücklicher Gatte
sucht im sonnigen Italien – vergebens – Heilung. So endet diese erschütternde
Tragödie der Irrungen. Auch auf den übrigen kleinen Erzählungen liegt
ein dunkler Schatten. Meist sind es völlig neue, bisher ungehörte Töne, die
unser moderner Dichter in diesen Novellen anschlägt. Jede ein kleines Kunstwerk."

Besonders ansprechend sind: „Salvatore" mit ähnlichem Thema wie Knut
Hamsons „Hunger" und „Das erbarmungslose Mitleid", ein psychologisches
Gemälde von größter Feinheit. Auf Salzburger Boden spielt: „Der Mann mit
dem eigenen Gott", leider nach seinem Inhalte kaum mehr diesseits der Grenze der Wahrscheinlichkeit. Sonst zeigen Komposition und Stil die gleichen
Vorzüge, die wir an dem Dichter schon rühmen durften, nur noch in jeder
Hinsicht verfeinert. Mit Spannung warten wir daher auf seinen neuersten Roman, der mit Beginn des Jahres 1903 in Velhagen u. Klasings Monatsheften
erscheinen und ein ebenso zeitgemäßes als interessantes Problem behandeln
wird.

Bruno Sturm

Ein nom de guerre, gleich Hans Seebach. Ein Student von achtzehn Jahren hat ihn gewählt und einem Drama vorgesetzt. Es heißt: „Will's tagen? Soziales Drama in drei Akten". (Berlin, Gustav Schuhr).

Wie's in dem jungen Kopfe stürmt und drängt! Ein Chaos von Ideen, Gestalten, Handlungen, das überall die Form zersprengt und überquillt wie junger Most! Aber Spuren von Talent, man darf sagen Genie! Mit dem ganzen tollen Wagemut der Jugend ist Bruno Sturm an die Dramatisierung dieser – Träume gegangen. Sagen wir mit der kecken Zuversicht der modernen Jugend. – Während sich sonst in poetischen Erstlingswerken junger Leute, die ihre Gymnasialzeit abgesessen, häufig falscher Idealismus, entnervender Schönheitskult, inhaltsloses Liebesgirren in ängstlich gedrechselten Versen und klassischen Schulreminiszenzen breit machen, führt Sturms Feder die strengste Realistik, als ob er nie ein Gymnasium gesehen hätte. Diese Realistik ist freilich noch nicht in und aus dem Leben gewonnen, sondern aus der Literatur abstrahiert, aber sie ist da! Wie zur Zeit des jungen Goethe und Schiller das Freiheitsgefühl der mächtigste Impuls junger Dichter war, ist es heute die soziale Frage. Zeitideen dringen selbst in die Schulstuben. Mit der modernen Realistik ist aber wieder verbunden der moderne Idealismus, der freilich nicht im Schwärmen und Gefühlsduselei, sondern in sozialen Reformgedanken schwelgt; jener Idealismus, der die Armen und Bedrückten emporzuheben, ihnen das Recht auf Leben und Lebensgenuß zu sichern, ihnen überhaupt ein menschenwürdiges Dasein zu verschaffen strebt; jener Idealismus, der nicht, wie einst der romantische, im Mannesalter gleich dem Bächlein verrinnt, sondern, zum Strome wachsend, seine Segnungen über die leidende, duldende Menschheit ausgießt. Von diesem Standpunkte aus muß Bruno Sturms „Will's tagen?" beurteilt werden.

Düster genug ist das Bild der sozialen Zustände, das uns der junge Dichter mit kühnem Griffel zeichnet. Die ärmliche Wohnung eines rechtschaffenen Maurers; Winterabend. Mutter und Tochter ängstigen sich über das lange Ausbleiben des Vaters. Ein protziger Hausherr fordert mit brutalen Worten den rückständigen Zins. Die durch die ewige Notlage körperlich und geistig geknickte Mutter verlegt sich aufs Bitten, Lieschen zeigt jenen Stolz der ehrenhaften Armut, der vor jeder Bettelei zurückschreckt. Endlich kommt der Vater, müde und hungrig und ohne Geld. Den kargen Taglohn hat er verloren, er sei ihm bei der Auszahlung aus der Hand geschlagen worden und er habe ihn in der Dämmerung nicht mehr gefunden. Lieschen will auf den Bauplatz, um noch einmal nach den elenden Kreuzern zu suchen. Das Mädchen ist des Maurers einziger Trost; zudem liebt sie ein junger Mann, Dr. Adolf, den wir wohl als Juristen zu denken haben; daß sie mit diesem glücklich werde, ist der einzige Wunsch und die beste Hoffnung des Vaters; trübe Ahnungen äußert die Mutter. Arbeitsgenossen erscheinen und fordern den Maurer zum Streik auf. Aber weder ihre teils verbitterten, teils höhnenden Worte, noch die wohlgesetzte Rede ihres Führers Steiner vermögen den pflichtgetreuen Mann zum Anschlusse zu bewegen. Da wird plötzlich die Tür aufgerissen; Lieschen, von einem Wachmanne verfolgt, eilt voll Angst auf den Vater zu. Der Wachmann erklärt sie in rohester Weise als Dirne und Diebin, der Vater verteidigt sie und erhebt endlich die Hand gegen den rohen Schergen; dafür wird er unter Beihilfe eines zweiten Polizisten abgeführt. Dr. Adolf bei Lieschen. Sie klagt dem Geliebten ihren Kummer um den Vater, der die Schmach des Gefängnisses nimmer überwinden könne. Adolf tröstet sie recht matt und verweist sie auf seine Liebe. Das macht sie nur trauriger. „Mir Armen können net amal wem gern haben" erwidert sie. Da kommt die Mutter mit der Nachricht, der Vater werde einen Monat Arrest bekommen; jetzt müssen sie und Lieschen betteln gehen – und als ersten bettelt die halb wahnsinnige Mutter den Geliebten ihrer Tochter an. Widerwillig gibt er ihr zwanzig Kronen. Noch unangenehmer für ihn ist es, daß der Hausherr (schon zum zweitenmale!) kommt, diesmal mit der Drohung des Hinauswerfens, falls der Zins nicht gezahlt werde. Da erscheint ein Mädchen und ruft Lieschen zum „Kinde", das plötzlich erkrankt sei. Es ist aber nicht das leibliche Kind Lieschens, sondern ein fremdes Kind, dessen sich Lieschen angenommen, weil sie es nicht sterben lassen wollte. Sie soll aber nicht zu ihrem Liebling, denn ein Wachmann fordert sie barsch vor Gericht. Im heftigsten Seelenschmerze folgt sie ihm – Adolf kann und darf ihr nicht helfen. Mit einer Klage über das Elend des armen Volkes geht er ab. –

Man sieht, der erste Akt leidet an Überfülle des Stoffes und Häufung der Motive: so das zweimalige Erscheinen des Hausherrn, die langen Verhandlungen der streikelüsternen Arbeiter, das schwer erklärliche Benehmen Dr. Adolfs, die Annahme des Kindes durch Lieschen – freilich gut zu ihrer Charakteristik dienend u. a. –

Mehr zusammengehalten ist der zweite Akt. Lieschen nagelt den Sarg des verstorbenen Kindes zu. Das Geld zum Sarge hat sie vom Arbeiter Berger entlehnt. Traurige Gespräche. Adolf erscheint. Kalt erzählt er, daß er dem Vater vor Gericht nicht hat helfen können; dieser sei zu zwei Monaten Gefängnis verurteilt worden. Dagegen habe er selbst von seinem Oheime die Erlaubnis zur Verehelichung mit Lieschen erhalten. Die Maurerin fordert Aufschub der Heirat bis der Vater aus der Haft entlassen sei. Adolf erklärt, selbst nicht an sofortige Heirat zu denken und verschwindet mit Lieschen im Nebenzimmer. Berger kommt sein Geld zurückfordern: seine Frau habe nachts entbunden, auf dem harten Boden, da der Hausherr die Betten gepfändet; er wolle der Frau ein Bett kaufen. Nachbarn kommen. Im Nebenzimmer hört man Geschrei – man will die Tür aufstoßen, da eilt Lieschen heraus, halb entkleidet – Adolf hat ihr das Einzige geraubt, was noch ihr Eigen war, ihre Unschuld. Weinend stürzt sie vor der Mutter nieder. Draußen erscheinen die Ministranten zum Leichenzuge des Kindes. Ein Szenenschluß von düsterer Schönheit! – Adolf ist fort. Mit dem Gelde, daß er Lieschen vor die Füße geworfen, wird die Schuld an Berger bezahlt. Die Maurerin erblindet. Ein Eisenbahnunglück wird gemeldet. Träger bringen Verwundete, darunter Adolf. Lieschen läßt ihn in ihre Kammer tragen, um ihn zu pflegen – denn sie liebt ihn noch immer! – Auch dieser Akt ist nicht frei von Widersprüchen und Unwahrscheinlichkeiten und gerade die Hauptszene, die hinter den Coulissen vorgeht, ist gar nicht motiviert, während die Erblindung ein neues Motiv einführt, daß nicht nötig wäre. –

Dritter Akt. Adolf ist gesundet. An dem Tage, an dem der Vater aus dem Kerker wiederkehrt, will er das Haus verlassen, nicht nur als Genesener, auch als Bekehrter. Der Arzt kündet uns seine Sinnesänderung, er selbst erklärt, seine Schuld gut machen, ja künftighin nur mehr für die Enterbten des Glückes leben zu wollen. Der Vater erscheint. Er ahnt Lieschens Schande; ihr Bekenntnis vernichtet ihn. Vergebens will Adolf sprechen, der Maurer stürzt sich auf ihn und – erwürgt ihn! Diese Szene ist die gewagteste des Stückes, psychologisch zwar motiviert, aber ebenso kraß als brutal. Erst jetzt erfährt der Maurer, daß seine Frau erblindet ist – voll dumpfer Verzweiflung bricht er in die Worte aus: „Der letzte Eckstan is' herauß'n, 's Haus kann stürz'n!" – Und es stürzt. In düstern Phantasien wälzt sich die Mutter auf dem Krankenlager; sie sieht den Tod, sieht den erwürgten Doktor, flucht dem Mörder; sie stirbt. – Genosse Pirringer kündet den Aufstand der Arbeiter an. Der Maurer will sich anschließen; er sieht jetzt, nur Gewalt kann den Elenden helfen. Der alte Berger, über den Tod seiner Frau wahnsinnig geworden, erscheint; unter wirren Reden, deren Sinn dahin geht, daß die Not den Armen nimmer auslasse, zerrt er endlich die Leiche Adolfs unter dem Bette hervor und bringt dadurch den Maurer zum Bewußtsein seiner Tat. Draußen ertönt zum Wintersturme wilder Lärm; die Genossen erscheinen, verfolgt von Soldaten; der Träger der roten Fahne ist gefallen; der Maurer soll die Schar führen, die Fahne vorantragen; er kann es nimmer mit seiner blutbefleckten Hand. In grauenhafter Verzweiflung zertrümmert er das Christusbild und erhängt sich an dem Haken, dran es hieng. Seine letzten Worte sind der gräßliche Aufschrei eines blutenden Herzens, das an Allem verzweifelt, an der Welt und an Gott. Die letzte Szene ist von erschütternder Tragik. Man weiß nicht, soll man mehr über die Kühnheit des jungen Autors staunen oder dessen geradezu großartige Intuition bewundern!

Das gilt auch vom Stücke überhaupt. Wenn der Ausdruck „kraftgenialisch" irgendwo erlaubt ist, so ist es hier. Der junge Autor arbeitet auf die stärksten Effekte hin. Eine ganze Skala gewagtester Motive folgt einander. Gefängnis, Verführung, Erblindung, Verrücktheit, Mord, Aufruhr! Die Charaktere der Personen selbst sind ins Wilde, Gräßliche gesteigert, und doch kann eine sichere Führung derselben nicht in Abrede gestellt werden. Der Autor versteht plastisch zu schaffen und zu individualisieren. Auch die Sprache weiß er zu handhaben. Der derbe städtisch angehauchte Dialekt der Arbeiter klingt ganz charakteristisch; die Führung des Dialogs ist von überraschender Sicherheit. Einzelheiten, wie die Erzählung der Maurerin vom armen Kinde am Hoteltore, Bergers von der nächtlichen Wanderung der Frau Not, verraten künstlerische Darstellungsgabe; eine der schönsten Stellen ist die Rede des Arztes im dritten Akte, die von der höchsten Auffassung dieses Berufes zeigt. – Neben dem Lichte freilich tiefe Schatten! Aber eine große Idee: Die Welt kann nur durch Arbeit und Menschenliebe besser werden, – und ein großes Wollen! Wenn sich diesem einst das Können eint, wenn die Phantasie sich mit der Kunst verschwistert und der laute Ton der Jugend melodisch abgestimmt ist, dann wird Bruno Sturm vielleicht das Werk schaffen, daß er gewollt hat, „heiß gewollt!"

Burghard Breitner (Pseudonym Bruno Sturm) beim 25jährigen Jubiläum des Maturajahrganges 1902 des k. k. Staatsgymnasiums in Salzburg (stehend, der fünfte von links). Rechts neben ihm Karl Wagner, Heinrich Keldorfer, Moritz Swatek, Max Silber und Ferdinand Koch. Sitzend (von links) die Professoren Oliver Klose, Hans Widmann und Johann Grömer. Foto Atelier Hintner 1927 (SLA).

Der letzte Schoppermeister
(Mit Notizen zur Salzachschiffahrt
in früherer Zeit)

৯ 1905 ৩

Die Nachricht vom Tode des biedern Schoppermeisters Franz Xaver Moser, der am 11. Dezember in seinem Häuschen neben St. Josef, hart am Ufer des so oft befahrenen Flusses, verschied, veranlaßt mich, die folgenden Aufzeichnungen mitzuteilen. Sie stammen, soweit die eigentliche Fahrt auf dem Flusse betreffend, größtenteils von dessen Sohne, dem hochwürdigen Herrn Franz Moser, meinem Schüler, nach des Vaters Moser Angaben für mich niedergeschrieben. Moser hat als Jüngling die alte Salzachschiffahrt gesehen und selbst mitgemacht. Auch in späteren Jahren fuhr er noch manchmal. Er und seine Söhne ruderten am 23. und 24. Juni 1901 eine heitere Gesellschaft bis Passau, während ein ernster alter Schiffmann aus Oberndorf mit kundiger Hand das Steuer lenkte. Schoppermeister Franz Moser war ein biederer, wackerer, lieber Mann, dem der Kampf mit den veränderten Verhältnissen nicht leicht wurde. Diese Zeilen seien dem Andenken des letzten Schoppermeisters gewidmet.

Zahlreiche Funde beweisen, daß der Salzbergbau auf dem Dürenberge bei Hallein schon in vorgeschichtlicher Zeit betrieben wurde – und die Namen Salzach für Jvarus oder Igonta und Salzburg für die in der Nähe der Ruinen Juvavums entstandene Befestigung bezeugen, daß auch nach der Einwanderung der Bayern die Gewinnung von Salz und dessen Verführung auf dem Flusse fortdauern. Aber schon im 8. Jahrhundert muß die Salzerzeugung auf dem Dürenberge aufgehört haben und für Salzburg wertlos geworden sein. Damit wäre erklärt, weshalb der Bayernherzog Theodo die Burg und den Platz der alten Römerstadt ohne weiteres dem Wanderbischof Rupert schenkte und auch, weshalb er ihm gerade an dem Salzbrunnen in Reichenhall einen Anteil anwies. Wenn nun auch für die vorhergehende Zeit die Tatsache einer Verführung des Salzes auf der Salzach nicht bezweifelt werden kann, so ist sie doch für die folgende Zeit bis zum Ende des 12. Jahrhunderts nirgends erwähnt, gerade so wenig wie eine Salzgewinnung auf oder am Dürenberge. Erst unter Erzbischof Adelbert III. (†1200) hat „der allmächtige Gott den Überfluß seines Segens" auf den Bergrücken zwischen der Salzach und der Königssee-Alm, die Saline Mühlbach ergossen, später das arme Hall oder Hallein im Gegensatze zu Reichenhall genannt. Außer dem Erzbischof hatten nun dort das Domkapitel, das Kloster St. Peter und zahlreiche

Ansicht von Salzburg von der Karolinenbrücke aus, im Vordergrund eine Plätte. Holzstich aus dem Band Oberösterreich und Salzburg des so genannten Kronprinzenwerk von 1889, an dem auch Hans Widmann mitgearbeitet hat.

andere klösterliche Gemeinschaften Salz. Alle diese verführten ihr Salz auf der Salzach – und von da an erfährt man wieder von einer Salzachschiffahrt.

Die Schwierigkeit dieser Schiffahrt namentlich auf der Stecke von Hallein bis Laufen, war keine geringe. Die Salzach führt als ein wilder Gebirgsfluß immer sehr viel Geröll mit sich, das bei Verringerung des Gefälles zahlreiche Sandbänke, sogenannte Haufen bildete. So wechselt das Fahrwasser einerseits sehr oft, andererseits entstehen bei etwas niederem Wasserstande viele Untiefen, die der Schiffahrt große Hindernisse entgegensetzen. Eine weitere Schwierigkeit besteht in der Umschiffung des Laufens, einer starken Flußkrümmung mit bedeutend größerer Stromgeschwindigkeit in der Nähe der gleichnamigen Stadt. Die Erwerbung der notwendigen Geschicklichkeit, die Beschaffung, Bemannung, Aufwärtsbeförderung der Schiffe und andere Umstände begünstigten die Entstehung einer Schiffergemeinde in Laufen. Dieselbe hatte den Zweck, die Verfrachtung des Salzes und anderer Güter zu besorgen und die erwerbslos gewordenen Mitglieder zu unterstützen. Diese Gilde regierte sich nach eigenen Satzungen, von denen wir Näheres aus der Bestätigung derselben durch Erzbischof Friedrich II. von Walchen im Jahre 1278 erfahren.

Als infolge der Erweiterung der Salzwerke in Hallein, Schellenberg und Berchtesgaden die Salzausfuhr ganz bedeutend stieg, verbrüderten sich die Schiffleute in Hallein und Salzburg mit der Laufener Schifferinnung, die dadurch zu einer ansehnlichen Körperschaft anwuchs.

Man unterschied schon damals Schiffherrn, die die Beschaffung der Schiffe besorgten, Fertiger, die die Frachten übernahmen, Ausfergen und Naufergen, die die Bemannung und Führung der Schiffe hatten und Schopper, welche die Schiffe bauten. Den Gottesdienst besorgte die Nikolai-Bruderschaft. Noch werden alljährlich am Tage des heil. Nikolaus, des Patrones der Schiffer und Schopper, in der Franziskaner-Kirche in Salzburg, und in der heil. Geist-Kirche in Laufen zufolge alter Stiftungen Jahrmessen gelesen.

Die Schiffergilde war die zahlreichste und angesehenste Genossenschaft in Laufen und der Salzhandel war bis auf unsere Zeit ein Vorrecht dieser Gilde, so daß bei Salzplätten kein Schiffmann fahren durfte, der nicht Mitglied dieser Innung war.

Eine Salzflotte, die von Hallein ausfuhr, zählte 8, 12, seltener 16 Schiffe, in letzterer Zeit nur mehr 6. Da von Hallein bis Laufen viele seichte Stellen vorkommen, so konnten auf dieser Strecke die Schiffe meist nur zur Hälfte beladen oder wie die Schiffer sagen, „getaucht" werden. Von Laufen an ist der Wasserstand schon ein bedeutend besserer, und so konnte dort die Ladung jeder dritten Plätte auf die andern zwei „umgetaucht" werden. Die ausgeleerten Plätten wurden dann entweder zur Verfrachtung des Reichenhaller Salzes, das bis Laufen auf der „Achse" gebracht wurde, verwendet, oder sie wurden stromaufwärts mit Pferden wieder nach Hallein gebracht.

Die Bemannung eines Schiffes bestand aus dem Nauferger, dem Steurer, drei Scharlern und dem Setzthaler, einem ältern zu anderen Schiffsdiensten bereits untauglich gewordenen Schiffmann, der aus dem tiefsten Teile des Schiffes, dem „Setzthale", das eingedrungene Wasser ausschöpfte.

Bevor eine Salzflotte abfuhr, mußte zuerst der Wasserseher mit einer kleinen Zille vorausfahren, das Fahrwasser untersuchen und die richtige Wasserstraße mit eigenen Zeichen markieren. Man unterschied zweierlei Zeichen: solche, die man links und solche, die man rechts lassen mußte. Die ersteren waren die sogenannten Hasen, die Böcke und die Hirsche. An dem Hasen mußte man so nahe als möglich vorbeifahren. Dem Bock durfte man schon nicht mehr so nahe kommen, und einem Hirschen mußte man nach Möglichkeit ausweichen.

In gleicher Weise gilt das für die rechts zu lassenden Zeichen. Diese waren das einfache, doppelte und dreifache Kreuz.

Da es oft vorkam, daß von Salzburg bis Laufen der Wasserstand schlechter war als von Hallein bis Salzburg, so mußte von Salzburg an der sogenannte Wiederlauf mit dem Wasserseher fahren. Dieser mußte dann von Laufen schnell zurückkehren und den Schiffleuten, die unterdessen mit ihren Salzplätten bis Salzburg gefahren waren, berichten, wie der Wasserstand sei. War weniger Wasser als von Hallein her, so mußte in Salzburg noch eine Plätte genommen werden, um die Last einer jeden verringern zu können. Der Wiederlauf war dann der erste Nauferg dieser Salzflotte. In Salzburg mußte jede Salzplätte landen, weil die Salzfässer von den Grenzwächtern „verbleit" wurden.

Zweifelsohne bildete bis zur Erbauung der Giselabahn das Salz den wichtigsten Artikel der Salzach-Schiffahrt. Die übrige Handelsbewegung auf dem Flusse bestand in der Ausfuhr von Holz, das in großen Mengen in Salzburg und Obern-dorf verladen wurde und nach Wien kam. Der wichtigste Verladungsplatz war aber immer Hallein. Von dort wurde Gips, Glas, Kalk, Bier, Berchtesgadener Waren u. dergl. ausgeführt. Ein heikler Transport war der des Kalkes, weil der-selbe gleich zu brennen begann, wenn das Schiff ein Leck bekommen hatte. Von Hammer bei Hallein, der jetzigen Marmorwarenfabrik, wurden chemische Präpara-te ausgeführt; die Schiffe mit diesen Erzeugnissen nannten die Schiffleute „Geis-terplätten". Einen schönen Anblick boten die sogenannten „Verlegerplätten". Dieselben trugen ein schön gezimmertes und reichlich verziertes Haus, in dem Berchtesgadener Waren in Schachteln eingepackt untergebracht waren und in dem die Schiffleute während der Fahrt auch wohnten. Diese Häuser waren oft so hoch, daß eine solche Verlegerplätte durch die jetzige Karolinenbrücke bei gewöhnlichem Sommerwasserstand gar nicht mehr durch könnte. Auch Wein wurde von Nieder-österreich, die Donau, den Inn und die Salzach aufwärts für das Kloster St. Peter nach Salzburg gebracht. Eine solche Weinplätte wurde von 20–30 Pferden gezo-gen. Diese Weinzüge reichen herein bis in die Mitte vorigen Jahrhunderts.

Erwähnenswert sind auch die Kreuz-Plätten, welche alljährlich am Freitag nach Peter und Paul von Salzburg nach Burghausen fuhren. Da waren oft 400–500 Personen auf einer Plätte, die dann von Burghausen nach Alt-Ötting, jenem bekannten Wallfahrtsorte, pilgerten.

Diesem regen Leben auf der Salzach wurde durch die Erbauung der Gisela-bahn ein rasches Ende gemacht. Im Jahre 1874 fuhr die letzte Salzplätte von Hallein ab und diese erreichte ihr Ziel nicht mehr. Kurz vor der Karolinenbrücke entstand nämlich Streit unter den Schiffsleuten, diese vergaßen die Plätte zu lenken, und so kam es, daß dieselbe am Brückenpfeiler zerschellte. Seither wird das Salz und die meisten anderen Waren, die früher auf der Salzach verfrachtet wurden, mittels Bahn befördert.

Die jetzige Schiffahrt beschränkt sich fast ausschließlich auf Holzversen-dung. Selten wird noch Gips und Kalk auf der Salzach verführt.

Wie bedeutend die Schiffahrt in den letzten Jahrzehnten gesunken ist, kann man aus den Aufzeichnungen, die an den Jahrtagen gemacht wurden, ersehen. Da finden wir bis in die fünfziger Jahre in Hallein 5 Schoppermeister, die zu-sammen 60–70 Gesellen beschäftigten. In Salzburg waren 4 Schoppermeister mit 30–40 Gesellen. Die „Schopper-Stadel" in Salzburg standen außerhalb des Lederer-Tores, wo jetzt die Schwarz-Straße angelegt ist. In Laufen und Obern-dorf waren 4 Meister mit 40–50 Gesellen. Es waren somit in Hallein, Salzburg, Oberndorf und Laufen zusammen ungefähr 150 Schopper, während zirka 1890, wo die Schiffahrt durch die Regulierung der Salzach bedeutend erleichtert war, kaum noch 15 Schopper-Gesellen Arbeit fanden, und in Hallein noch zwei, in Salzburg ein Meister waren. Dieser, der letzte Schoppermeister, ruht nun auch im Grabe. Nur selten sehen wir jetzt noch ein Plätte die Salzach hinunterfahren. So ändern sich die Zeiten und mit ihnen die Menschen.

Resigniert
Eine Salzburger Geschichte

∽ 1905 ∽

Ein schöner Herbsttag, der 22. Oktober des Jahres 1611. Und doch lag es wie eine Wolke über der sonst so regsamen Stadt. Dunkle Gerüchte durchschwirrten sie. In den Gassen drängte sich da und dort das Volk zusammen. Unheilvolle Kunde flüsterte man sich ins Ohr: Der gefürchtete Bayernherzog Maximilian zieht gegen das Erzstift. Schon hat er Mühldorf besetzt; jetzt ist er gegen Tittmoning gezogen; vielleicht ist die feste Burg des Städtchens schon gefallen. Dann ist der Weg nach Salzburg offen. – Alle Tore sind hier streng bewacht. Auf den Mauergängen stehen Musketiere mit brennenden Lunten. – In der Residenz, wo sonst höfische Etikette waltet, gibt's heimliches Murmeln und unruhig Gebaren.

Soeben hat Kanzler Dr. Kurz die Gemächer des Erzbischofs verlassen, des stolzen Wolf Dietrich von Raitenau, der vor fünfundzwanzig Jahren als junger Mann hier eingezogen. Noch stand er frisch und blühend da; kaum leicht ergraut war Haar und Bart; stolz trug er das energische Haupt und kühn wie immer blitzten seine Augen. Dr. Kurz hatte ihm noch einmal Vorschläge gemacht, den Handel mit dem Herzog in Güte zu schlichten. Der Erzbischof war darauf nicht eingegangen. „Ich weiche nicht!" waren die Worte, mit denen ihn der Herr entließ.

Die schönen Augen vom Weinen gerötet, tritt Salome Alt ins Gemach. Heute trägt sie ein dunkles Kleid, keinen Schmuck. Noch immer eine schöne Frau, wenn auch etwas matronenhaft angehaucht. Noch blinkt ihr Haar dem Golde gleich.

Schluchzend wirft sie sich an die Brust des Heißgeliebten, des Gatten, des Vaters ihrer Kinder: „Laß uns fliehen, Wolf, laß alles hinter Dir, der gütige Kaiser wird Dir Schutz gewähren – hier ist nur Untreue und Verrat!" – „Verrat? – Wer verrät mich?" – „Alle, die stolzen Domherrn, Dein eigener Vetter, Marx Sittich sogar, die steifen Räte, nicht einmal dem Kriegsvolk ist mehr zu trauen!" – „Ein Wolf Dietrich flieht nicht! Eher untergehen, als dem Feind den Rücken zeigen! – Aber Du, süße, Geliebte, Du entweiche der Gefahr – Du rette die Kinder – eile zum Kaiser! Deine Kleinode sind verpackt, die Wagen bespannt. Noch heute mußt Du weg! Ich will kämpfen und – siegen oder fallen! Wenn die Sonne unten ist, fährst Du mit unsern Kindern fort. Ich gebe Dir treues Geleite

WOLFGANGVS THEODERICVS AR-
HIEPISC. SALISBVRGENSIS.

REVERENDISS. ET ILLVSTRISS. PRINCEPS D.D.WOLFGANGVS
THEODERICVS ARCHIEPISCOPVS SALISBVRGENSIS SS.SEDIS
APOSTOLICÆ. LEGATVS NATVS.

Dominic. Cuſtodis ſcalptor Illꝟᵐᵃᵉ eius Celſitudini humillime DD:a. 1597. —

H OSce gerit vultus, hæc ARCHIEPISCOPVS ora,
    Culta Salisburgi quem Dominum arua vocant:
Ceu Moguntinus, Treuirá, Vbiuſque, gubernant
    Pontifices quiuis Metropolita ſuos
Pontifices regit hic Boios ita Metropolites,
    Cui dedit hunc Virtus, Nobilitasá, locum.

GEOR-

Brustbild des Erzbischofs Wolf Dietrich von Raitenau (1587–1612, † 1617), im Hintergrund die Stadt Salzburg mit dem romanischen Dom. Kupferstich von Dominicus Custos, 1597.

mit. Noch heute kommst Du nach Hallein, morgen eile gen Grätz weiter, dort findest Du Freunde, die Dich nach Prag fördern. Nun geh, mach mich nicht schwach!" –

Die Dämmerung war angebrochen. Da fuhr der Wagen mit Salome und den Pfändern ihrer Liebe zum Steintor hinaus. Zur selben Stunde sprengte beim Lederertore ein Reiter herein und wenige Minuten darauf wußte der Erzbischof, daß Schloß Tittmoning nach tapferer Gegenwehr sich ergeben und Max gen Salzburg rücke. –

In einem Saale des Kapitelhauses hatten sie sich versammelt – die hochadeligen Domherren des Stiftes. Der alte Dompropst Graf Anton Lodron führte das große Wort, ein wohlbeleibter Herr mit weißem Schnurr- und Knebelbarte, einem Krieger ähnlicher als einem Priester. Und sie lauschten alle seinen Worten – Domdechant und Scholastikus und Kantor und welche Titel und Würden sie sonst trugen diese „Erbherren des Stiftes" – manche darunter Charakterköpfe, manche nur – geistlose Aristokratengesichter. Wie ihm Herzog Maximilian durch einen geheimen Boten befohlen, lud der Dompropst das Kapitel ein, bei dem Streite zwischen Erzbischof und Herzog sich nicht einzumischen, neutral zu bleiben, an einem guten Ausgang für die Herren Kapitulare sei nicht zu zweifeln – vielleicht neue Wahl – und so fort. Das war der Köder. Jeder sah sich schon im Kardinalshabit, das Haupt mit der erzbischöflichen Infel geschmückt – sie stimmten dem Propste bei. Auch Marx Sittich, des Erzbischofs Vetter – jener Mann mit den etwas verlebten Zügen und dem rötlichen Barte, – auch des Dompropstes Neffe Paris Lodron, dessen ausdrucksvolle Miene Intelligenz und Willenskraft kündeten. –

Die achte Stunde hat geschlagen. Unruhvoll durchmißt Wolf Dietrich seine Gemächer. Plötzlich klingelt er dem Pagen im Vorzimmer und befiehlt ihm, ins Kapuzinerkloster zu eilen und die Patres Udalricus und Remigius zu ihm zu bescheiden. Sie erschienen weniger rasch, als seine Ungeduld forderte. – Noch in derselben Nacht wanderten sie treugehorsam mit dem Stecken in der Hand und die Laterne am Gürtel hinaus, dem Bayernherzog den mündlichen Auftrag ihres Herrn zu überbringen. – Des Herzogs Antwort konnten sie ihrem Gebieter nicht mehr mitteilen. Sie hatte gelautet: „Meine Ehre verweist mich jetzo nur mehr an mein Schwert." –

Der folgende Tag war ein trüber, nebliger Herbsttag. Aber nicht er allein ließ die Züge des Erzbischofs so fahl und verfallen erscheinen – eine schlaflose Nacht hatte das ihrige getan. Jetzt saß er in seinem Kabinett vor dem Schreibtische. Unruhig zerstampfte er den Kiel auf dem Papiere und seine Augen füllten sich mit Tränen, so oft er seinen Blick auf das Miniaturbild Salomes warf, das im goldgleißenden Rahmen auf dem Tische stand.
So fanden ihn um die zehnte Vormittagsstunde die Domherren Albrecht von Törring und Marquard von Freiberg. Sie waren vom Kapitel abgesandt, um dessen Entschluß dem Fürsten zu künden. Es war ihnen bei der Sendung nicht

ganz wohl gewesen, aber ihr Mut war gewachsen, als sie den bleichen Erzbischof vor Salomes Bild gefunden. Albrecht von Törring begann mit höfisch gemäßigter Stimme: „Ein wohledles, hochwürdiges Domkapitel, hochfürstliche Gnaden und Herr, hat uns abgeschickt hochfürstliche Gnaden zu vermelden" – „daß ein wohledles Kapitel jederzeit treu und fest zu mir, seinem Haupte und des löblichen Erzstiftes Fürsten steht" – unterbrach Wolf Dietrich den Sprecher mit gehobener Stimme – „ist's nicht so meine Herren?" – „Daß – daß – daß es in dem Streite zwischen Euer hochfürstlich Gnaden und dem durchlauchtigsten Herzoge von Bayern sich strenger Neutralität befleißen wolle." – „Neutralität? Was Neutralität! Neutralität ist in diesem Falle Verrat – treuloser Verrat! – O Salome – wie recht hattest Du!" – „Allergnädigster" – wollte Marquard von Freiberg nochmals das Wort ergreifen – aber Wolf Dietrich schnitt es ihm ab: „Wenn dem so ist, gebietet mir die Pflicht gegen meine treuen Bürger, die ich nicht dem Schrecken einer Belagerung aussetzen will, zu weichen. Aber ich werde wiederkehren und dann wehe allen Verrätern!" Und noch einmal blitzte der Funke in seinem Auge auf – noch einmal wies seine Hand gebieterisch zur Tür – dann verbeugten sich die beiden Herren mit gewohnter Courtoisie und beeilten sich die Residenz zu verlassen. Hatten sie doch ihren Brüdern eine Botschaft zu bringen, wie es keine bessere geben konnte: Wolf Dietrich wirft die Flinte ins Korn – jetzt sind wir die Herren. Aber auch der Erzbischof hatte sich mit seiner Drohung ebensoviele Todfeinde gemacht, als es – Domherren gab. Seiner Flucht legten sie natürlich kein Hindernis in den Weg. –

Am 26. Oktober zog der Bayernherzog in Salzburg ein. Von der Festung begrüßten ihn auf Befehl des regierenden Kapitels Salutschüsse. Noch am Abende dieses Tages schrieb er seinem Bruder Albert: „Jetzo weile ich in denen selben Gemachern, allvonwoaus noch kürzlich ein großer Fürst mir und aller Welt hat Trotz boten." –

Am Tage vorher war ein müder Reiterzug vor dem Schlosse Moosham angelangt, der Erzbischof, sein Bruder Rudolf, der Untermarschall Perger und einige Diener. Ihm war das Gerücht vorausgeeilt. Mit unterwürfiger Gebärde begrüßte Alexander von Griming, der strenge Pfleger, seinen Herrn, dessen Mut nun, nahe seinem Ziele, der Veste Gmünd in Kärnten, wieder gewachsen war. Aber in den Schluß seiner wulstigen Rede flocht der Begrüßende eine Nachricht ein, die das Blut aus den Wangen des Fürsten trieb: Frau Salome mit ihren Kindern sei bei Radstadt von bayerischen Reitern aufgefangen und nach Salzburg gebracht worden! –

Einen trostlosen Tag verbringt Wolf Dietrich in Moosham. Wie geistesabwesend steht er am Fenster und starrt hinaus in das einsame Tal. Da drunten im sumpfigen Gelände an der Mur brauten Nebel, Nebel umzogen die waldigen Höhen des Holler-, des Mitter-, des Schwarzenberges, wälzten sich über die Kämme des Ainecks und Tschanecks, zwischen denen die Straße über den Katschberg nach Süden führt. Endlich, auf Drängen seines Bruders Rudolf, brach er auf.

Hans Rottmayr, der Postmeister von St. Michael, sollte Wagen und frische Pferde liefern. Der Erzbischof fühlte sich zu ermattet, um reiten zu können. Schon war der Paß überschritten, schon gings auf kärntnerischem Gebiete rascher abwärts, schon fühlten sich die Flüchtlinge sicherer, als plötzlich rauhe Stimmen erschollen: „Halt auf, halt auf!" – „Die bayerischen Reiter!" – schrie Rudolf; – „fahr zu, fahr zu!" der Erzbischof. Aber Hans Rottmayr – blieb stehen. Jetzt waren die Reiter herangebraust und willenlos ergab sich der fliehende Fürst. Man band ihn mit Stricken und ohne Rast gings zurück über den Katschberg, über den Tauern, vorbei an Radstadt, an Hüttau, hinauf die steile Straße nach Pfarr-Werfen und erst vor der festen Burg des Marktes Werfen machte man Halt. –

Domherr Hans von Gallenberg war zur Hut der Veste vom Kapitel abgesandt worden. Hauptmann Leonhard Plumpf befehligte die Besatzung von dreißig Mann, die soeben durch dreihundert bayerische Söldner verstärkt worden. Schon vom Eingange des Marktes an standen Wachen. Bange hielten sich die Bürger in den Häusern. Am Aufstiege zum Schloßberge empfieng Plumpf den hohen Gefangnen und führte ihn und sein Gefolge unter starker Bedeckung den steilen Weg hinauf. Hans von Gallenberg hatte soviel Schamgefühl, sich nicht sehen zu lassen. Dem Gefangenen wurde ein Gemach im zweiten Stockwerke des alten Palas angewiesen, ein Raum mit hohen Bogenfenstern, durch Maßwerk aus roten Marmorplatten verkleinert; dicke Butzenscheiben ließen schwaches Licht herein. Nur dürftige Möbel standen da, eine plumpe Bettstelle, ungefügte Tische und Schemel. Draußen aber auf dem ziegelbedeckten Boden des die ganze Breite des Baues einnehmenden Mueßhauses – einem düsteren Saale – erdröhnte Tag und Nacht der scharfe Tritt der Wachen und allstündlich in der Nacht kündete ein Glockenzeichen vom Trompetergang am hohen Turm an, daß der Wächter strenge Ausschau halte.

Nun kamen traurige Tage. Schon deckte Schnee die Türme und Zacken des Tennen- und Hagengebirges und die vielgestaltigen Spitzen, die das schöne Blühnbach einrahmen. Nur des Erzbischofs Bruder Rudolf war es gestattet, mit dem Gefangenen zu verkehren. Sie sprachen von der schwäbischen Heimat, von dem sonnigen Italien, von der kaiserlichen Intervention, aber immer wieder lenkte das Gespräch auf – Salome und die Kinder ein. – Vergebens suchte Rudolf den Bruder zu trösten, doch der wurde von Tag zu Tag stiller.

Eines Abends, als draußen ein früher Schneesturm brauste, erzählte Wolf Dietrich dem Bruder: „Da hinten im römischen Ghetto hatte ein alter Jude einen Laden mit allerlei Kleinoden, Waffen, seltenen Münzen und alten Büchern. Wir Kavaliere vom deutschen Kollegium machten dort manchmal Einkäufe. Eines Tages kam ich mit einem Freunde hin. Während diesem die dunkeläugige Tochter des Juden allerlei Schmuck vorzeigte, führte mich der Alte in ein Nebengemach; es stak fast von oben bis unten voll von Bücher; mehr konnte man beim schwachen Scheine einer Lampe, die auf einem großen Tische stand, nicht ausnehmen. Der Alte bot mir einen Sitz. Lange sah er mir ins Gesicht. – Wie mit magischer Gewalt fesselte mich sein Blick. Dann ergriff er meine Rechte und begann mir meine Lebenslinie zu deuten. Ich sei zu hohen Dingen berufen, er- klärte er mir und werde das Glück genießen, so lange ich es nicht selbst von mir weise. Und dann ließ er mich in einen Spiegel sehen. – Ich sah eine Frauenge- stalt mit blonden Locken und roten Backen und liebreizendem Munde. Schon wollte ich aufbrausen und den Alten fragen, was mir, dem künftigen Priester, das Weib solle, als das schöne Bild wie ein Schatten schwand. Jetzt erschien im Glase eine Stadt, die ich noch nie erblickte – an einem Flusse zwischen hohen Bergen, auf einem steilen Felsen eine mächtige Veste – und darüber schwebte eine Infel. Und wieder verschwand das Bild und ich sah einen alten Mann im Priesterkleide in einer kleinen Zelle mit vergitterten Fenstern sitzen. „Ihr seid ein Sonnenkind, zum Glücke geboren – aber nur solange glücklich, als Euch die Sonne scheint. Macht sie nicht selbst untergehen, sonst geht Ihr auch unter." – Damit entließ mich der Alte. Und kaum waren der Freund und ich im Kollegi- um angelangt, kam ein Bote mit einem Schreiben meines Ohms, des Kardinals, worin er mir mitteilte, daß er für mich ein Kanonikat im Dome in Salzburg er- langt. Ich möchte recht bald hinreisen, um als Domherr aufzuschwören. Und siehe – Salzburg war die Stadt, die ich im Spiegel gesehen und in der Stadt fand ich mein Glück, meine Salome – und jetzt habe ich sie von mir gehen lassen – und kann nimmer, nimmer glücklich werden. Auch das letzte Bild ist wahr ge- worden – ich bin ein Gefangener." – Er blieb es.

Am 22. November holte man ihn von Werfen ab. Bevor er aber seinen Ker- ker verließ, schrieb er an die Wand des Fensters mit einem Stückchen Röthel, das ihm ein Diener zugesteckt – denn jedes Schreibzeug und jedes Buch außer dem Brevier war ihm entzogen – die Verse:

„Gibt in der Welt viel Trug.
Tue recht und fürcht die Lug –
Damit ward ich wetrogen[1]
Ich tat recht und ward verlogen."[2]

Darunter aber schrieb er die uralte Klage, die schon im Nibelungenliede er- klingt:

„lieb ist laydes annfangkh
über kurtz oder langckh –"

Dann kommt sein Handzeichen, ein W mit einem eigentümlich verschlunge- nen D.

Von jetzt an ließ der Gefallene alles willenlos über sich ergehen – Inquisition – Resignation – Einkerkerung in Hohensalzburg – er hatte ja das Glück von sich gehen heißen und seine Sonne selbst verdunkelt. – Der Spiegel des alten Juden hatte kein viertes Bild gezeigt. –

Nur auf einen Befreier durfte der vorzeitig zum Greise gewordene noch hof- fen – den Tod. Am 16. Jänner 1617 drückte ihm dieser die müden Augen zu. –

Sein Nachfolger aber, sein Vetter, Marx Sittich von Hohenems, der ihn wie einen Verbrecher gefangen gehalten, ließ ihn als Fürsten bestatten, eines der besten Opfer der – spanischen Politik. –

Bei den Restaurierungsarbeiten im Schlosse Werfen, heute Besitz des Erzherzogs Eugen, hat Architekt Anton Weber aus Wien, der dieser Aufgabe in genialer Weise gerecht geworden, jene Verse entdeckt und sie beim Besuche, den über gütige Einladung des hohen Besitzers die Teilnehmer des Historikertages in Salzburg am 4. September 1904 dem Schlosse machten, zuerst gezeigt. Im regen Treiben, das damals auf der Veste herrschte, wurden sie wenig beachtet. Im verflossenen Sommer hatte ich durch die Güte des Herrn Architekten Weber mehrmals Gelegenheit, die Räume des Schlosses zu besichtigen. Dabei fiel mir beim genaueren Ansehen der mitgeteilten Verse auf, daß die Schrift mit der Wolf Dietrichs große Ähnlichkeit habe. Eine Vergleichung mit Handschriften desselben im k. k. Regierungs-Archive erhob die Vermutung zu höchster Wahrscheinlichkeit, ich möchte sagen, zur Gewißheit.

Die Erhaltung der Verse ist dem Umstande zu verdanken, daß in späterer Zeit die hohen, mit Werkstücken eingefaßten Fensterbogen vermauert wurden. Manche Buchstaben sind freilich fast ganz verwischt und können nur aus Fragmenten erraten werden – so die Schlußworte der ersten Zeilen. Unter der zweiten Inschrift stehen undeutbare Zeichen; ich vermute einige Worte in italienische Sprache.

Anmerkungen

1 Für „betrogen".
2 Durch Lügner zugrunde gerichtet.

Alte Häuser an der Salzach

≈ 1905 ≈

Heute sehen sie schon viel zu zivilisiert aus. Noch bis zum letzten Jahrzehnt des verflossenen Säkulums hatten sie etwas Ursprüngliches an sich: enge Fronten mit hohen Giebeln; weit vorgebaute, hölzerne oder steinerne Söller, auch Lauben genannt, an deren einer Seite deutlich sichtbar das „haimblich Gemach", wie sich Kaiser Max I. höflich ausdrückte, unten Holzlagen, Hühnerställe und Arbeitsräume, davor ein mehr oder weniger gepflegtes Gärtchen, dann der Gersbach, über den zu jedem Hause ein Steg führte, und davor die weite, der Salzach abgerungene Fläche, noch unverbaut, mit etlichen Weidenstauden bestockt, ein vortrefflicher Tummelplatz für Schuljungen und Hunde. In den Gersbach mündeten die Kanäle, – an seinen Ufern spielten Ratten und paßten Katzen, in seinen nicht ganz einwandfreien Gewässern wuschen stramme Mägde. – Heute ist von alledem nichts mehr da als die Häuser, vielfach auch schon ganz „verrenoviert". Manche wurden es schon früher, zum Beispiel das schöne Weinkammer-Haus mit seinen Bogengängen. Andere zeigen noch an ihrer

Häuser in der Vorstadt Stein um 1865. Der rechte Teil des Bildes wird heute von der Imbergstraße eingenommen (AStS, Fotosammlung Kraus).

Hauptfront in der engen Steingasse Spuren einstiger Schönheit, zum Beispiel ein altes Tor, wie beim Gerber John oder im Hause Nr. 46, das dem Andrä Steinhauser und später der Frau Salome von Altenau, der schönen Gefährtin Erzbischof Wolf Dietrichs, gehörte, mit hübschem Hauszeichen und Wappen. Leider verschwinden die letzten Reste der alten deutschen Giebelbauten, die schon im sechzehnten Jahrhundert in der inneren Stadt dem italienischen Geschmacke weichen mußten, auch hier immer mehr und machen Dutzendbauten Platz, die zwar ihre materielle Aufgabe recht gut erfüllen, aber ein ästhetisches Gefühl nicht aufkommen lassen.

Geehrter Herr Redaktionsrat!

Wie Lenore fuhr ich heute „ums Morgenrot empor aus schweren Träumen", so wie ich gestern abends mit kummer- und bleischwerem Herzen mich gelegt, weil ich Ihnen einen Beitrag zu ihrer Faschingsnummer leichtsinnig versprochen habe, und mir nun, wie dem besten Ceconi, nichts einfällt. R a t l o s wälze ich mich auf meinem Schreibtische herum und – ha! ha! ha! – was sage ich ratlos, wo's doch soviele Räte auf unserm alten Erdenkloß gibt, daß man fast bei jedem Schritt über einen stolpert. Da wird wohl auch für mich armen Ratlos einer einen guten Rat, wärs auch nur das fünfte Rad am Wagen, übrig haben. Klopfen wir nun mal beim Armenrat an und wenn der uns nichts gibt, geh'n wir zum Amtsrat oder zum Administrationsrat und werden wir hier fortgeschickt, so bitten wir den Archivsrat, uns die Beweise unserer adeligen Herkunft zu liefern; vielleicht werden wir dann auf Grund unserer hochverdienten Ahnen Aufsichtsrat der Gesellschaft zur Verbreitung der Tschechen in Österreich! Das muß doch Tantiémen tragen, daß wir mit keinem Bau- oder Bergrat mehr tauschen würden, höchstens mit einem kuponmächtigen Commerzien- oder cölibatsfrohen Consistorialrat, nachdem es leider keinen Censurrat mehr gibt, der sich von den Schnitzern staats- und kirchenfeindlicher Poeten schlecht und recht nährt. Freilich, wenn so ein staatsgefährlicher Beamten-Dichter oder Dichter-Beamter über die Stränge der Paragraphen haut, kann er immer noch vor den Disziplinarrat kommen, der ihm den Brodkorb höher hängt, so daß er vor lauter Rechnen von selbst ein Etatsrat für die häuslichen Finanzen wird, durch deren Lücken er die freieste Fahrt genießt, wie der Herr Eisenbahnrat, wenn er nicht etwa noch als k. k. Reserveoffizier dem Ehrenrat unterstellt ist, der manchmal die schönsten goldenen Sterne von bunten Kragen reißt! Vielleicht finden wir beim Forstrat eine Hilfe, wenigstens die Erlaubnis zum Waldstreusammeln für unser hartes Lager in der Felsenhöhle, falls uns nicht der Finanzrat zum Ausziehen zwingt, weil er sie als vier Stock hohes Zinshaus erklärt und mit 695 % Steuern vom Reinertrage belegt. In diesem Falle würde ein Rekurs nichts nützen, selbst wenn ein Gemeinderat der leibliche Vetter meiner Köchin wäre. Höchstens wenn ich vom Gesandtschaftsrat durch energisches Einschreiten gegen die verderblichen Grundsätze bürgerlicher Moral es zum Geheimen Rat gebracht hätte, könnte ich im Hochgefühl meiner schönen Pension mich auch dem Schutze von Witwen, Waisen und Vögel widmen, eine Tätigkeit, worin mich mein lieber Freund Geistlicher Rat in seiner geistreichen Weise gerne unterstützen würde. So weit bin ich leider noch nicht; ich hab's nicht einmal bis zum Hofrat gebracht. Zum Justizrat kann ich in meinem Vaterlande nicht gemacht werden, Kanzlei-, Kriegs-, Kirchen- oder Kunstrat kann ich nicht werden, weil mir dazu der gediegendste Mangel der nötigen Kenntnisse fehlt, bliebe mir höchstens der kaiserliche Rat! Aber ach! Schon heute ist das Titelbudget für den kaiserlichen Rat um 2795 Räte überschritten, so daß von den 94.783 hochverdienten Männern, denen dieser Titel nach und nach gegeben werden mußte, der letzte erst im Jahre 9666 dazukommen wird. Wie wär's, wenn ich zum Herrn Landschaftsrat oder zum Landesgerichtsrat ginge? Vielleicht fielen ein paar überflüssige Paragraphen für mich ab, die ein Ministerialrat mit verschwenderischer Hand ausgestreut? Aber damit könnte man sich so den armen Magen verderben, daß kein Medizinalrat ihn einzurichten imstande wäre. Da gehe ich lieber zum Polizeirat und bitte um die Stelle eines Detektives zur Nichtauffindung von Verbrechern oder zum Postrat um die Stelle als Briefkasteleinwurfsöffnungsdeckeloffenhalter zu erbitten. Das wäre ein Geschäft, das gegen die Taxe von einem Pfennig pro Brief oder Karte seinen Mann nährte. Da würde ich mit keinem Regierungs-, Rechnungs-, Rechtsrat mehr tauschen, jeden Stadt-, Statthalterei-, Sektions- oder Studienrat sein lassen, was er sich dünkt, nur auf die k. k. Schulräte würde ich vielleicht eifersüchtig sein, weil sie durch den 30jährigen Verkehr mit der hoffnungsvollsten Blüte der Menschheit soviel Lebenskraft in ihren idealerfüllten Herzen aufgespeichert haben, daß ihre Nasen noch in spätesten Tagen im dunklen Rot der Zentifolie leuchten, worum sie selbst ein Staatsrat beneidete. Aber was nützt das alles? Noch immer bin ich der „arme Konrad" und nun kommt noch die teure Gattin und will Geld fürs Mittagessen! „Geh zum Wirtschaftsrat – ich kann dir nur einen Zukunftsrat geben – heirate nächstesmal einen Verwaltungsrat!" Nur wenn der Zeitungsbeirat für diese Zeilen zu einem guten Honorar berät, dann kann Rat für ein Nachtessen und ein neue Radhose werden! Sonst bleibe ich nach wie vor eines P. T. Rates ergebenster

Ratlos Unrat

Michael Haydn
Ein Nachtrag zu seinem hundertsten Todestage (10. August 1906)

❧ 1906 ❧

Die Namen der zahlreichen Musiker deutscher oder welscher Abstammung, die um kargen Lohn in der Kapelle der letzten regierenden Salzburger Erzbischöfe, des Grafen Siegmund von Schrattenbach und des Grafen Hieronymus Colloredo, wirkten, sind heute vergessen, die Erinnerung an sie ist verschollen. Nur der eine Name Mozart glänzt noch als ein Stern erster Größe am musikalischen Himmel. An ihn reiht sich, wohl in weitem Abstande, aber nicht unwürdig, der eines Johann Michael Haydn an, des berühmteren Josef Haydn jüngeren Bruders. Beide waren die Söhne eines einfachen Wagners zu Rohrau bei Preßburg. Ihrer schönen Stimmen wegen kamen sie in das Kapellhaus von Sankt Stephan. Michael erregte mit elf Jahren die Aufmerksamkeit der großen Kaiserin Maria Theresia, die ihn mit zwölf Dukaten beschenkte. Als besondere Gunst erbat sich der Knabe, daß er die Hälfte davon seinem Vater schicken dürfe. Ein rührend kindlicher Zug! Mit zwanzig Jahren erhielt er eine elend bezahlte Stelle in der Kapelle des Bischofs von Großwardein, mit fünfundzwanzig vertauschte er dieselbe mit einer ähnlichen in Salzburg. Das war unter dem Erzbischof Siegmund im Jahre 1762, demselben, in dem der sechsjährige Mozart seine ersten Kunstreisen nach München und Wien unternahm. Sein Gehalt betrug 300 fl. und freien Tisch an der sogenannten Offiziers-Tafel; ein Jahr darauf erhielt er ohne Erhöhung seiner Bezüge den Titel eines Konzertmeisters. Eine Lebensgefährtin, wohl an sozialer Stellung ihm ebenbürtig, aber wie Mozarts Gattin blutarm, fand er 1768 in der Tochter des Hof- und Domorganisten Franz Ignaz Lipp.

Bezeichnend für das ganze Elend dieser Hofmusiker ist die Bittschrift des Brautvaters an den Erzbischof:[1] „Demnach sich meine Tochter Maria Magdalena Lippin mit högster Verwilligung Ihro hochfürstl. Gnaden etc. meines gnädigisten Herrn Herrn etc. mit Johann Michael Haydn, hochfürstl. Concertmeistern in die eheliche Verbindung eingelassen, so bin ich doch alß Vater schuldig Ihr eine wenige Ausfertigung zu geben. Alleinig ich bin nicht im standt ihr das Mindiste zu geben weillen ich mit fünf Kindern beladen von meinem monathlichen Salario per 20 fl. nichts ersparn kann." Der Arme bat dann um ein Darlehen von 300 fl. Ich weiß nicht, ob er es erhalten hat. Trotzdem dankte Haydn für den Ehekonsens, beifügend „und nemmen uns zugleich die Freyheit, Euer hochfürstl. Gnaden zu der auf künftigen Mittwoch veranstalteten priesterlichen Copulation und nachhin in den Tanzmeister Saal haltend geringen Hochzeitmahl die untertänigste Einladung zu machen.“

Solche Höflichkeit dem Fürsten gegenüber war damals in Salzburg Sitte. Wirklich erschien bei besonders angesehenen Bürgersleuten der Erzbischof oft selbst auf kurze Zeit beim Hochzeitsmahl oder sandte einen Höfling an seine Stelle. Bei „mindern“ Leuten, wie seinen Hofmusikern, gab es wenigstens ein Geschenk und so weist auch diesmal der gnädigste Landesfürst „den beeden Brautpersonen“ je eine Monatsbesoldung als Hochzeitsgabe an. Die Braut war nämlich als Hofsängerin mit einem Gehalt von beiläufig 150 fl. angestellt. Magdalena dürfte keine gute Hausfrau gewesen sein, denn wir hören, daß sie Schulden machte, was durch die Teuerung und den Gang der Umstände erklärt wurde. Denn unter dem Regiment der glorreichen geistlichen Fürsten stieg Haydns Gehalt nicht weiter als auf 450 fl.; erst seit dem Regierungsantritte des ersten und letzten weltlichen Kurfürsten von Salzburg Erzherzogs Ferdinand wurde ihm derselbe auf den schwindelnden Betrag von – 600 fl. erhöht. Da mußte er wohl, wie alle Hofmusiker des reichen geistlichen Fürsten, fleißig Lektionen geben – und wenn er dabei einmal durstig wurde und im kleinen Kneipstübchen von St. Peter – es führt noch heute den Namen Haydn-Stübchen und enthält manche Erinnerungen an ihn – einen Schoppen über den Durst trank, so muß man ihm das verzeihen. Und ist es zu verwundern, daß er unter solchen Umständen menschenscheu und unbekümmert um das Urteil der Welt wurde, zumal ihm auch im eigenen Hause wenig Glück erblühte und sein einziges Kind, ein Mädchen, im Alter von drei Jahren starb. Selbst seine Freunde, wie Leopold Mozart, mußten fast an ihm verzweifeln, wenn sich Dinge ereigneten, wie Leopold Mozart an seinen Sohn nach Paris schreibt: „Am 29. Juni (1778) spielte Haydn bei der Litaney und Te Deum, wo der Erzbischof zugegen war, die Orgel, aber so erschröcklich, daß wir alle erschracken und glaubten, es werde ihm wie dem seligen Adelgasser ergehen, den auf der Orgel der Schlag getroffen. Es war aber nur ein kleiner Rausch, der Kopf und die beiden Hände konnten sich gar nicht miteinander vergleichen.“ Und Wolfgang erwiderte darauf: „Wegen des Rausch des Haydn habe von Herzen lachen müssen; wenn ich dabei gewesen wäre, hätte ich ihm gewiß gleich ins Ohr gesagt „Adelgasser“! Es ist doch eine Schande, wenn sich ein so gescheiter Mann aus eigener Schuld in Unfähigkeit setzt, seine Schuldigkeit zu tun, bei einer Funktion, die zur Ehre Gottes ist, wo der Erzbischof und der ganze Hofstaat da ist, die ganze Kirche voller Leute ist, das ist abscheulich. Dies ist auch eines von den Hauptsachen, was mir Salzburg verhaßt macht – die grobe, lumpenhafte, liederliche Hofmusik; es kann ja kein honetter Mann, der Lebensart hat, nicht mit ihnen leben. Er muß ja, anstatt daß er sich ihrer annehmen könnte, sich ihrer schämen. Und dann ist auch und viel

Medaille auf das 80-Jahr-Jubiläum der Salzburger Liedertafel. Auf der Rückseite Porträt von Michael Haydn, dem Schöpfer des vierstimmigen Männergesangs. Bronzemedaille von Sepp Piffrader 1927 (Privatbesitz).

leicht aus dieser Ursache die Musik bei uns nicht beliebt und in gar keinem Ansehen."

So urteilte der junge Mozart, der doch gerade Haydn aufrichtig liebte und sogar für ihn arbeitete. Der Herr Erzbischof Hieronymus gab einmal Haydn den Auftrag, Duetten für Violine und Alt zu schreiben. Eine Krankheit hinderte ihn daran und nun wurde er sofort mit Gehaltsperre bedroht. Wolfgang vollendete nun das Verlangte in wenigen Tagen und reichte es unter Haydns Namen ein. Dieser selbst verfiel immer mehr in ein Sichgehenlassen, so daß er die ihm von seinem Bruder angetragene Kapellmeisterstelle beim Fürsten Eßterházy gar nicht einmal annahm. Dazu stimmt es auch, wenn Wolfgang einmal schreibt: „Herr Lipp (der Schwiegervater Haydns) muß vor den hohen Herrschaften ein schönes Ansehen gemacht haben, noch ein wenig schlechter als der Haydn, wenn es möglich ist." In Salzburg scheint überhaupt nur die Familie Mozart und wenige Freunde, wie der Pfarrer von Arnsdorf bei Lamprechtshausen, Werigand Rettensteiner, den Wert des Mannes und seiner Kunst erkannt zu haben. Dieser würdige Priester dichtete ihm mehrere Lieder, die Haydn vierstimmig setzte, wodurch er der eigentliche Begründer des deutschen Männerquartettes wurde. Nur einmal hatte er im Jahre 1771 zum Besuche seiner Verwandten in Niederösterreich und seines Bruders Josef, der damals schwer krank war, einen Urlaub genommen. Damals machte er die Reise mit „seiner Ehekonsortin", von der Wolfgang Mozart 1778 schreibt: „Es ist wahr, die Haydn ist kränklich, sie hat ihre strenge Lebensart gar zu sehr übertrieben. Es gibt aber wenige so! Mich wundert, daß sie durch ihr beständiges Geißeln, Peitschen, Cilicia tragen, übernatürliches Fasten, nächtliches beten ihre Stimme nicht schon längst verloren hat!"

Und das war eine Sängerin, die Erzbischof Schrattenbach zur Ausbildung nach Italien geschickt hatte! Und solches war in den Jahren der Aufklärungsperiode noch möglich! Da erklärt sich wohl Haydns moralischer Zusammenbruch! Schon im Jahre 1782 verfügte Erzbischof Hieronymus: „Da die Gesundheits Umstände unseres Concertmeisters J. M. Haydn einer Seits nicht mehr zulassen, daß derselbe bei der Violin ferners Dienste leisten möge, anres Theils aber derselbe gar nichts zu tun hätte, so benennen wir ihn zu Unserem Hof- und Domorganisten, auf Art und Weise, wie diesen Dienst der junge Mozart zu versehen verbunden gewesen mit der angehängten Bedingniß, daß er sich mehr fleißig bezeuge, die Kapellknaben instruiere und für Unsere Dom- und Kammer Music öfter etwas componiere auch solchen fahls in dem Dom allzeit selbsten dirigiere." Dafür erhielt er eine Zulage von jährlich 50 fl.! Man sieht, was damals ein Musiker für 450 fl. jährlich alles leisten sollte! –

Der junge Mozart war verblichen, der letzte geistliche Landesfürst geflohen, Salzburg war von den Franzosen besetzt. Da hatte gerade der arme Michael Haydn das Unglück, von französischen Husaren geplündert zu werden; sie nahmen ihm alles, was er an geringem Schmucke besaß, die Uhr und den im voraus empfangenen dreimonatlichen Gehalt. Freunde, besonders sein Bruder Josef, suchten ihm den Verlust zu ersetzen, ja, sie zogen ihn sogar nach Wien, wo er der Kaiserin Maria Theresia, der neapolitanischen Gemahlin des Kaisers Franz II., die Komposition einer Messe überreichte. Aber Versuche, in Wien ihn zu halten, gelangen nicht. Er kehrte in sein liebes Salzburg zurück. Hier beschäftigte er sich in seinen Mußestunden gern mit der Lektüre von Geschichtswerken und Reisebeschreibungen. In der Jugend hatten Wielands Werke ihn am meisten angezogen. Er bewohnte das kleine Haus am Aufgange zur Feste Hohensalzburg, hart am St. Peter-Friedhof, das seit Errichtung der Drahtseilbahn einem geschmacklosen, gotisierenden Neubau weichen mußte. Doch erinnert eine Gedenktafel daran an den armen Künstler, wie auch eine Straße in dem neuen Stadtteile rechts der Salzach seinen Namen trägt. Er starb am 10. August 1806 im Alter von 69 Jahren. In St. Peter errichteten ihm seine Freunde ein Grabmal im Stile jener Zeit, das uns Nachgeborenen freilich etwas sonderbar anmutet.

Seine Lebensgefährtin erhielt mit dem Erlaß vom 22. August 1806 als Hofsängerin jährlich 192 fl. und als Pension ihres Mannes monatlich 12 fl., also zusammen 336 fl., dazu wurde bemerkt: „und mit selben, obschon sie in ihrer Bittschrift zu Belohnung der Tonkunstverdienste ihres Mannes seel. gleichsam ganz Europa aufzufordern scheint, zufrieden seyn kann, als die Witwe eines ohne Vermögen verstorbenen Rathes oder anderer Beamten höherer Classe, der in seinem Leben die schwärsten Geschäfte für den Staat zu bearbeiten und denselben vielen Nutzen verschafft hatte, nach eben diesem Pensionsnormale mit 300 fl. sich begnügen muß". Außerdem erhielt die Witwe für ein an den kaiserlichen Hof übersendetes Requiem des Verstorbenen 600 fl. und vom Fürsten Nikolaus Eßterházy eine lebenslängliche Pension.

Nun ruht der gute Konzertmeister schon hundert Jahre in der stillen Gruft. Auch seine Werke ruhen noch zum Teil verborgen in Handschriften da und dort. Manchmal wird eines hervorgezogen. Noch 1896 gab Otto Schmid in Dresden „Ausgewählte geistliche Gesänge von J. M. Haydn in der Bearbeitung für Harmonium und Orgel" heraus. Aber eine größere Wirkung können sie kaum mehr ausüben. Haydn hatte nur als Kind seiner Zeit genug tun können. Erhaben über den Wechsel der Zeiten stehen nur die Höchsten wie ein Mozart!

Aber daß wir auch des guten Michael gedenken, ist unsere Pflicht, wäre es auch nur deswegen, weil Wolfgang Amadeus ihn geliebt und geachtet!

Anmerkung

1 Nach Akten im k. k. Regierungsarchiv in Salzburg.

Das Linzer Tor in Salzburg

❧ 1906 ❧

Schon 1589 baten die Bürger von Salzburg den Erzbischof Wolf Dietrich um Steine zur Restaurierung des verfallenen Linzer Tores, das in seinem gegenwärtigen Zustande „gemeiner Stadt Schimpf und Nachrede bei den reisenden Ausländern" hervorrufen müsse. Der baulustige Landesfürst erklärte hierauf, er wolle das Tor „künftigen Sommer" auf seine eigenen Unkosten aufbauen. Diese Absicht führte er nicht aus – und so kam es erst nach des genialen Erzbischofes Sturz zum Bau des Tores, als sein Vetter Marx Sittich Herr von Salzburg geworden. In den Jahren 1613 und 1614, unter den Bürgermeistern Georg Kirchperger und Georg Haan, hat es der Maurermeister Peter Schallmooser erbaut. Den Schmuck des Tores, das schöne Marmorrelief St. Sebastians und das Stadtwappen, dürfte der Erzbischof gespendet haben – wenigstens weisen die städtischen Baurechnungen dafür nichts aus.

Wie die alten Stadtpläne zeigen, war das Linzer Tor das innerste oder dritte Tor jener starken Befestigung, die Salzburg vom heutigen Franz Karl-Steg bis zum Kapuzinerberg am Linzer Tor deckte; sie bestand aus einer Reihe starker Bastionen, einem Graben und einem inneren Wallgange. Heute stehen auf dem von dieser Linie umschlossenen Platze die Häuser der Westbahn-, Franz Josef-, Auersperg- und der diese kreuzenden Querstraßen. Vielleicht ist hier schon zur Römerzeit ein Tor des alten Juvavum gewesen; wenigstens sind am Abhange des Kapuzinerberges unmittelbar vor dem Linzer Tor römische Gräber entdeckt worden. Als Salzburg entfestigt wurde, blieb das Linzer Tor stehen. Leider hat man es, während es früher freistand, durch Häuserbauten eingeengt und sogar zu einem Teile verbaut. Außerdem war es im Verlaufe der Zeit etwas verfallen und wurde das Obergelaß, wo einst der Torwärter gewohnt, als Wohnung vermietet. Aber trotz alledem war es ein ganz reizendes Bauwerk deutsch-italienischer Renaissance, im ganzen Aufbau und in seiner harmonischen Gliederung von monumentaler Wirkung und malerischer Schönheit. Freilich war es etwas enge; aber es hätte nicht gar großen Scharfsinnes bedurft, neben dem Tor dem gesteigerten Verkehrsbedürfnisse Abhilfe zu schaffen. Es mangelte nicht an Plänen dazu. Aber gerade zu Beginn der neunziger Jahres des verflossenen Jahrhunderts regte sich auch in Salzburg, wie an so vielen anderen Orten, eine starke Opposition der eigentlichen Bürgerschaft gegen die sogenannte, meist aus akademisch gebildeten Nichteinheimischen sich rekrutierende liberale Partei in der Ratsstube und diese Bürgerpartei hatte als einen ihrer Programmpunkte die Niederreißung des Linzer Tores aufgenommen, weil ihr die Besitzer der

Die der Stadt zugewandte Seite des Linzer Tors, um 1865 (AStS, Fotosammlung Kraus).

daran stoßenden Häuser, ehrenwerte Geschäftsmänner, aber für Kunst und Altertum verständnislos, angehörten. Der Kampf war zähe; aber mit Beihilfe der Regierungsorgane siegte die Bürgerpartei und so wurde im Winter 1893 auf 1894 das prächtige Bauwerk demoliert. Seine mächtigen Quadern wurden zum Sockel der neuen Staatsgewerbeschule benützt. „Ein Tor ist immer willig, wenn eine Törin will", pflegte damals nach Heine einer der uneigennützigsten Vorkämpfer für die Erhaltung des Tores zu sagen. Und was hat denn die k. k. Zentralkommission für Erforschung und Erhaltung der Kunst- und historischen Denkmale getan? Antwort: Geschrieben, weil sie sonst nichts tun konnte, da sie ja keine ausübende Gewalt hat und die Regierung sie nur in seltenen Fällen unterstützt! Hintennach konnte der greise Präsident der Kommission, Freiherr Alexander von Helfert, seinem Schmerze über derartige Verschwendung des Schatzes an alten Kunstwerken beredten Ausdruck geben – es nützte nichts mehr. Das Linzer Tor war weg, Salzburg um eines seiner schönsten monumentalen Denkmäler ärmer. Aber das sehen die e c h t e n Salzburger heute noch nicht ein!

Schloss Fischhorn in Salzburg

ᚙ 1906 ᚙ

Ein sonderbarer Name, denkt sich mancher, wenn er auf der Fahrt von Salzburg nach Zell am See, der engen Salzachschlucht zwischen St. Johann im Pongau und Bruck entronnen, plötzlich ein turmreiches Schloß im Stile blühendster
Gotik vor sich auftauchen sieht. In der Tat hieß es hier einst „bei den Fischern"
(Vischarn 1230), als die blauen Fluten des schönen Sees noch an den Felsen
schlugen, der seit alten Zeiten eine Feste trug. Im dreizehnten Jahrhundert kam
dieselbe in den Besitz der reichen Goldegger, aber am Beginn des vierzehnten
wurde sie Eigentum der Bischöfe von Chiemsee. Das Bistum Chiemsee hatte
Erzbischof Eberhard II., der treue Anhänger Kaiser Friedrichs II., im Jahre 1215
gegründet und mit Besitzungen im Pinzgau ausgestattet. Deren Zentralpunkt
wurde Schloß Fischhorn, wo die bischöflich chiemseeischen Burggrafen, später
Pfleger und Urbarpröpste genannt, saßen. Beim großen Bauernaufstande 1526

Schloss Fischhorn ca. 1900 (AStS, Fotosammlung Kraus).

fiel auch dieses Schloß der Wut der mißhandelten Landleute zum Opfer. Nachdem der Aufstand mit Schwert und Feuer niedergeschlagen worden, wurden der Anführer jener Schar (Taxenbacher), die Fischhorn verbrannt, Augustin Kolmbichler, und mehrere seiner Genossen am Burghügel an einem Baume aufgeknüpft und die Begebenheit durch ein Gemälde im Schloßzubau der Nachwelt überliefert. Erst unter der bayerischen Regierung (1810–1816) wurde der Baum umgehauen und die Tafel nach München gebracht. Die Gemeinde Taxenbach mußte dem Bischof von Chiemsee 1000 fl. Ersatz zahlen; er baute aber das Schloß nicht wieder auf. Erst ein späterer Chiemseer Bischof machte es um 1675 wieder bewohnbar. Das Bistum Chiemsee wurde 1807 aufgehoben und die Besitzungen verkauft. Das Schloß selbst verfiel. Im Jahre 1862 kaufte es die Fürstin Sophie von Löwenstein, geborene Fürstin Liechtenstein. Sie beschloß den Wiederaufbau. Nach den Plänen des Dombaumeisters Schmidt in Wien hat ihn der Salzburger Architekt (jetzt Oberbaurat) Wessicken glänzend durchgeführt. Nur die innere Einrichtung ist wahrscheinlich noch nicht ganz vollendet. Als ich das Schloß das letzte Mal vor etwa zehn Jahren besuchte, sah man in den zahlreichen Räumen wohl einzelne schöne alte Möbelstücke, aber keine so vollständige Ausstattung, wie sie etwa dem Schlosse Mauterndorf durch Dr. Eppstein oder Moosham durch Graf Wilczek zuteil geworden ist. Prächtig ist der Ausblick von den Fenstern, Terrassen oder dem hohen Turm des Schlosses. Nach Westen öffnet sich der Blick auf den lauteren Spiegel des Zeller Sees und die schöne Talfläche des oberen Pinzgaues. Deutlich treten die Schlösser Kaprun und Mittersill hervor. Im Süden liegt das nette Dorf Bruck mit seiner schmucken Kirche; die eisglänzenden Gipfel des Hohen Tenn, Wiesbachhorns und Brennkogels begrenzen die Aussicht. In nächster Umgebung erhebt sich im Norden der Königskogel mit einem der höchstgelegenen Wälder des Landes. Am Fuße des Schlosses steht der große Meierhof mit den Stallungen für eine prächtige Zucht des Pinzgauer Rindes, das im Sommer auf den weiten Almen des oberen Kapruner und Fuscher Tales treffliche Weide findet.

Vom Mönchsberg in Salzburg:
Achleitner-Villa

❧ 1906 ❦

Wenige Städte erfreuen sich in ihrer unmittelbarsten Nähe eines so abwechslungsreichen, vielgestaltigen Höhenzuges, wie es der Mönchsberg mit dem anschließenden Festungsberg ist. Eine Reihe bezaubernder Aussichtspunkte lenkt die schönheitsdurstigen Augen dort auf die imposante Kette der Kalkalpen, hier auf waldbedeckte Vorberge oder auf die mit Dörfern, Schlössern, Wald und Feldern überdeckte Ebene, deren Grün nur da und dort aufblitzende Wasseradern oder Teiche unterbrechen. Nicht minder schön sind die Ausblicke auf die türmereiche Stadt mit ihren historischen Gebäuden. Eines der reizendsten dieser „Luginsland" wurde erst im verflossenen Frühjahre der Allgemeinheit zugänglich, nachdem die Stadtgemeinde die bisher dem Militärärar gehörigen Pulvertürme angekauft und einen Weg dazu angelegt hat. Sie sind wohl, wie das Wappen Paris Lodrons mit der Jahreszahl 1640 am sogenannten Pulvermagazins-Dienerhäuschen erkennen läßt, auch unter diesem hervorragenden Landesfürsten gebaut worden, und zwar an dem am weitesten gegen Süden gerückten Höhenpunkt des Berges. Sie heißen „St. Josef" und „St. Michel". Nirgends zeigt sich eine schönere Gruppierung des reizenden Hochgebirgsbildes als auf dem begrasten Köpfchen zwischen den beiden. Ein unmittelbar neben „St. Michel" gelegener Turm ist schon vor mehr als einem halben Jahrhundert zu einer malerischen Villa umgebaut worden, die von ihrem ersten Besitzer, einem berühmten Zitherspieler und königlich bayerischen Kammervirtuosen, im Volk noch den Namen „Achleitner-Schlößchen" trägt, sonst aber in „Marienschlößchen" umbenannt wurde.

Oberndorf an der Salzach

✎ 1907 ✎

Als ich vor Jahren ein paar Mal an den schönen Ufern der Mattseen in der Sommerfrische weilte, stieg ich nicht selten über den waldreichen Haunsberg, an dem kleinen Kirchlein St. Pankraz, wo einst die Burg des Ministerialengeschlechtes der Haunsberger stand, und an Weitwörth, einem ehemaligen Jagdschlosse der Erzbischöfe von Salzburg, vorbei nach den Schwesterorten Oberndorf und Laufen. Dort fesselten mich die altertümlichen Bauten der engen Straße längs der Salzach, die besonders in der sogenannten Altach ein Gepräge fast südlichen, höchst malerischen Charakters trugen oder auch die ganz einzig schöne Rundschau vom Kalvarienberge, einem Kirchlein, zu dem eine monumentale Marmortreppe emporführt. Hier in Laufen bot nicht so sehr der Anblick des sauberen, baulich noch ganz dem achtzehnten Jahrhundert angehörigen Städtchens als die Betrachtung der ehrwürdigen Kirche mit ihrer imponierenden Halle, dem Außengange und ihren Grabdenkmälern in Stein und Holz, vom vierzehnten bis in das neunzehnte Jahrhundert reichend, einen fast unerschöpflichen Stoff der Belehrung. Aber auch ein anderer „Stoff" gab nicht minder angenehme Unterhaltung, ein Stoff, der in zahlreichen Brauereien verzapft wurde, freilich nicht in solcher Güte wie ein Münchner Spaten-Bräu in einem kleinen Gärtchen am Salzachtor. Da saß man beim braunen Naß so gemütlich und betrachtete die alte Laufener Kirche mit ihrem Dachreiter, sah den Verkehr auf der altmodischen Holzbrücke an, bestaunte die furchtbare Schottermengen, die sich an der Innenseite der Flußschlinge ablagerten, sah drüben die lange Zeile der armseligen, aber malerischen kleinen Oberndorfer Häuser und verfolgte den launischen Wasserlauf, der sich bei den letzten dieser halb hölzernen Bauten in eine tief in die Moräne eingegrabene Schlucht verlor. Da konnte man sich Betrachtungen hingeben über die Weisheit des Wiener Kongresses von 1814 und den Vertrag über die Bayern auferlegte Abtretung Salzburgs an Österreich (Endvertrag zwischen beiden Mächten am 14. April 1814 in München abgeschlossen), wobei die Salzach und Saalach als Grenze festgestellt, und das fruchtbare bevölkerte Vorland Salzburgs, die damaligen Pfleggerichte Waging, Tittmoning, Teisendorf und Laufen Bayern belassen oder besser von Bayern nicht wieder herausgegeben wurden. Damals wurde die arme Fischervorstadt Oberndorf vom wohlhabenden Laufen getrennt und damit eine arme Marktgemeinde geschaffen, der ein Pfleg-, später Bezirksgericht und Steueramt kaum einen fühlbaren Nutzen brachten. Doch konnten die Oberndorfer noch leben, so lange auf der Salzach das Halleiner Salz und manch andere Ware verfrachtet

Das alte Oberndorf vor 1900 (AStS, Fotosammlung Kraus).

wurden. Und was die Fischer im Sommer nicht genug verdienten, das wurde im Winter durch die fleißige Fortsetzung uralter Übung, nämlich des Komödiespielens in und außer Landes, notdürftig dazu erworben. Lange, ehe Mozart an den „Don Juan" dachte, spielten ihn die Laufener Schiffer der Komödianten-Gesellschaft Standl und der „Hanswurst" hat vielleicht hier zuerst und vor Prähauser in Wien durch seine Spässe die Lachmuskeln der Zuhörer in Bewegung gesetzt.[1]

Aber seit der Erbauung der Westbahn, die Hallein in ihr Netz einbezog und mit dem bayerischen Nachbarlande wie mit dem Norden des Kaiserstaates verband, hörte allmählich die Schiffahrt auf; vor ein paar Jahren ging der letzte Schoppermeister (Erbauer von Salzachschiffen) in Salzburg zur ewigen Ruhe ein und heute ist es ein ganz ungewohnter Anblick selbst für den Salzburger, ein mit Kalk oder anderer billiger Ware beladenes Schiff unter den modernen Eisenbrücken durchfahren zu sehen. Da auch das Schauspielwesen immer weniger Erträgnis abwarf, geriet Oberndorf in eine Notlage, die noch durch die immer wilder sich gebärdende Salzach vergrößert wurde. Fast jedes Jahr stand ein Teil des Ortes unter Wasser und wurde die Holzbrücke über den Fluß beschädigt. Besonders trostlos sah es in den Jahren 1897 und 1899 aus. Ein Teil der Häuser Oberndorfs drohte einzustürzen, ein Teil war in den Erdgeschossen vermurt, zur Brücke mußte eine Rampe angelegt werden, Gärten und Häuser am Ufer selbst waren vom Wasser weggespült worden, kurz, es war an den Fingern abzuzählen, wann Oberndorfs letzte Stunde geschlagen habe.

Aber erst der Bau der Bahn von Salzburg nach Lamprechtshausen auf dem rechten Salzachufer ließ den Plan entstehen, dort, wo der Bahnhof des modernen Verbindungsweges angelegt worden war, ein neues Oberndorf zu gründen. Der Landtag des Herzogtums Salzburg nahm sich der bedrängten Bewohner nach Kräften an und selbst der Staat fand auch einmal für deutsche Staatsbürger einiges Geld in seinen Kassen. Im ganzen brachten Staat und Land gegen eine Million Kronen auf, womit der Grund für das neue Oberndorf angekauft, der Platz kanalisiert, der Uferschutz hergestellt, die Straßen geregelt, eine Wasserleitung errichtet und den Besitzern der nicht mehr zu rettenden Häuser Vorschüsse zu Neubauten gegeben wurden. Und während nun in Oberndorf ein Haus nach dem anderen verschwand und der Wanderer sich fast in ein salzburgisches Pompeji versetzt sah, wenn er die Grundfesten und Stückwände der hart an den Moränenrand hin- und in die Moräne zum Teil hineingebauten alten Häuser betrachtete, während selbst die alte Heiliggeist-Kirche, ohnehin dem Einsturze nahe, abgebrochen wurde: entstand auf dem gesicherten neuen Platze ein schmuckes Haus neben dem anderen und endlich auch eine hübsche Kirche im modifizierten, romanischen Stile mit einem schlanken Turme. Im Jahre 1901 begann die Bautätigkeit, heute ist sie zwar nicht vollendet, aber zu einem gewissen Abschlusse gediehen. Noch steht ein Teil des alten Oberndorf, noch ist dort das Bezirksgericht, da der Staat die Mittel zu einem Neubau in der neuen Ansiedlung bis jetzt nicht gefunden hat, trotzdem die empörten Wogen des Flusses nicht selten bis an die Tore des Hauses der Gerechtigkeit anschlagen. Nur eines ist durch die beiden Staaten, die hier aneinandergrenzen, zustande gekommen, eine ganz prächtige, moderne Salzachbrücke in Eisenkonstruktion, die in den früher an dieser Seite geschlossenen Hauptplatz Laufens einmündet. Zahlreiche Männer haben sich um Neu-Oberndorfs Gründung Verdienste erworben, keiner aber größere als Dr. August Prinzinger, der als Mitglied des Landesausschusses die ganze Verlegungsarbeit leitete und die oft genug sehr verwickelten, damit verbundenen finanziellen Fragen mit Takt und Geschicklichkeit zu ordnen verstand.

Jüngst saß ich wieder einmal im Gärtchen am Salzachtor. Da ist's jetzt einsam geworden; die alte Brücke ist gesperrt. Ein von Laufenern wie von Oberndorfern gewünschter und von den beiderseitigen Regierungen bewilligter Steg ist aber noch nicht in Angriff genommen. Wie man mir berichtete, hängt die Verwirklichung von der Erfüllung einer Forderung der rechtsseitigen Regierung ab, daß nämlich die Gemeinden Oberndorf und Laufen den zur Überwachung der Zollinie benötigten staatlichen Wächter besolden, da sonst der Staatsschatz allzusehr belastet würde!

Es gibt eben auch arme Staaten wie arme Gemeinden. Ich meine aber, Oberndorf, sagen wir lieber Neu-Oberndorf, wird sich bald heben, wenn man einmal erkannt hat, daß es durch seine schöne Lage, seine bequeme Erreichbarkeit, sein gutes Wasser, seine waldreiche Umgebung und seine relative Billigkeit zu einem Sommerfrischorte für nicht allzu anspruchsvolle Gäste ganz vorzüglich geeignet ist! Ja, wenn Laufen dazu gehörte! Da stehen bereits Dutzende reizender Villen auf dem aussichtsreichen Hochlande – ich weiß nicht, warum sich die Leute gerade auf das bayerische Ufer kaprizieren –, ist's da billiger bauen, zahlt man weniger Steuern oder ist's da allein gesund? Ich weiß es nicht, aber –.

Anmerkung

1 Über die Laufener Komödianten vergleiche Rich. Mar. Werner: Der Laufener Don Juan. 1891. Über Gebräuche der Oberndorfer Schiffer, wie Himmelbrotschützen, Wasserkampf und Schiffer- oder Wasserstechen, schrieb Karl Adrian in den Mitteilungen der Gesellschaft für Salzburger Landeskunde 1905.

Befreier Tod

Es war am Vorabend des Weihnachtstages des Jahres 1648. In seiner Schreibstube saß der Pfleger von Liechtenfels Hans Jakob von Rost. Aktenstücke bedeckten den mächtigen Schreibtisch; in dem plumpen hölzernen Tintenfasse stak die Kielfeder. Hohe Schränke mit den in weißes Pergament gebundenen Urbarien und dicken Faszikeln standen an den Wänden. Nur neben der dunkelbraunen Holztüre, die ein geschnitztes Frontispiz mit dem Wappen des Erzstifts überragte, war ein freier Raum. Dort hing rechts ein wuchtiger Pallasch mit breitem Handkorb, links ein Paar Reiterpistolen. In der Ecke des Gemaches strömte ein Ofen von grünen Kacheln, auf denen Wappen und Reliefköpfe abwechselten, eine behagliche Wärme aus. Durch die kleinen Butzenscheiben der zwei Bogenfenster drangen die letzten Schimmer des Tages in die düstere Stube. Draußen lag das weite Land unter einer hohen Schneedecke. Nur aus dem Markte unten strahlten einzelne Lichter auf; das größte kam von der Pechpfanne, die am Leithaus, der Ehetaferne Saalfeldens, weit aus der Wand hervorragte.

Tiefe Stille! Pfleger Rost war in seinen mit braunem Juchten gepolsterten Lehnstuhl zurückgesunken. Wie bleich was das magere Antlitz, fast so wie das lange Haupthaar oder der buschige Schnurr- und Knebelbart, der auf das Lederwams herabhing. Nur das Auge glänzte und hing an dem Pallasch dort neben der Tür, dessen blankes Eisen in die Dämmerung Funken warf.

Wann hatte er ihn zum letztenmale geschwungen? Wann war er in Jugendmut und Tatendurst hinausgestürmt in die Welt, auf dem braunen Pferde, das er in seinem Vaterhause zu Surheim selbst aufgezogen? – Damals, als das große Ungewitter im deutschen Reiche sich erhoben und das gräßliche Blutbad angefangen, das erst nach dreißig Jahren geendet, diesen vergangenen Herbst des Jahres 1648 geendet, durch den Friedensschluß zu Münster und Osnabrück.

Mit dem Reiterregimente, das der Salzburger Erzbischof Paris Lodron unter dem Obersten Levin de Mortaigne dem frommen Tilly gesendet, war er ausgeritten. Vom Fuße des Untersberges bis in die weiten Ebenen Westfalens hatte ihn das Kriegerleben geführt. Mancher kleine Strauß war ausgefochten worden, aber was war das gegen die Schlacht bei Stadtlohn! Dort kämpften Tausende gegeneinander, bis endlich Tilly den tollen Christian, den Braunschweiger, den Paladin der vertriebenen Böhmenkönigin, niederrang. Aber als der Abend des 6. August 1623 den gefürchteten Pfaffenfeind auf der Flucht sah, da lag auch unter den wunden Kriegern auf dem Schlachtfelde der junge Fähnrich Hans Jakob v. Rost, neben dem heimatlichen Pferde, dem eine Kartätsche den Bauch aufgerissen. Ihm selbst war der linke Arm zerschmettert worden, mit dem er den Zügel geführt hatte. Das wußte er noch, dann kam die große Lücke in seinen Erinnerungen. Und nun wurde es wieder klar. Er sah sich in einem reinlichen Bette in einem stillen Gemache liegen, er fühlte eine zarte Hand um sich bemüht. – Dann kam ein Weihnachtstag, und er wurde mit seiner Werbung um die schöne Tochter des Hauses Güsterode schnöde, verletzend abgewiesen! Und nun sieht er, wie er in die kalte Winternacht hinausreitet und einen Haufen kriegerisches Gesindel am lodernden Feuer findet. Da ist ihm das Racheschwert in die Hand gegeben und der Abend des Christtages 1623 – es durchschauert den bleichen Mann im Lehnstuhle – findet ein niedergebranntes Haus und erschlagene Bewohner – und eine blonde Jungfrau – schlimmer als tot. Den kaum zehnjährigen Sohn des Hauses nimmt er mit sich – doch am nächsten Morgen ist das Bürschchen verschwunden – wohl zugrunde gegangen. Und nun kommen Jahre voll Menschenhaß. Mit dem grimmen Wurm der Reue in der Brust treibt sich Hans Jakob noch im Kriegsdienste herum; endlich kehrt er heim und sein Herr gibt ihm die abgelegene, stille Pflege im einsamen Saalachtale. Doch die Arbeit schafft ihm nicht die Ruhe, selbst grausame Strenge nicht mehr Vergnügen, wie einst. Kein Weib an seiner Seite, kein Kind zu seinen Knien! Vorzeitig ist er ein Greis geworden, und um seinen hageren Körper schlottert Wams und Rock. Warum, scheint sein Auge zu fragen, bin ich nicht einst als Jüngling gefallen, rein und schuldlos? –

Draußen ist's Nacht geworden. Leise öffnet sich die Tür der Schreibstube und mit brennender Kerze tritt Rüdi, der Gerichtsdiener, herein. „Gestrenger Herr, ein Reitersmann hält am Tore und will Euer Gnaden sprechen. Darf ich ihn heraufführen oder soll ich ihn abweisen?"

„Her mit ihm!" antwortet Rost, wie wenn er froh wäre, daß ihn etwas seinem Sinnen und Träumen entrissen habe.

Ein hochgewachsener Mann tritt ins Gemach. Das Lederkoller, die hohen gelben Stiefel, das Schwert an der Seite zeigen ihn als Krieger. Die eine der mit weißen Stulphandschuhen bekleideten Hände hält den Federhut, die andere ruht auf dem Pistolenhalfter an der linken Seite. Eine tiefe Narbe durchzieht das Gesicht, das blonde Haare umwallen; um Mund und Kinn verliert sie sich im dichten Barte.

Beim Eintritt des Fremden erhebt sich der Pfleger – jener kann ja ein Bote des hohen Landesherrn sein – und fragt mit tonloser Stimme: „Womit kann ich dem Herrn dienen? Von wannen kommt der Herr?"

Einen Schritt tritt der Krieger näher. Aus seinen Augen sprüht es wie Feuer und bedächtig beginnt er mit leichtem niederdeutschen Anflug zu sprechen: „Herr, Ihr seid Hans Jakob von Rost?" – Diese Augen, wo habe ich diese Augen schon gesehen? fragt sich der Pfleger. – „Denkt Ihr des Weihnachtstages von Anno 1623?" – Jetzt weiß der Pfleger, wo er diese Augen gesehen hat; sind es nicht die jenes Knaben, jener Jungfrau von Güsterode? – Noch hat er keine

Antwort erteilt, der Fremde aber fährt fort: „Denkt Ihr daran, daß durch Euch meine Eltern ermordet, meine Schwester vernichtet, ich eine heimatlose Waise geworden? Habt ihr gelesen, was einst der rächende Gott geboten: Auge um Auge, Zahn um Zahn! Der Tag der Vergeltung ist gekommen. Ich kann Euch nicht Weib und Kind morden, Ihr habt keins. Ich darf Euch nicht diese Burg brennen, sie ist nicht Euer. Aber Euch könnte ich töten – doch ich bin ein Edelmann. Nehmt denn das alte Schwert wieder und folgt mir hinaus – Euer Leben oder meines! Ich lasse es gerne, habe ich die Meinen gerächt, Euch aber ist's besser, Ihr sterbt durch die Hand eines Soldaten, als ihr schleppt Euer Schandleben noch länger hin!"

Hans Jakob von Rost war aufgesprungen. Wie verglast hing sein Auge an dem Redner und im flackernden Lichte der Kerze kam ihm das Antlitz des Fremden wie ein düsterer Totenkopf vor – in seinem Innern aber rief eine Stimme dem Tode ein Willkommen zu. Aber noch einmal bäumte sich der alte Lebenstrotz auf und mit einem barschen: „Wenn ihr wollt, ich bin dazu bereit!" schritt Rost auf den Pallasch an der Tür zu. Der Fremde trat etwas zurück, aber noch hatte des Pflegers Hand nicht die Waffe berührt, als er mit dem Rufe: „Dein ist die Rache!" zu Boden sank. Mit der ihm eigenen Ruhe bückte sich der Westfale zu ihm nieder – Rost war tot.

„Des Herrn war die Rache!" sprach mit feierlichem Ernste der Fremde; dann verließ er die Stube. Draußen fand er den Diener. Ohne ihm das Geschehene mitzuteilen, stieg er die Stufen hinunter, bestieg das vom Torwart gehaltene Pferd und ritt davon.

Erst als die Glocken der Kirche den heiligen Abend einläuteten, betrat der Diener des Pflegers wieder die Schreibstube. Er fand seinen Herrn bleich und totenstarr daliegen. Die Kerze auf dem Schreibtische war fast herabgebrannt. Auf dem Fußboden bemerkte er zwei Fußspuren, auf dem Schreibtische die eine Hand – wie eingebrannt. Mit Entsetzen vernahm das Volk von dem so rasch entschwundenen Fremden und von dessen hinterlassenen Wahrzeichen – kein Zweifel, den strengen Herrn Pfleger hat am Christabend 1648 der leidige Satan geholt. – Wir wissen es besser – ein rascher Tod hat ihn aus dem Leben voll Grauen und Gewissensbissen still hinweggeführt und das Schuldblatt ausgelöscht, das ihm ein herbes Geschick vollgeschrieben.

Faschingsbelustigungen in Salzburg im Jahre 1614

❧ 1908 ☙

Das wahre Musterbild eines untertänigst gehorsamsten Beamten und Dieners von sehr beschränkter Geisteskraft, aber allerfleißigster Arbeitslust war der erzbischöflich salzburgische Sekretär und Archivar Johann Stainhauser, wahrscheinlich aus der alten reichen Kaufmannsfamilie dieses Namens, die 1615 in Konkurs geriet. Er hatte schon dem unglücklichen Erzbischof Wolf Dietrich treu gedient, dann aber ebenso fügsam dem neuen Herrn Marx Sittich von Hohenembs seine Tätigkeit gewidmet. Dieser war ein noch ziemlich junger, lebenslustiger Herr, dabei aber auch sehr fromm, wenn man Veranstaltungen von Gebeten, Prozessionen, kirchlichen Festen und Verfolgung der Lutheraner als Frömmigkeit bezeichnen will. Der Herr Sekretär Stainhauser hatte für beide Seiten seines Herrn lebhaftes Gefühl. Für die religiöse, indem er ein „Opus historicum de sanctis Salisburgensibus" (Geschichtliches Werk über die salzburgischen Heiligen) schrieb, das nie gedruckt wurde, während die Handschrift das Kloster St. Peter bewahrt. Für die weltliche, indem er alljährlich dem hohen Herrn ein zierlich geschriebenes, in weißes Pergament mit Goldpressung gebundenes Büchlein überreichte, das alle wichtigeren Vorkommnisse während des abgelaufenen Jahres, besonders aber eine eingehende Beschreibung aller Festlichkeiten, besonders der lustigen Fastnacht treu verzeichnete, zwar kanzleimäßig trocken, aber nichtsdestoweniger einen tiefen Einblick in die Ideen und Gedanken, wenn man von solchen sprechen darf, des erzbischöflichen Hofes gestattend.

Wir wählen die Erzählung aus, „was für Ritterspill Aufzug und Ehrliche Khurzweylen durch die Faßnacht dises 1614 Jares von den hofherrn, und hochfürstlich Officirn auf dem Hofplatz gehalten und in ihren Inuentionen gesehen auch sonsten exhibirt und gehalten worden seien."

Nach dieser kurzen Probe seiner Schreibart geben wir die Ausführungen gekürzt in moderner Ausdrucksweise wieder; nur an markanten Stellen bleibt der Wortlaut unverändert.

Erstens am 16. Jänner wurde im Hause des hochfürstlichen Geheimen Rates, Kammerpräsidenten und Domherrn Graf Paris Lodron (trotz seines Alters von achtundzwanzig Jahren eines der angesehensten Mitglieder des Kapitels und bei dessen Vorgehen gegen Wolf Dietrich der Vertrauensmann und Sprecher der Domherren) ein schönes Pastorell (Hirtenkomödie) in italienischer Sprache in Gegenwart des Erzbischofs und seines Hofstaates aufgeführt.

Zweitens am 19. Februar wurde von den Alumnen des Seminars in lateinischer Sprache „eine schöne Comoedia von Kaiser Carlo Magno und seiner Gemahel Hildegardi mit zierlichem apparat agiert".

Drittens am 20. d. M. ließ der Domherr und Statthalter Nikolaus Freiherr von Wolkenstein und Rodenegg in der Dompropstei ein Drama in deutscher Sprache aufführen „von einem Jüngling namens Mariano, welcher Christum den Herrn verlaugnet; sein werthe Muetter Mariam aber nit verlaugnen wöllen, also vermitels Ihrer genad wieder das ewige leben erlangt". Der Erzbischof mit dem ganzen Hofe und das Kapitel wohnten der Aufführung bei. Am 22. wurde sie wiederholt.

Viertens am 27. wurde bei Hof eine „statliche und Khunstreiche Hof Tragicomoedia in Italienischer Sprach mit Cöstlichem Apparat khünstlich verkhertem Theatro und ansehnlichen repraesentationen" für die Offiziere und Hofdiener gegeben.

Fünftens wurde am 1. Februar das gleiche Schauspiel für den Stadtrat und eine Anzahl eingeladener Bürger und deren Frauen und ein drittesmal für das Domkapitel und den Adel aufgeführt.

Am 2. Februar wurde der Stadtrat bei Hofe bewirtet. Am 4. Februar nachmittags wurde „die rechte Fasnacht" durch einen großen Aufzug auf dem Hofplatze „angefangen". Es zeigten sich dabei mehrere Gruppen:

Erstens die „Kuchelpartei" (Küchenpersonal) auf einem Schlitten mit einer wohlausgestatteten und mit Fahnen gezierten Küche. Auf dem Dache waren allerlei Tiere aus Teig zu sehen; am Vorderteil des Schlittens stand eine Melusina, neben ihr ein Löwe und ein Steinbock (das Wappentier des Landes und des Erzbischofs, wie solche vereint mehrmals im Lustschlosse Hellbrunn zu sehen sind). In der Küche saßen neun Personen in schwarzen Samthosen, grünen Wämsern mit silbernen Weidmessern und „großen dicken Mascaren" (Masken). Auf dem Schlitten saßen auch vier Spielleute und ein Trompeter; ein großer dicker Mann mit einem Lorbeerkranz auf dem Haupte und einem Kochlöffel in der Hand ging ihm voran.

Als zweite Gruppe erschienen die Kammerdiener, „wie die Indianer, acht Personen in gleicher schwarzer khlaidung mit grünen Schürzen, gefärbte Federn und guldenen Halsbändern. Die Gürtl und Stifel waren von guldenem Leder, die Hosenbändel von Schellen. Ihr Khönig ritte in der Mitten auf einem Schlayrling (wahrscheinlich Schimmel) mit vergildten ungarischem Zeug und Teppich bedeckt, hatte eine große guldene Khetten am Hals und ein Regimentsstab (Zepter) in der Handt: ein gefangener mit einem eisernem halsring truege Ihm sein Rundärtschen (Rundschild) pogen und pfeill". Drei Spielleute zogen mit.

Eine dritte Gruppe bildeten die „Einkauffer, Zeergadner (Beschäftigte der Vorratskammern) und hoffmezger". Sie zogen als Mezger, mit weißen Stecken in den Händen, auf und schoben einen aus Leinwand gemachten Ochsen mit sich; „aus dem salva venia Hindern hat er Öpffel, Nuß und Biern ausgeworfen".

Die fürstlichen Hoflakaien zogen mit Schalmeien und Sackpfeifen als wilde Männer auf; in ihrem von zwei Schimmeln gezogenen Schlitten saß neben dem wilden Mann auch eine Wildfrau; andere ritten auf mit Laubwerk bedeckten Pferden.

Die „Kellerpartey" hatte auf ihrem Schlitten einen Tisch, an dem weiß- und rotgekleidete Männer sich „aus hülzernen Aimperle" zutranken. Hinten auf dem Schlitten lag ein großes Faß; auf ihm saß ein „uberaus großer Mann mit einer unsaglichen großen Sackhpfeiffen", der durch darin steckende Männer „gar artlich bewegt worden".

Am 5. Februar wurde in der Dompropstei die Aufführung vom 20. Jänner wiederholt.

Donnerstag den 6. Februar gaben die Soldaten ein kriegerisches Schauspiel zum Besten. Auf dem Hofplatze wurde eine Festung aus Holz errichtet, von vier Basteien umgeben, mit Fahnen geschmückt und mit Feuerwerkskörpern versehen. Sie wurde von den grün- und rotuniformierten Soldaten aus dem Schlosse besetzt und Wachen ausgestellt. Dann rückten die fürstlichen Leibtrabanten als Heiducken in ungarischen Kleidern aus und schlugen vor der Festung ihr Lager auf. Dann begann das Kriegsspiel mit der Aufforderung der Heiducken zur Übergabe der Feste und als dieses abgeschlagen wurde, begann die Beschießung, der ein Sturmangriff folgte. Dieser wurde abgeschlagen, ja, ein Heiduck gefangen genommen und an einen Pfahl gebunden. Als die Feinde einen anderen Platz zum Angriff suchten, wurde in der Feste ein herrliches Feuerwerk abgebrannt (über 3000 Raketen[!]); einem neuerlichen Sturm folgte endlich die Kapitulation wegen Proviantmangel; die Besatzung durfte „mit ihren fliegunden fahnen, Lunden (Lunten), Sackh und Packh, Khugel im Maull" (!) abziehen, worauf die Feinde vom Bollwerk Besitz nahmen. Die Kurzweil hatte von halb drei bis halb sieben Uhr gedauert.

Am 8. Februar hielt auf dem gleichen Platze der hochfürstliche Jägermeister mit seinen Jägern eine Hetzjagd ab. Der Platz wurde mit Plachen und Bäumen umgeben. Mit Schalmeien und Sackpfeifen, umgeben von Windspielen und anderen kleinen Hunden, zogen die Jäger unter dem Jägermeisteramts-Verwalter Hans Christoph Trauner aus. Gehetzt wurde ein Hase, drei Füchse, drei Dachse und „ein Dahelpockh samt einem jungen Dähel" (Damhirsch[!]), so lustig zu sehen gewesen. Die Hetze dauerte von zwei bis vier Uhr.

Sonntag den 9. Februar, „der Herrn Faßnacht", war wieder großer Aufzug. Da erschienen die Kammer- und Hofkanzlisten in roter, blauer und gelber Livree. Auf einem Schlitten saß ein großer Narr, der, auf einem Haufen Eier sitzend, junge Närrlein ausbrütete.

„Ermelter Mann in gelb und plawer leinbath bekhlaidet, hat den khopff hin und wider gewendet, wurde mit allerlay spetzerey gelabt, Ihm mit einer Umbrella (Sonnenschirm) die Sohn abgewendet und der Muckhen gewöhrt. Ihme ist ein Buckhleter doctor mit ainer Umbrella auf einem khlainen Rößlein vorgeritten. Nach Ihme führt man auf einem Schlitten in einer Khretzen (Trag-korb) vier junge schon ausgebruette Närrlein: neben Ihnen liefe ein weib, wel-che dieselben mit einer pfannen mit Mueß (Brei) das sie Ihnen eingestrichen ihres geschrays geschweigen thett. Auf dises ist widerumb ein Schlitten gevolgt, darauf vill Narren, under denen ein Aderlasser, auch ein besondrer Instrumen-dist gesessen: dann gedachtes Instrument mit lauter Katzen eingericht gewesen, und wann er das Clavier gegriffen, hat er mit den khatzen ein lautes geschray erweckht". So zog die Schar durch die ganze Stadt unter großem Gelächter.

Die „Guardarobba" und die Silberdiener kamen in Begleitung von zwei Pfei-fern auf einem Schlitten, sechs Personen in rotgelben Gewändern; sie bläuten Stockfische und schossen mit Federn, aßen und tranken nebenbei.

Die Herren Truchsesse erschienen als Bäcker in roten Wollhemden mit wei-ßen Schürzen und kleinen schwarzen Hütlein. Sie hatten eine Beutelmühle, in die Buben geworfen und „neugemalen" herausgeschüttelt wurden; ferner einen Backofen, in den sie Manns- und Weibspersonen „einschossen", deren Gesich-ter mit Kienruß geschwärzt waren; sie kamen sauber heraus, was großes Ge-lächter erregte.

Auf einem mit Laubwerk verzierten Schlitten zogen die „Hof-Musici" einher, in weißen Bauernkleidern, sechs Diskantisten als Weiber angezogen, singend und spielend. Ihnen folgten neun Hoftrompeter, auf Trompeten und Krumm-hörnern sitzend, durch die ganze Stadt blasend.

Am 10. Februar gab es ein Quintana-Rennen. Schon im Jahre 1275 tadelte Papst Gregor X. den damaligen Erzbischof Philipp, den Herzogssohn von Kärn-ten, daß er anstatt der Vorladung, nach Rom zu folgen, wozu ihm angeblich das Reisegeld mangelt, unverschämterweise 10.000 Mark Silber für ein Ritterspiel – in ludo quintane ausgegeben. Das Quintana-Rennen bestand in einem Stechen nach dem Schilde einer Holzfigur, der von dem in voller Karriere Anreitenden mit dem Speere getroffen werden mußte. An dem Rennen nahmen Hofherren und Truchsessen teil. Das ganze Spiel leitete der Gardehauptmann Levin de Mor-taigne als Maestro del Campo. Auf einer Tribüne saßen als Preisrichter Herr Leon-hard Ehrgott, Oberster (der Wächter Wolf Dietrichs auf der Festung) und Pater Hans von Spinosa, „hochfürstlich bestelter" Kriegsrat und Pfleger zu Laufen. Die Preise für die Sieger waren ein schönes „Klainath mit Diamant und Rubin ver-setzt" und zwei „auch schöne guldene Hutschnürr mit edelgestein geziert".

In den Teilnehmern des Spieles lernen wir die gesamte vornehme Hofgesell-schaft kennen, aber auch deren nicht schlechten, wenn auch bizarren Ge-schmack in Kleidung und Rüstung. Sechs Scharen führte der Maestro del Cam-po nacheinander auf. Bei der ersten waren die vornehmsten Edelleute: der kai-serliche Reichshofratspräsident Wilhelm Graf von Fürstenberg, des Erzbischofs lustiger Neffe Jakob Hannibal Graf von Hohenembs, der Kämmerer und Propst zu Werfen Graf Christoph Lodron, der Kämmerer und Pfleger zu Raschenberg Freiherr Hans Georg von Tulliers. Sie hatten „doppelttaffente Röckchen mit guld- und Silbernen flammen geziert, vergulte helmblumen, darauf große gelb und schwarz federpüschen. Ihr Lanzen mit schwarz und plawen fendlein geziert, hatten Silberne Stifeln und vergulte Sporen an". Neben ihnen liefen, in gleicher Farbe gekleidet, vier Lakaien, ihnen voraus zogen vier Trompeter „in schwarzen röckhen mit langen Ermeln und khrummen Hüeten, so mit guld und Silbernen flammen geziert gewesen"; vier Jungen folgten mit rundschilden, die eine Hand mit einem Säbel und die Inschrift „Pugna pro Patria" („Kampf für das Vaterland") zeigten; auch diese Schildträger waren in schwarze französische Reitröcke aus Taft mit goldenen und silbernen Flammen gekleidet.

Eine zweite Gruppe erschien dann als Postillione, eine dritte unter dem Stallmeister Luigi Piovene mit einem Schlitten, in dem alte Weiber saßen, die am Rocken spannen, während vor ihnen Cupido an eine Säule gebunden stand. Neben ihm lagen schöne Waffen für jene, die ihn seiner Bande entledigen wollten; er rief sie dazu mit folgenden Versen auf:

Ich Cupido blindt doch ganz behendt
Bin von Fraue Venus außgesendt
Zu erfreuen alle junge Herzen.
Jetzt leid ich aber selber schmerzen
Von alten weibern, die binden mich.
Hoben auch hoch zu bekhlagen sich
Wie es die Jugend so weit gebracht
Das man sich Ihrer nit mehr acht,
Wan sie nit haben Gueth und Gelt
werden sie veracht in ganzer Welt.
Darum wöllens von mir nit lassen ab
Biß iede einen Buelen hab,
Darzue ich gern verhülfflich wer,
So hab ich Ihrer doch khein Ehr,
Es sagt ein ieder junger Gsell
Was er der alten Raffel wöll,
Weil genug vorhanden der schon- und jungen,
Ach khonndt ich baldt mein Ritter bekhommen
Der diese Waffen anlegen solt,
Und alsdann für mich rennen wolt,
So wurd ich ledig von den Alten
Und khundt dann mit den jungen halten.

Von der Gegenrede des Herrn Piovene sind leider nur die zwei Anfangsverse erhalten, was für die Poesie jedenfalls keinen Verlust bedeutet, aber doch schade ist, denn es ist hier an dieser Stelle aus der Handschrift ein Blatt herausgerissen. Wir entnehmen dem folgenden nur noch, daß weitere Aufzüge folgten und zuletzt bei der Preisverteilung natürlich des Herrn Erzbischofs Neffe Hans Jakob den ersten Preis empfing, die anderen Preise erhielten Hans Kaspar Wettin und der Graf von Fürstenberg.

Dem Spiele der Herren folgte ein solches der Leibtrabanten, der Arkebusiere, des Tanzmeisters und seiner Kompagnie und der Stallpartei. Diese zog im Kostüm von Indianern auf; ihr König hatte als Kampfpreis eine Jungfrau mit. Er leitete das letzte Rennen mit den Versen ein:

Weil ich ein Khönig aus India
Hin und wider in der welt umbfahr
Zu suechen allerhandt freudenfest
Und da ich noch weit von hier gewest
Hab ich erfahren neue Mähr
Wie das zu Salzburg erlaubt wär
Das ein jeder an bestimbten tag
Auf freyen platz erscheinen mag,
Und geben feine Ritterspill
Doch ehrlich und in rechtem Zill.
Demnach dem Fürsten zu sondern ehren
Damit auch die fasnacht zu mehren
Bin ich ein Riß aus frembden Landen
Mit wilden Leuthen auch vorhanden
Dem will ich zu eim neuen Jar
Die schöne Junckffrau stellen dar
Darumben mues ein streit geschehen.
Welcher alsdann das best wirdth thon
Der soll sie bekhommen zu lohn.

Es wird nicht weiter erzählt, wer die Jungfrau selbst bekam; ihr Kränzlein aber gab sie dem „Signor Valentin Buzlin" als dem Sieger. „Hat also dieser Parthey Aufzug die Faßnacht, welche mit allen gezimblichen freuden und Khurzweyllen glückhlich und wol abgangen, beschlossen und vollendet."

Im Jahre 1613, bemerkt unser guter Stainhauser, seien auch die „Ingegnieri, Stuccatori und Steinmetzen mit der Architectur und Bilthauerei als machung eines Bildes erschienen, so ein herrlicher schöner und künstlicher Aufzug gewesen". Das waren die Werkleute am neuen Dom, den Wolf Dietrich begonnen hat, aber Marx Sittich nach einem veränderten Plan auszuführen beschloß, nicht so glanzvoll und mächtig, wie jener gedacht, aber immer noch so prächtig, daß sein Anblick täglich unsere Bewunderung neu erweckt. Und darüber wollen wir dem Hohen- oder eigentlich Altemser manches verzeihen, was uns im zwanzigsten Jahrhundert als Fehler erscheint, aber im Charakter jener Zeit lag, die den Kapuzinerpater Silverius von Bregenz in der Stadtpfarrkirchen (Franziskanerkirche) gegen die Fastnachtslustbarkeiten „donnern" ließ, wie Stainhauser sagt, aber erst in den Fastenpredigten, nachdem die glanzvollen Feste verrauscht und der Freude übervolle Huldigungen längst dargebracht waren.

Anton Breitner
Zu seinem fünfzigsten Geburtstage

⤙ 1908 ⤚

Vor allem ein Bekenntnis: Ich bin kein Freund von Geburtstagsfeier, besonders Lebender. Ist ja doch jeder Geburtstag nichts anderes als ein Meilenstein auf dem Wege zu jenem Lande, von dem es keine Rückkehr gibt. Und doch schreibe ich heute über einen Mann, mit dem ich seit fast einem Vierteljahrhundert im freundschaftlichsten Verkehre stehe! Man wird mir also vorwerfen, daß ich nicht unbefangen genug bin, aber das alte Geburtstagskind weiß es besser. Denn trotz aller Liebe, die ich zu ihm hege, hat er aus meinem Munde mehr Tadel als Lob erfahren und unsere Meinungen waren stets so verschieden wie unsere ganze Anlage, unser ganzer Charakter, unsere literarischen Neigungen und Abneigungen, wie – zwei Weltanschauungen möchte ich sagen, wenn das nicht zu hochtrabend klänge. Was gibt es auch viel Gemeinsames zwischen dem sonnenhellen, humorvollen Dichter und dem trockenen Historiker? Aber aus den Jugendtagen habe ich noch soviel Freude an Dichtern und Dichtung in die Jahre des Ergrauens herübergerettet, daß ich mir anmaße, auch für die poetischen Schöpfungen Breitners einiges Gefühl zu besitzen, abgesehen davon, daß ich ihm als dem tiefen Kenner unserer älteren Geschichte, unseres Volkstums und unserer Kunst näher stehe.

Es war an dem schönen Tage, wo in dem stillen Haine am St. Wolfgangsee die Gedenktafel für Viktor v. Scheffel enthüllt wurde. Damals lernte ich zuerst den jungen Breitner kennen; sein Witz und Humor erheiterte die ganze frohe Schar, die an der Enthüllungsfeier von Salzburg aus teilnahm, alle noch in Scheffels Bann gefangen und „feuchtfröhlich" genießend, ringsum nur lachende Welt erschauend.

Breitner war damals schon von Wien nach Mattsee übersiedelt, wo er seine reizende Frau gefunden. Als sein Erstlingswerk hatte er einen „Mönch von Mattsee" geschrieben, eine Scheffel-Nachahmung, über die er heute gerne den Schleier der Vergessenheit zieht. Bald folgten andere Werke, in denen er sich von dem Meister insofern loslöste, als er, stark subjektive Momente mit historisch-volkstümlichen oder archäologisch-altertümelnden verbindend, den schönen Schauplatz seiner Heimat am Donaustrande oder an den heiteren Ufern der Mattseen mit Dichtergebilden belebte. Da entstand als schöne Frucht der italienischen Hochzeitsreise die Dichtung „Vindobonas Rose", der Gattin gewidmet, die ihn unterdessen mit zwei Knaben und einem Mädchen beschenkt hatte. Es war ein hochorigineller Gedanke, diese Dichtung, in der sich die Gestalt des alten Römerkaisers Marc Aurel mit dem verliebten Hochzeitsreisepaar in phantastischer Weise verschlingt, in der Form einer antiken Capsa herauszugeben, die einzelnen Gesänge wie die Bücherrollen der Alten bergend. Dem weichen, subjektiv-lyrischen Tone des Ganzen entsprachen auch die eingeflochtenen Lieder; manche, wie die „Rosenlieder", sind zarte Blüten; andere, wie „Moles Hadriani", atmen auch kräftigeren Geist.

Wenige Jahre später folgte der historische Roman „Diemut. Ein historisches Charakterbild aus Salzburg." Auch hier historisches Kolorit aus dem 14. Jahrhundert und subjektivste Erlebnisse, von denen die Erinnerung an das frühverblichene Töchterchen wie ein wehmütiger Hauch das Werk durchzittert. Die prächtigen Landschaftsbilder, die, entsprechend der weichen Natur dieses seenreichen Hügellandes der Dichter mit zartem Pinsel malt, erwarben dem Buche viele Freunde, umsomehr, als der feine Bildschmuck Hermann Bergmeisters und der kapriziöse Einband in Pergament mit Eckbeschlägen auch äußerlich verlockend waren.

Wenn auch nur einige Gesänge aus dem Werke „Die Odysse der Kaiserin" mit den prächtigen Illustrationen von O'Lynch of Town und dem frappierenden Einbande mit der Marmortafel auf dem Vorderdeckel, den Herausgeber Anton Breitner zum Verfasser haben, so gehören diese doch zu dem Besten, was er je gedichtet, und schließen sich an die Gesänge von Müller von Waldeck und Valerian Treu (Pseudonyme) so einheitlich an, daß man in ihm wohl ihren geistigen Urheber erblicken darf. In prächtigen Rhythmen schildern die Dichter den Schmerz einer hohen Herrin, die rastlos Länder und Meere durchstreift, um den früh verlorenen einzigen Sohn zu suchen, bis sie endlich auf der meereinsamen Phäakeninsel Korfu ihre Ruhe findet.

Nicht minder als die poetische ist die kritische Tätigkeit Breitners mit seinem ganzen Wesen verwachsen und aus ihm hervorgegangen. Immer mehr hatte er sich in Scheffel vertieft; auf seiner Villa am Mattsee hatte er ein Scheffel-Museum angelegt, das wertvolle Erinnerungen von und an den Dichter birgt, der ihm leuchtendes Vorbild gewesen. Und wenn sich um ihn die Welt änderte, neue Dichter auftraten, neue Richtungen drängten und trieben – sein Auge blieb auf dem einen Polarstern haften. Keiner der Modernen fand vor seinen kritischen Augen Gnade, und bald fanden sich Gleichgesinnte, die ein scharfes Gericht über all' die Neuerer ergehen ließen. Wieder hatte Breitner den originellen Gedanken, alle die gereimten (manchmal sogar ungereimten) Urteile verschiedener Anhänger der Alten auf Scherben drucken zu lassen, deren eine Seite das Bild des Verfassers zierte, und alle diese Ostraka in eine griechische Urne zu sammeln. „Literarisches Scherbengericht (Moderner Ostrakismus)" betitelte er seine stilvolle Schöpfung.

Aber nicht nur auf literarischem Wege, auch auf dem eines Bundes Gleichgesinnter trat er für die „gute alte Zeit der Dichtkunst" ein. Zwar in Deutschland gegründet, hat der Scheffelbund nur ihm seine ungeahnte Ausbreitung in Österreich zu danken, und sein „Scheffel-Gedenkbuch" ist eines der schönsten Almanache nicht moderner Dichter.

Hand in Hand in dem Kampfe gegen den Modernismus in der Literatur gingen anfangs mit dem Mattseer Dichter die Mitarbeiter der „Literaturbilder fin de siècle". Das erste Bändchen erschien 1896; ihm folgten vier bis zum Jahrhundertschlusse. Daran reihten sich zehn Bändchen „Randglossen zur deutschen Literatur". In diesen störte bereits der neue Geist, die aus tiefinnerster Notwendigkeit eingeschlagene Richtung einer neuen Generation, die stillen Kreise des Scheffel-Türmers, und bald erlebte er, daß man das Auftreten der Moderne in Salzburg darin freudig begrüßte, ja daß der eigene talentvolle Sohn Burkhard als moderner Dramatiker sich entpuppte. Dessen „Wills tagen?" – „Um die Farben" – „Heilige Nacht" sind so vom neuen Geiste durchtränkt, daß zwischen ihnen und Scheffel eine größere Lücke besteht als zwischen Klopstock und dem Sänger des „Gaudeamus".

Schon in den Randglossen hatte Anton Breitner selbst oft seine kritische Stimme erhoben; Witz, Humor, bittere Satire hatte er über die Gegner ausgegossen. Aber auch Wege zum Besseren gezeigt und als echter Österreicher auf unsere von den norddeutschen Literaturgeschichtsschreibern mehr als vernachlässigten Dichter und Romanciers hingewiesen. Und wie er in seinem Kampfe gegen die Moderne der Neunzigerjahre gar oft das Richtige getroffen und mit scharfem Blicke im blühenden Leben die Zeichen des Todes erkannt, so ging er in dem Büchlein „Belletristische Archäologie" streng mit den Verfassern historischer Romane zu Gericht. Nur daß er da wieder einen Mann auf den Schild hob, der ein ebenso schlechter Archäologe wie Dichter ist – sein Name sei verschwiegen.

Breitner hat sich auch selbst als Archäolog versucht. An den sonnigen Gehängen bei Mattsee hatten schon Römer ihre Ansiedlungen. Um die Aufdeckung einiger derselben machte er sich verdient; davon gibt das kleine Schriftchen „Juvaviae rudera" Zeugnis, in dem er mit seinem leichten Humor seine Entdeckungsfahrten nach römischen Altertümern schildert. Schade, daß er nicht eine Sammlung solcher angelegt. Aber sein Scheffelturm ließ ihn nicht dazu kommen. Schon 1892 hat er ein „Verzeichnis des Scheffelmuseums" erscheinen lassen. Einen umfassenden kritischen Katalog der mittlerweile stark angewachsenen Sammlung hat er vollendet, auch einen Probebogen drucken lassen – aber einen Verleger dafür noch nicht gefunden. Erklärlich – über Scheffel sind wir doch hinausgewachsen; aber nach hundert Jahren wird ein Urenkel vielleicht froh sein, im Scheffelmuseum und Scheffelkatalog das Material zu einer Doktor-Dissertation zu finden: „Ein neuentdeckter Dichter des neunzehnten Jahrhundertes".

Noch sollte ich des „Römischen Kalenders deutscher Nation" gedenken, den der ruheliebende Schriftsteller am Gestade des Trumersees als Nachfolger des rastlosen Italienfahrers Hermann Almers durch einige Jahre fortgesetzt hat. Ich muß davon und von anderem schweigen; denn diese Skizze ist schon etwas zu lang geworden. Soll ja doch nur im Fluge das Wirken Breitners dargelegt werden, das trotz mancher Schrullen und Absonderlichkeiten – die Freundschaft wird mir auch diese Ausdrücke verzeihen – fest und voll auf ein Ziel gerichtet war: Hochachtung der guten alten Fahne des Idealismus im Kampfe und Kriege gegen die rein materialistische Weltanschauung, Unterstützung alles Guten und Echten in Kunst und Leben, Förderung der echten Poesie, erwachsen aus dem heimatlichen Boden, und heißes Bestreben, der österreichischen Literatur den Rang zu sichern, der ihr zu oft versagt wird.

Im Bewußtsein dessen mag unser Dichter die Semisäkularfeier seiner Geburt froh begehen. Zwar wird sich heute in seinem gastlichen Hause keine frohe Schar bummelnder Studenten, reisender Literaten, forschender Gelehrten einfinden, wie sie es an schönen Sommertagen so oft mit heiterstem Leben erfüllen. Aber wenn er, wie gewohnt, auch heute zur stillen Kapelle auf dem Wartstein hinaufsteigt, wird er seinen Blick mit dem Bewußtsein zum weißen Gipfel des Untersberges schweifen lassen, daß an dessen Fuße in der alten Stadt viele Herzen seiner in Liebe und Treue gedenken. Und wenn er dann mit der liebenden Mutter, der treuen Gattin, den kräftigen Söhnen an der Geburtstagstafel sitzt, so möge er auch das Glas mit dem purpurroten Tiroler erheben, wie wir es tun, und in treuem Gedenken mit uns anstoßen: „Auf nochmals fünfzig!"

Joachim Haspinger

(Zur Enthüllung der Gedenktafel am 25. März)

❧ 1908 ❧

Was auch unsere nüchterne Gegenwart sagen und unser altklug gewordener Verstand behaupten mag, es waren doch stolze Tage, als das einzige Tirolerland sich zum Kampfe gegen die Franzosen und ihren größten Feldherrn Napoleon Bonaparte entschlossen und dessen Heere, darunter leider zum Großteil an den Siegeswagen des allmächtigen Korsen geschmiedete Deutsche, in heißem Kampfe niederrang.

Nichts ist so bezeichnend für die eigenartig religiös-politischen Motive dieser Kämpfe, an denen auch Salzburgs tapfere Gebirgssöhne Anteil nahmen, als die Gestalt des Joachim Haspingers, des „Rotbartes", wie ihn zuerst der französische Marschall Lefebvre nannte und wie er sich dann später selbst gerne hieß und schrieb.

In ihm vereinigte sich die gleichsam in der Luft jener Zeit liegende Freude am Kampf und Krieg mit religiöser Inbrunst, ja mit phantastischer Schwärmerei, so daß er nur mehr ein Ziel kannte, den Sieg der Religion, des Kaisers, des Vaterlandes. Diese Kraft der Idee machte ihn verwegen und tollkühn, rief in dem schlichten Kapuziner den kriegsgewandten Heerführer auf, der strategische Anordnungen mit größtem Geschicke traf, drängte aber auch die kühlen Erwägungen des Verstandes so weit zurück, daß er auch den aussichtslosen Kampf nicht aufgab und so das Land, den armen Andreas Hofer und sich selbst ins Unglück stieß.

Die Neigung zum Kampfe saß schon dem zwanzigjährigen Studenten des Franziskaner-Gymnasiums in Bozen im Blute. Als Sohn der Besitzer des Sperkergutes zu St. Martin im Gließ im Pustertale geboren, trat er erst als siebzehnjähriger Bursche 1793 in das Gymnasium ein. Schon 1796 rückte er als Simon Haspinger mit einer Pustertaler Schützenkompagnie zum ersten Male nach Ampezzo aus. Hier verrichtete er sein erstes Heldenstück: mit eigener Hand nahm er den Führer einer Patrouille, einen französischen Stabsoffizier, gefangen. Er erhielt dafür die ständische silberne Tapferkeitsmedaille. Im Frankreich jener Zeit wäre er damit auf dem besten Wege zum tüchtigen Offizier gewesen, in Österreich, dessen Militärverfassung in allen Stücken rückständig war, konnte er nichts anderes tun, als nach drei Monaten Felddienst wieder zu den Büchern zurückzukehren. Aber schon der nächste Frühling sah ihn wieder unter den Fechtern von Spinges, wo jetzt ein Denkmal an die kühne Tat eines Bauernmädchens erinnert, die lange gepriesen ward, ehe der Name des „Mädchens von Spinges" bekannt war. Schon zwei Jahre später zieht er mit einer Kompagnie Vinschgauer Schützen aus, ersteigt als Erster bei Santa Maria im Engadin eine feindliche Schanze und macht im Handgemenge Gefangene. Nach Schluß des Feldzuges geht er nach Innsbruck, studiert dort von 1799 bis 1801 Philosophie und wählt sich dann einen Beruf, der mit seinem bisherigen Leben seltsam kontrastiert.

Es ist ein kleines Klösterchen, das Kapuzinerkloster in Eppan, mitten zwischen Weingärten gelegen. Oben blickt die alte Burg der Grafen von Eppan ins fruchtbare Tal; darüber erhebt sich die Mendel, die Grenzscheide der Deutschen und Welschen. Weit draußen schimmert der Silberlauf der Etsch. Hier trat Simon am 4. November 1802 in den Orden ein und erhielt den Klosternamen Joachim. Zwei Jahre später wandert der junge Kapuziner, das Brevier in der leichten Reisetasche, den selbstgeschnittenen Stock in der Hand, nach Meran, durch das Passeiertal und über den Jaufen nach Sterzing, um dort in einem Kloster seines Ordens Theologie zu studieren. Auf der Rast im Sandhofe lernt er den Vater Hofer kennen, der auch schon zweimal als Schützenhauptmann im Felde gestanden, jetzt aber mehr an Pferde- als an Kriegshändel dachte. Schon 1805 wird Joachim in Meran zum Priester geweiht und dann ins Kapuzinerkloster von Schlanders in Vinschgau versetzt. Aber im stillen Kloster duldet es ihn noch nicht. Im Oktober des gleichen Jahres ruft ihn die Landesverteidigung von neuem ins Feld. Als Feldpater erhält der Kapuziner das Kommando über die Schützen im Valsugana, das er mit Umsicht führt.

Der unglückliche Preßburger Friede von 1805 reißt Tirol von Österreich los. Bayerns wohlgemeinte, aber durch die unrichtigen Leute mit den unrichtigen Mitteln durchgeführten Reformen säen unauslöschlichen Haß zwischen den einfachen frommgläubigen und am Alten hängenden Tirolern und der neuen Herrschaft. Da bricht das Jahr 1809 an, das Jahr, das Österreichs lange Schmach tilgen, die französischen Fesseln zerreißen, den Kaiseraar zu neuen Siegen führen soll. Tirol soll im Feldzuge die kaiserlichen Truppen durch einen Aufstand unterstützen, der sorgfältig vorbereitet wird. Er gelingt und der bayerische Löwe weicht allenthalben dem alten geliebten Doppelaar.

Es ist eine schöne Sage, daß damals eines Tages der Sandwirt von Passeier in das liebliche Kapuzinerkloster von Klausen trat, das mit seinem Miniaturberg im Garten und seinem kostbaren spanischen Schatze so reizend am Fuße des alten Römerkastells Sabiona liegt, und vom Guardian auch das Kontingent zur Landesverteidigung verlangte – und zwar den Bruder Joachim mit seinem Flammenauge und Flammenbarte. Wieder wurde Joachim als Feldpater mit dem Kommando im Valsugana betraut. Dort gab's wenig zu kämpfen. Daher wurde er nach Trient berufen, gegen das die italienische Armee der Franzosen vordrang. Hier wirkte er am 4. Mai tätig an dem Kampfe gegen die Feinde mit, die sich zurückziehen mußten. Dann entspann sich der große Krieg um Tirol, das

Gedenktafel an Pater Joachim Haspinger im Hof von Schloss Mirabell, die anlässlich seines 50. Todestages 1908 enthüllt wurde.

überlegene französische und bayrische Kräfte wieder besetzen sollten – und nun begann die eigentliche Heldenzeit des Landes und des Paters Joachim. Er war es, der die fast verlorene Schlacht am Berge Isel am 25. Mai wieder herstellte und den Sieg an sein Kreuz bannte, das er statt des Schwertes in der Schlacht trug. Von jetzt an ward der dreiunddreißigjährige Kapuziner eine der Seelen jener mächtigen Bewegung, die selbst uns noch begeistern kann, obwohl wir heute deren Torheit nur zu gut erkennen und mit ihren Zielen nichts weniger als zu sympathisieren vermögen. – Wieder zog Marschall Lefebvre mit sächsischen Truppen gegen das Land im Gebirge. Nordtirol ward unterworfen und schon wälzte sich das Heer Frankreichs über den Brenner. Nichts schien das Schicksal Südtirols aufhalten zu können. Da stellte sich der verwegene Rotbart mit dem Aufgebote der Landstürmer in der Eisackklause bei der heutigen Station Freienfeld den Heranrückenden entgegen. Das todbringende Blei der Schützen, die von den steilen Höhen niederdonnernden Steinblöcke und Baumstämme vernichteten ganze Kolonnen der feindlichen Truppen. Die Überlebenden werden am nächsten Tage nach tapferem Kampfe gefangengenommen. Das war am 4. und 5. August. Der geschlagene Marschall mußte nach Innsbruck zurück. Auf dem Fuße folgte ihm das Aufgebot der Tiroler und am 13. August entbrannte die zweite Schlacht am Berge Isel. Haspinger befehligte den linken Flügel, aber auch im Zentrum sah man ihn mit dem einfachen Holzkreuze, das er an Stelle seines von einer Kugel zerschmetterten Stabes mit dem Bildnisse St. Antons aus der Erde gerissen. Innsbruck ward eingenommen, der Sandwirt leitete von der Hofburg aus die Regierung des Landes. Joachim hatte die fliehenden Feinde noch bis Rattenberg verfolgt – dann war er still in sein Klösterlein zurückgekehrt. Hätte ihn sein Feuereifer nur hier geduldet! Bald kam er wieder in die Landeshauptstadt und legte Hofer den abenteuerlichen Plan vor, Salzburg, Steiermark und Kärnten zu insurgieren und mit den Scharen nach Wien vorzurücken! Hofer ging auf des Kapuziners Phantasien nicht ein, doch gestattete er ihm, mit einigen Kompagnien nach Salzburg zu ziehen. Obwohl hier nicht dieselbe Begeisterung herrschte, wie in Tirol, hatten doch die Bauern sich auch erhoben und den Kampf gegen die Fremdherrschaft begonnen. Das flache Land leistete keinen Widerstand. Schon waren die Bayern durch den Paß Lueg bis Werfen vorgedrungen, als Haspinger im Verein mit dem Stegenwalder Wirt Struber durch eine Umgehung über das Tännengebirge und einem kühnen Sturmangriff den Paß einnahm, am 25. September, und am 28. bis Hallein vorrückte, willens, die Hauptstadt Salzburg selbst zu besetzen. Doch ward ihm das so wenig möglich, wie die Insurgierung der Steiermark. Nochmals verteidigte er dann den Paß Lueg, dann aber mußte er nach Tirol zurück. Der Wiener Friede war geschlossen! Der Sieg bei Aspern, die Heldentaten der Alpenbevölkerung, sie waren nutzlos gewesen. Der Franzosenkaiser hatte das Reich der Habsburger niedergeworfen. Tirol war wieder bayrisch geworden. Und nun kam das Trauerspiel! Nochmals ließ sich Hofer durch Haspinger und den verrückten Herrn von Kolb verleiten, seine Fahne aufzupflanzen und die Scharen zum Kampfe zu führen. Bald lagen die Bauern, die bei dieser Bewegung nur mit halbem Herzen dabei waren, zu Boden. Es folgte die Besetzung Passeiers, die Flucht Hofers, die Übergabe der letzten Schar, die Haspinger kommandierte. Das war am 22. November. Da floh auch Haspinger, in einen grauen Mantel gehüllt, ohne Geld und alles. Er wollte durch das Tauferertal in die Schweiz. Aber schon in St. Maria kehrte er um, da er sich dort nicht sicherer sah als in Tirol. Durch tiefen Schnee kehrte er zurück und fand in Tschengls beim Schloßverwalter Perlinger Schutz und Unterkunft. Dreiviertel Jahre weilte er hier verborgen. Erst im August 1810 flüchtete er in die Schweiz und hielt sich unter falschem Namen in Chur auf, bis er einen Paß über Italien nach Österreich erhielt. Über Verona und Udine erreichte er nach vierzehntägiger Reise am 31. Oktober 1810 Wien. Der Kaiser Franz empfing ihn gütig und auf seine Veranlassung entband ihn der Erzbischof Migazzi von Wien des Ordensgelübdes. Er erhielt nacheinander einige kleine Pfarren, bis er 1836 im Alter von sechzig Jahren in den Ruhestand trat. Fünfzehn Jahre lang lebte er ruhig als Pensionär in Hietzing. Schon war er eine fast mythische Gestalt geworden, die nur noch in der Sage lebte oder als Dichtergebild im Drama Immermanns als Typus großer Zeit auftrat.

Joachim Haspinger im Alter von 80 Jahren.
Holzstich aus: Anton von Schallhammer,
Joachim Haspinger, Salzburg 1856.

Nur in Tirol erzählte man sich noch von dem Rotbart, in einem Atem mit dem Barbone, dem Schwarzbarte Andreas Hofer, dessen kranker Heldenseele die Kugeln der französischen Soldaten zu Mantua die ewige Ruhe gespendet hatten. Da ergriff noch einmal helle Begeisterung die Tiroler Jugend. Diesmal waren es die Ideen der Freiheit, die nach den furchtbaren Metternichschen Tagen endlich den Sieg errungen, die Ehre des deutschen Namens, den wieder die Welschen schändeten, und des Vaterlandes, das fremder Übermut bedrohte, die jene zu den Waffen riefen. Mit der schwarzrotgoldenen Schärpe umgürtet zog Adolf Pichler, der Freiheitssänger, an der Spitze begeisterter Jünglinge von Wien aus an die Tirolergrenze und mit ihm als Feldpater der 75jährige Haspinger – nicht mehr der Kapuziner im braunen Habit, mit dem wallenden Barte, sondern ein altes, gebücktes, glattrasiertes Männchen im schwarzen Rocke, aber auf der Brust die Denkzeichen der Kämpfe von 1796 bis 1809! Vom 15. April bis zum Juli lag er mit im Felde, dann kehrte er nach Wien zurück. Bis 1854 in

Döbling, nahm er in diesem Jahre seinen Aufenthalt in Salzburg, wo ihm die Gnade Franz Josefs I. eine bescheidene Wohnung im kaiserlichen Schlosse Mirabell einräumte. Hier in Salzburg feierte er am 9. September 1855 sein fünfzigjähriges Priesterjubiläum, wobei Karl von Hofer, ein Enkel des Sandwirts, die Festrede hielt und dessen Töchterchen als geistliche Braut des Jubelpriesters auftrat.

Drei Jahre stillen Lebens waren ihm noch vergönnt. Am 12. Jänner 1858 verschied er, am 14. wurde sein Leib zu Grabe getragen, am gleichen Tage, als für den am 5. Jänner zu Mailand verschiedenen FM. Radetzky die prunkvolle Totenfeier gehalten wurde. Auch auf dem Sarge des armen Priesters lagen neben dem Meßbuche zwei Schwerter! –

So waren zu gleicher Zeit zwei Kämpfer aus den bewegtesten Tagen Europas geschieden, Zeitgenossen und Mitarbeiter an den wichtigsten Ereignissen einer großen Epoche, – jener in höchsten Ehren, dieser als armer Defizient, dessen Nachlaß 44 Gulden betrug! Was Haspinger sonst an Papieren und Kleinigkeiten hinterlassen, kam an das Museum in Innsbruck. Salzburg hat von ihm nichts bewahrt, als die Erinnerung; denn auch sein Leichnam wurde nach Innsbruck überführt und an der Seite Hofers beigesetzt. –

Doch auch in Salzburg ist er nicht ganz vergessen und wird es noch weniger sein, wenn an dem Hause, wo er sein Leben beschloss, die Gedächtnistafel von der Treue kundgibt, mit der auch hier die Tiroler ihrer geschichtlich berühmten Männer gedenken! Und daß Haspingers Name der Geschichte angehört und daß er ein Ehrenblatt in der Geschichte Tirols verdient, ist sicher. Seine Fehler sind heute ja vergessen, nur die Erinnerung an seine Taten lebt und lebe im Gedächtnisse dankbarer Nachwelt fort.

Das alte Salzburger Schloß Kropfsberg

❧ 1908 ❦

„Am rechten Ufer des Inn, westlich von Brixlegg liegen fast in einer Zeile die Burgen Matzen und Liechtenwerth und die gewaltige Ruine Kropfsberg, prächtige Baudenkmäler, die mit ihrer Geschichte noch weit ins Mittelalter hineinreichen, auf einem schon zur Römerzeit besiedelten Grunde. Dieser abgeschlossene Winkel, begrenzt vom dunklen Waldessaum und dem Inn, erhält durch die drei Burgen ein wundersam anheimelndes altes Gepräge, unwillkürlich fühlt man sich einige hundert Jahre zurückversetzt" – mit diesen Worten leitet Kaspar Schwarz in seinem trefflichen Buch „Tiroler Schlösser" (mit Bilderschmuck von Felicien Freiherrn v. Myrbach, Innsbruck bei Wagner 1907) die Erzählung der Schicksale Matzens, des alten römischen Masciacum ein (S. 121). Doch weder dieses Schloß, seit 1873 durch Fanny Read of Mount Heaton, vermählte Grohmann[1] aus seinen Ruinen wieder zu einem mit dem kostbarsten Hausgeräte und prächtigen Kunstwerken ausgestatteten Edelsitz umgewandelt, noch das neue Schloß Matzen, der Bau des reich und hochadelig gewordenen Berliner Verlegers Lipperheide, oder das Schloß Liechtenwert, heute Eigentum des berühmten Schöpfers der deutschen Wirtschaftsgeschichte Karl Theodor von Inama-Sternegg, erweckt so das Interesse des salzburgischen Geschichtsfreundes, sondern einzig und allein das Aschenbrödel neben ihnen, Schloß Kropfsberg.

Seine Lage ist unter den genannten Burgen die schönste: ein mächtiger Hügel hart am Ufer des Inn mit weitem Blicke das wohlbebaute, von zahlreichen Ortschaften belebte Tal aufwärts und abwärts, im Norden von den Kalkbergen der Rofangruppe bis zu den Zacken des Kaisergebirges, im Süden von den waldreichen Vorbergen des Tuxer Tonschiefer-Gebirges und dem Zuge der Salzburger Schieferkette umrahmt; dort öffnet sich das enge Tal der Brandenberger Ache, hier mündet das weite Becken des Zillertales. Und nun die Ruine selbst! Schon bei flüchtiger Vorbeifahrt auf der das linke Innufer begleitenden Bahn haftet unser Auge auf den drei mächtigen Türmen die aus verfallendem Gemäuer emporragen und sich in kühnen Linien vom hellen Hintergrunde der glänzenden Bergkolosse des Zillertales abheben. Noch bedeutender wird der Eindruck, wenn wir der Ruine selbst einen Besuch abstatten. Ich habe sie am 28. April d. J. gelegentlich einer kleinen Osterfahrt nach Tirol besichtigt. Die Veranlassung dazu war eine sehr beunruhigende Notiz im Jahrbuche der k. k. Zentral-Kommission zur Erhaltung der Kunst- und historischen Altertümer 1907, S. 88, des Wortlautes:

„Die herrliche Ruine am Ausgange des Zillertales im Inntale, ein Emporium historischer Reminiszenzen und ein Juwel malerischer Wirkung, ist im Jahre 1904 von der Geheimratswitwe Krüger an den Architekten Max Knörnschild in München verkauft worden, der sie gekauft hat, um sie zu „rekonstruieren" und dann zu verkaufen. Die Zentralkommission ersuchte ihn, bei den Rekonstruktionsarbeiten möglichst den baulichen Charakter und den Alterswert des Denkmals zu wahren. Aus den dann von dem Besitzer vorgelegten Plänen war zu ersehen, daß er unter Rekonstruktion einen fast vollständigen Umbau versteht. Als die Zentralkommission dagegen Einwendungen erhob, hat der Besitzer erklärt, daß die Ruine, wenn sie in ihrer jetzigen Form gesichert werden soll, höchstens 25.000 Mark wert sei, er aber 78.000 Mark dafür gezahlt habe, um die Ruine wieder aufzubauen, dadurch seinen Namen als Künstler verewigen und eventuell den neuerstandene Herrensitz mit Gewinn weiter veräußern zu können, weshalb er auf die wohlgemeinen Vorschläge keineswegs eingehen könne. Da sich kein Käufer für den neuen Herrschaftssitz gefunden zu haben scheint, hat dann aber der Besitzer beschlossen, die Ruine ganz zu schleifen, um an ihrer Stelle eine Villa zu bauen, und hat mit den Demolierungsarbeiten im Mai l. J. (1907) begonnen.

Die Bezirkshauptmannschaft von Kufstein hat im Juni die Einstellung der Demolierungsarbeiten verfügt; da aber der Besitzer die Bewilligung zum Neubau einer Villa sich ordnungsmäßig erwirkt hat, mußte von der Statthalterei das Demolierungsverbot aufgehoben werden.

Dieser Auszug aus den Akten bedarf keines Kommentars. Man hat die Kulturlosigkeit unserer Zeit mit Recht als bestia triumphans (triumphierende Bestie!) bezeichnet."

Man erreicht die Ruine entweder von der Haltestelle Zillertal der Westbahn aus oder, falls man nicht gerne die Fähre über den Inn benützt, indem man von Jenbach mit der Zillertaler Bahn bis zur Station Straß fährt, von wo eine kleine Wanderung auf der alten, jetzt einsamen Reichsstraße in 40 Minuten zum Schloßhügel führt. Bald stand ich am Torgebäude, das heute der einzige restaurierte und bewohnbare Teil der Burg ist, ein ganz nettes Häuschen, etwa in halber Höhe des Berges. Nach längerem Läuten wurde mir endlich geöffnet; ein wortkarger, junger Mann, ich habe bei der Vorstellung seinen Namen nicht verstanden, glaube aber, er war ein Sohn des heutigen Besitzers, Architekt Knörnschild in München, geleitete mich bereitwillig zu der Ruine selbst und auf den imponierenden Berchfrit. Schon der Eingang im Torhäuschen ist merkwürdig; er ist ähnlich wie bei der Roßpforte auf Hohensalzburg, zum Teil aus dem lebenden Fels ausgehauen, und macht einen ziemlich scharfen Winkel, ein Abwehrmittel gegen Eindringende, das öfter wiederkehrt. Beim inneren Tore herausgetreten, erblickt man zunächst einen kleinen, mit Bäumen bewachsenen Hügel, an dessen nördlicher Seite sich der Weg längs der Ringmauer zu einem

Das Schloss Kropfsberg. Kupferstich von Matthäus Merian 1644 (SMS).

zweiten hinzieht. Diesen umgibt eine verfallene Mauer, hinter der sich der Berchfrit erhebt, ein viereckiger Turm von etwa 35 Meter Höhe; die Breite einer Seite des quadratischen Baues ist 9 Meter, die Mauerdicke 160 Zentimeter. Das konnte man leicht messen; denn, mir tat bei dem Anblicke das Herz weh, der heutige Besitzer hat am Fuße des Turmes mit großer Mühe eine Öffnung ausbrechen lassen; die Zugänge zum Berchfrit lagen immer mehrere Meter über dem Erdboden und waren nur durch abwerfbare hölzerne Stiegen zugänglich. So war es auch hier; der Eingang liegt etwa fünf Meter an der Nordseite. Den neuen Zugang brauchte der Herr Architekt; denn er hat im Innern des Turmes, der ein leerer Schacht ist, eine rohe Mauertreppe anbringen lassen, die bis auf die zerbröckelnden Zinnen führt. Dieser Treppe verdankt der Besucher wohl den reizenden Blick über die Umgebung, aber ihr praktischer Zweck erfüllt ihn mit Trauer: sie soll nur den Abbruch des kühnen Baues ermöglichen! Der Berchfrit, im Norden des eigentlichen Schlosses ganz isoliert stehend, ist wohl der älteste Teil des Baues. Vielleicht ist er einmal selbst ein Wohnturm gewesen; trotzdem die dicken Mauern nur ziemlich enge Fensterschlitze durchbrechen. Der Eingang zur eigentlichen Burg liegt in der einspringenden Ecke, die von der den Berchfrit umgebenden Mauer, die westöstlich sich zieht, mit der daranstoßenden, nach Norden biegenden gemacht wird. Das verfallene Torgebäude führt in einen großen Hof. An der Westseite sehen wir einen dachlosen Bau mit eingefallenen Decken, der wohl der Hauptbau war, was zwei Tragsteine an der Außenseite, die einst einen Balkon trugen, andeuten. Dann folgt eine große Lücke, durch Einsturz entstanden, und, hart am Nordrande des Hügels, eine hohe Mauer, die einstige Ringmauer und zugleich Hinterwand eines Gebäudes, dessen Vorderwand verschwunden ist. Die Ostwand endet im Süden mit einem kleinen quadratischen Turm, wieder mit dem ominösen Loch am Erdboden, in die zwei Meter dicke Mauer ausgesprengt. Vom Turme biegt die Mauer gegen Osten um. An ihr stehen die Ruinen einer Kapelle, dachlos, mit eingestürzter Decke; sie lehnt sich an die Ringmauer. Gotische Fensterfüllungen, Gewölberippen, Gemäldespuren an der rechten Seitenwand deuten auf einen gotischen Bau des 15. Jahrhunderts. Nun folgt ein ruinöses Bauwerk und, das Tor im Süden flankierend, wieder ein viereckiger Turm; sein alter Eingang lag 3½ Meter über dem Boden. Auch er ist unten angebrochen. Die Mitte des Hofraumes bezeichnet eine Zisterne, hübsch gemauert, aber schon lange unbrauchbar. Vom Torgebäude ziehen sich die äußeren Ringmauern beiderseits fast wie der Durchschnitt eines Kegels, nur an der Innenseite der Bodengestaltung folgend, mit einem einspringenden Winkel, gegen Osten, wo sie gerade abschließen. Hier ist auch ein Rondell ausgebaut, während neben dem äußeren Tore noch ein kleiner Turm den Eingang beschützt. Der Burghügel war also von der noch ziemlich gut erhaltenen äußeren Ringmauer eingefaßt; eine zweite Ringmauer umgab das eigentliche Schloßgebäude auf drei Seiten; die Nordseite wurde von einem Teile des äußeren Berings gebildet. Das ersehen wir auch aus einer Abbildung von G. Bodenehr aus dem 18. Jahrhundert im Museum (Nr. 1773).[2] Den instruktiven Plan bietet Piper Otto, Österreichische Burgen, IV (Wien, Hölder, 1905), S. 67, sowie nähere Details des Baues. Piper setzt die Bauzeit auf 1200 an – wohl zu früh, wie Schwarz zeigt, der die Geschichte des Schlosses nach archivalischen Quellen ausführlich darstellt. Sie berührt einen nicht unwichtigen Teil der Geschichte des einstigen Territoriums der Salzburger Erzbischöfe, nämlich das Zillertal, und zeigt uns, wie selbst die frömmsten Fürsten des Mittelalters und der Neuzeit, so z. B. der Erzherzog Ferdinand von Österreich, Karls V. Bruder, stets nach geistlichen Gütern und Besitzungen lüstern waren und sie auf jede Weise an sich zu bringen trachteten. Nicht schon 1200, sondern erst etwa am Ende des 13. Jahrhunderts unter Erzbischof Friedrich v. Walchen, dem Mitbegründer der habsburgischen Herrschaft in Österreich, entstand das Schloß zum Schutze der salzburgischen Teile des Zillertales, über die die Herzoge von Bayern die höchste Gerichtsbarkeit beanspruchten und das sie dem Erzstifte gegen guten Lohn schützten. Als dieser Schutz endlich aufhörte, saßen die salzburgischen Pfleger auf Kropfsberg, in ewigen Streitigkeiten mit den bayerischen und seit 1505 mit den österreichischen Richtern zu Rattenberg und Rottenburg, der Ruine gegenüber Jenbach, in der mittelalter lichen Legende durch die heilige Notburga bekannt, die an einem Samstagabend auf dem Getreidefelde zu streiken anfing und einfach ihre Sichel in die Luft hängte. Heute hat sich an deren Fuße der Maler Grützner ein kleines Heim gebaut. Einmal in dieser Zeit, 1416, war das Schloß der Schauplatz einer für die Geschichte Tirols wichtigen Begebenheit. Unter Vermittlung des Salzburger Erzbischofs Eberhard von Neuhaus söhnten sich die Brüder Friedrich mit den leeren Taschen und Ernst von Steiermark hier aus, womit Tirol wieder an Friedrich kam. Karl von Lutterotti hat dieses Ereignis in seinen „Gedichten in Tirolerdialekten" (3. Aufl. von L. v. Hoermann, Innsbruck 1896, S. 345 ff.) in gutgemeinten, wenn auch herzlich schlechten Versen besungen. Anlaß zu neuem Zwiste mit den tirolischen Landesfürsten bot die Entdeckung der Edelmetalle im Zillertale 1427, die besonders unter Erzbischof Paris Lodron bald zu einem Kriege geführt hätten, worüber Hans Mark im Programm der k. k. Realschule 1902 genaue Nachrichten gibt. Unter den Pfleginhabern von Kropfsberg erscheinen seit Erzbischof Matthäus Lang dessen Neffen; sie hatten diese Pflege nebst den salzburgischen Gerichten Itter, Kitzbühel, Windischmatrei u. a. bis zum Aussterben des Geschlechtes im Jahre 1680 inne. Der Nepotismus der Salzburger Erzbischöfe war einfach großartig. Leonhard von Keutschach hat fast das ganze Stiftsgebiet unter seine Brüder und Verwandten verteilt! Da konnte man leicht große Herren spielen!

Im Jahre 1592 wurde das Amt eines Urbarverwalters in Zell am Ziller mit der Pflege von Kropfsberg vereinigt; dorthin übersiedelten die Pfleger aus dem einsamen Schlosse, das nun allmählich verfiel. Aber noch 1703 war es fest genug, so daß der Kurfürst Max Emanuel von Bayern bei seinem Einfalle in Tirol es eroberte und eine Besatzung hineinlegte; aber am 20. Juli nahmen es die Bauern wieder ein und dabei den dorthin geflüchteten Kommandanten der Festung Rottenburg, Hannes Wunderlich, gefangen. Nachdem Erzbischof Max Gandolph von Kuenburg es der Landschaft zur Erhaltung überwiesen, hielt den Verfall nichts mehr auf; ja 1758 sollte es sogar abgebrochen werden, was Graf Sigmund v. Kuenburg verhinderte; aber ein Teil der eingestürzten Mauern war bereits der Regierung von Innsbruck zur Verarchung des Inn überlassen worden. Die Kapelle mußte bereits 1792 entweiht und gesperrt werden. 1810 fiel es mit Tirol an Bayern. Dieses verkaufte es um 300 fl. einem Bauer. Nun hatte es dasselbe Schicksal wie z. B. Mauterndorf: Holz, Fensterstöcke, Eisenteile wurden herausgenommen; das andere wurde dem Zahne der Zeit und den Elementen überlassen.

Die schöne Lage veranlaßte 1845 zwei Fräulein, Eveline und Agnes von Angern aus Preußen, es anzukaufen; aber als Protestantinnen wurde es ihnen durch eine kaiserliche Entschließung vom folgenden Jahre verwehrte; denn der Wächter des eben erst, 1837, durch die Vertreibung lutherisch gewordener Einwohner „von der Hefe der Sektierung geretteten Zillertales", der Dekanatsverweser von Reith, wehrte sich energisch gegen deren Niederlassung, ja kaufte das Schloß sogar selbst. Von ihm kam es in adelige Hände und wurde das Torgebäude als Sommersitz adaptiert. Endlich erwarb es 1888 doch ein Protestant, der Geh. Admiralitätsrat Friedrich Krüger aus Berlin; seine Gattin Marie mußte es aber 1904 an den Architekten Knörnschild verkaufen, der es in ähnlicher Weise wieder herzustellen trachtete, wie er auch einen alten salzburgischen Pflegersitz für den reichen Berliner Eugen Mayr im Stile der überladenen modernen Gotik wieder aufgebaut hatte. Aber ihm selbst fehlt dazu das Geld, und daher will er das Schloß abbrechen und an dessen Stelle ein modernes Landhaus bauen. Diesen ungeheuerlichen Gedanken kann ein Mann fassen, der sich Künstler nennt! Man braucht kein Geschichtskundiger, man braucht nicht in alle Ruinen verliebt zu sein; man braucht, wenn man sich Künstler schimpfen läßt, nur künstlerisches Gefühl zu haben, um den künstlerischen Eindruck zu verstehen, den an dieser Stelle die gewaltigen Ruinen machen und den eine Dutzendvilla machen würde. Aber – der Staat und seine Kommission zur Erhaltung der Denkmale ist ohnmächtig; all die schönen Worte von Denkmalpflege sind nicht das Papier wert, auf dem sie geschrieben sind. Tirol und Salzburg werden ein, freilich nicht großartiges oder überaus wichtiges, aber immerhin ein höchst wertvolles, baulich charakteristisches und historisch unersetzbares Denkmal verlieren, verlieren, weil keines der beiden Länder, kein Geschichtsfreund unter ihren Bewohnern, die paar tausend Kronen hat, die Ruine zu erwerben und als Ruine zu erhalten!

Wie weit heute das Zerstörungswerk schon vorgedrungen, weiß ich nicht. Vielleicht wird ein oder anderer Salzburger gelegentlich einer Sommerreise nach Tirol das alte Merkzeichen salzburgischen Machtbereiches aufsuchen – heuer dürfte er davon noch etwas sehen; im nächsten Jahre wird er nur mehr den Platz finden, wo das stolze Kropfsberg gestanden, und über die Pietätlosigkeit gegen historische Denkzeugen nachsinnen können.

Anmerkungen

1 Deren Sohn William Baillie-Grohmann, durch seine Werke „Tyrol and the Tyrolese" und „Gaddings with a primitive people", Erschließer Tirols für die Engländer und Amerikaner, auch berühmter Jäger in den Felsengebirgen Nordamerikas und Jagdfreund des Präsidenten der Union Roosevelt, sowie Kolonisator in Britisch-Kolumbien hat jetzt hier seinen ständigen Aufenthalt genommen.

2 Doch sind auf dieser die Rundtürme an der Außenmauer und eine zweite (im ganzen also dritte) äußerste Mauer wohl unrichtig.

Vom Markte Werfen

⮕ 1908 ⬅

Der Paß Lueg ist die natürliche Grenze zwischen dem Salzburggau, heute ungeschichtlich Flachgau genannt, und dem Pongau. Zwischen dem Tännen- und Hagengebirge hat der tosende Gebirgsstrom eine enge Schlucht ausgewaschen, die der Anlage einer Straße unbezwingbare Hindernisse entgegenstellte. Nur an einer der beiden Berglehnen war diese Enge zu umgehen. Die alte Römerstraße führte vielleicht über den Ofenauer Berg, den jetzt der Tunnel für die Bahn durchbohrt; das Mittelalter leitete den Saumweg und später die Straße an dem Abhang des Tännengebirges hin und schützte letztere durch starke Befestigungen. An den beiden Enden des Passes entwickelten sich naturgemäß die Ortschaften und Burgen: im Norden Golling mit seinem Schlosse, im Süden Werfen mit seiner hochragenden Burg. Beide Märkte sind einander recht ähnlich, beide typische Straßensiedlungen.

Aber Werfen war als Ruhepunkt vor oder nach Überwindung des Passes wichtiger, seine hochragende Feste schon im Mittelalter berühmt. – „Bis hieher kannst du kommen, aber nicht weiter!" schien sie nach dem Berichte eines Schriftstellers des zwölften Jahrhunderts dem von Süden Herkommenden zuzurufen.

Älter als das Schloß wird also wohl der Ort Werfen sein. Was den Namen betrifft, versagen die Erklärungen aus dem Deutschen, wie die vom Herumwerfen der Salzach um den Schloßberg. Man wird also doch den Namen aus dem slawischen vrba = Weide herleiten und ihn mit dem Vordringen der Slawen über die Tauernkette nach dem Norden in Verbindung bringen müssen.

Das Schloss Werfen hat vom Orte den Namen erhalten. Im Orte war seit ältesten Zeiten eine im Jahre 1195 urkundlich erwähnte Propstei, das heißt die Verwaltung der erzbischöflichen Eigengüter, ebenso ein Zollstätte. Die Verlegung des Gerichtssitzes der Pongauer Grafschaft von der Burg bei Bischofshofen nach der neuen Feste und die Umwandlung des Gerichtes in eine landesfürstliche Pflege nach dem Aussterben des Pongauer Ministerialen-Geschlechtes im dreizehnten Jahrhundert trug jedenfalls zum Aufkommen des Ortes bei. Doch ist die Sage, daß die Stelle der Wiesen an der Salzach auch von Häusern bedeckt war, ganz unglaubhaft. In kirchlicher Beziehung gehörte der Ort zur uralten, gut dotierten Pfarre St. Cyriak im Dorfe Werfen, das daher auch Pfarrwerfen genannt wird.[1] Dieses liegt an der Stelle, wo seit ältesten Zeiten eine Brücke über die Salzach führte und die alte Römerstraße in ziemlicher Höhe die Schlucht des Fritzbaches zu umgehen beginnt, um gegen Radstadt und dem nach diesem benannten Tauern zu leiten. Erst im siebzehnten Jahrhundert (1685) wurde im Markte Werfen ein Vikariat errichtet. Das schließt jedoch nicht aus, daß bereits jahrhundertelang eine Kirche bestand.

Handel und Wandel verschafften dem Orte im fünfzehnten Jahrhundert die Privilegien eines Marktes, die es übrigens mit Golling, St. Johann und St. Veit teilte. Sie gaben den Bürgen das alleinige Recht der Gastung in einem gewissen Umkreis, des Handels mit Landesprodukten, eines Wochen- wie Jahrmarktes und ein eigene Gemeindeverwaltung. An der Spitze der Bürger standen zwei jährlich zu wählende Bürgermeister. Doch war die Zahl der Bürger gering; 1593 beträgt sie nur sechzig. In diesem Jahre wurde auch ein Bürgerbuch angelegt, das, bis zur Mitte des verflossenen Jahrhunderts fortgeführt, die Namen aller neu aufgenommenen Bürger verzeichnet; die Taxe für die Aufnahme belief sich anfangs auf 4 fl. und „ein Lidernen Wassereimer". Später stieg sie bis 24 fl., wozu noch die Spendung eines „gebräuchigen Ehrentrunkhes" kam.[2]

Trotzdem Werfen ein alter Ort ist, haben nur wenige Häuser den altertümlichen Charakter bewahrt. Das alte Maut- und spätere Pfleghaus, heute k. k. Bezirksgericht, das seine letzte Gestalt nach dem ober dem Tore angebrachten Wappen unter Erzbischof Michael von Kuenburg (1554 bis 1560) erhielt, wurde 1840 in barbarischer Weise umgebaut, so daß es heute an Stillosigkeit seinesgleichen suchen kann. Einst muß das Gebäude dem Schlößchen Rosenegg in Zell am See ähnlich gesehen haben. Jetzt ist kaum noch der Hauptturm zu erkennen, in dem sich hoch oben eigentümliche Schießscharten mit drehbaren Holzblöcken erhalten haben.

Auffallend ist ein fast gegenüberliegendes Haus, das den Namen Brenn- oder vielleicht richtiger Brainer-Hof (angeblich nach einem Besitzer im vierzehnten Jahrhundert[?]) führt. Die Torumfassung im spätgotischen Stile mit Fischblasenmuster, die steinernen Fenstergewände, der Hof mit den zwei Stockwerke hohen Galerien nach Art der Renaissance-Paläste, die großen Vorhäuser und die hohen Zimmer verraten, daß es zu einem besonderen Zwecke erbaut wurde. In der Tat hat es Erzbischof Johann Jakob von Kuen-Belasy 1561 errichten lassen, wie sein Wappen an der Galerie bezeugt, wohl um ein bequemes Absteigquartier beim Besuch des fürstlichen Jagdgebietes im wildreichen Blühnbachtal zu haben. Der Erbauer soll der Gewerke Christoph Perner gewesen sein, der den Plan der Schiffbarmachung der Salzach von Lend bis Salzburg gemacht haben und, wenn wir G. A. Pichler (Landesgeschichte Salzburgs, 387) glauben dürfen, auch die Schlösser Prielau bei Zell am See, Rettenwand bei Saalfelden, Rif bei Hallein und Anif bei Salzburg gebaut haben soll. Mit dem Bau des Brenn-Hofes hat er seine Meisterschaft nicht erprobt. Denn die innere Raumverteilung des Hauses spottet aller vernünftigen Baukunst. Vielleicht ist es auch deshalb nicht ganz ausgebaut worden. Später diente es als Bergamt, seine weiten Gewölbe als Lagerplatz des sogenannten Limito- oder Gnadensalzes für die Gebirgsbauern (um dessen Aufhebung sich in den jüngsten Tagen großes Murren unter den

Werfen um 1900, links die Kapuzinerkirche, im Hintergrund die Feste Hohen-
werfen (AStS, Fotosammlung Kraus).

Bauern erhob), als Kasten für die Naturalabgaben der Gerichtsholden; endlich wurde es ein Brauhaus, das nun ebenfalls zu bestehen aufgehört hat. Das Gemeindehaus soll einst mehrere Altertümer geborgen haben, die bei einem Umbau um die Mitte des vorigen Jahrhunderts vernichtet wurden. Mehrere Turnierlanzenschäfte dienten noch lange als Geländer für die Dachstiege, bis sie der Professor der Staatsgewerbeschule Julius von Grienberger entdeckte und für das Salzburger Museum rettete. Auch aus dem Lebzelterhause (Nr. 36) sollen geschnitzte Holzplafonds und ein hübscher Ofen nach Salzburg gekommen sein, an wen, weiß ich nicht. Das benachbarte Haus, Gasthaus „zum weißen Löwen", besitzt noch einige getäfelte Zimmer und Kasten im bäuerlichen Rokoko. Das Hochleitner-Haus mit der eigentümlich geknickten Front zeigt durch das Wappen des Erzbischofs Franz Anton von Harrach und eine lateinische Inschrift an, daß es 1713 als Mauthaus erbaut wurde. Alle diese Häuser liegen an der Westseite der platzähnlichen Marktgasse; meist mit hohen Giebeln der Straße zugekehrt, einige geschmacklose Neubauten abgerechnet, gewähren sie ein hübsches Ortsbild. Die Ostseite hingegen, die am 24. Juni 1866 fast ganz abbrannte, steht dazu in einem unangenehmen Gegensatz, denn man beschloß, beim Wiederaufbau der Häuser keine Giebel zu gestatten, um ihnen ein modernes (!) Aussehen zu geben. Damals hatte man von dem Schlagworte „Erhaltung des Ortsbildes" noch keine Ahnung, daß man sie auch heute noch nicht hat, beweist der Abbruch des alten Marktbrunnens im Jahre 1906, an dessen Stelle ein natürlich höchst geschmackvoller (!) hölzerner Musikpavillon (beileibe nicht Musikhalle) errichtet wurde!

Wie man mit Beibehaltung der alten, landesüblichen Art den Umbau eines Hauses bewerkstelligen kann, beweist das nach dem Plane des Architekten Anton Weber, des genialen Wiederherstellers des Schlosses Werfen, erneuerte Haus im oberen Teile des Marktes. In diesem Ortsteil liegt auch die Kirche der Kapuziner, schmucklos und schlicht, wie alle Kirchen dieses Ordens, und das kleine, nur von ein paar Mönchen bewohnte Hospiz. Erzbischof Leopold Anton von Firmian hat beide im Jahre 1736 nach erzwungener Auswanderung der Protestanten erbaut.

Auch die Pfarrkirche des Marktes ist ein recht einfacher Bau. Doch birgt sie im Innern und an der Außenseite eine Anzahl von wohlerhaltenen Grabsteinen, die und deren Inschriften insoferne nicht ohne Interesse sind, als sie Zeugnisse von dem wechselnden Geschmack in Bild und Wort geben. Es sei gestattet, hier einige der Inschriften mitzuteilen und auch zwei schöne Grabsteine in der Kirche von Pfarrwerfen, einem hübschen dreischiffigen gotischen Bau[3] mit einem Spitzturm aus dem Anfang des vierzehnten Jahrhunderts, daran zu schließen. In dieser Kirche fesseln unsere Blicke die Grabsteine zweier Kuenburg, deren einer die ganze Figur des Begrabenen im ritterlichen Harnisch zeigt, während der untere Rand die Wappen der Kienburg, Neuhauser, Lamberg und Schlaming[4] einnehmen. Die Inschrift lautet:

Hie ist zu Rue gelegt worden der Edl und gestreng Ritter Herr Erasm von Khienburg zu Khienegckh und Neuen Khirchen, fl. Saltzburgisch gewes. Rath, Pfleger und brobst zu Werffen, welicher den 24. Manatz tag Novembris Ihm 1585 Jar sein Zeitliches Leben in der fürstlichen Brobstey zu Werffen Christlich beschlossen und mit dem Eewigen verwandelt hat.
Und ist auch sein erber Eeliche Hausfrau Frau Katharina geborne Schlämingerin, wellicher den 9. Julii anno 1570 Jar in got säligkhlich entschlafen und in der Khirch zu Werffen bei sant Jacob begraben liegt.

Das zweite Grabmal ist einfacher, ebenso die Legende:

Dem Edlen und Gestrengen Herrn Cristofen von Küenburg zu Kuenegkh und Neukhirchen fl. Saltzb. Rath auch pfl. und propst zu werfen seligen zu Ehren und Löblicher gedechtnuß ist dises Epitaphium durch seine Erben aufgericht worden. Welcher den 23 Julii im 1592 Jar in Gott Verschiden ist.[5]

In dieser Kirche des Marktes Werfen ist der merkwürdigste Grabstein jener des Schloßkommandanten Berti, der am 3. April 1696 von dem auf dem Schlosse in Arrest sitzenden Freiherrn Josef Benedikt von Lasser mit sechs Stichen ermordet wurde. Der Mörder erwürgte sich dann am 1. Mai 1697 in seinem Gefängnisse.[6]

Die Grabschrift des Ermordeten ist recht drollig:

Wer da?
Berti ein Soldat von Waffen
Berümbt zu See und Land
Ligt im Friden hier entschlafen
Quittierend seinen Stand,
Der lebend ist nicht gewichen
Stundt beherzt vor manchen Feind,
Ruft nunmehr tots verblichen
Verlaßt mich nit gut Freund.
Also bittet umb trostreichen Seelen Succurs der Hoch edlgeborne Herr Franz de Berti Hochfürstlicher Saltzburg. bestelter Haubtmann, zugleich hiesiger Vestung Werfen gewester Commandant. Welcher seines Alter im 70. Jare den 3. April Ao 1696 alles Zeitliche abandonnirt und allda das Haubt Quatier in sanfter ruhe bezogen –
Mit allen Gläubigen ein fröliche Urständ in Christo erwartend.

Die Inschrift auf dem Grabstein seines Mörders wagt zu sagen:

Der Hoch und Wohlgeborne Herr Herr Joseph Benedict Lasser Freyherr auf Marzoll etc. Ist Ao 1697 den 1. Maii in Gott seelig entschlaffen und alda beygelegt worden. Gott der allmechtige gebe ihme ein fröliche auferstehung.

An beiden Marmorsteinen sehen wir die Wappen der Verstorbenen.

An ein ausgestorbenes Edelgeschlecht der Gegend erinnert ein Stein an der Außenseite der Kirche:

Daß auch dem Tod der ohne Halt
die Jungend sey beliebet
Zeigt er, indem er gar zu baldt
sein grausamkheit vergebet
An dem Edl und Wohlgebornen Herrn
Fortunat von Feuersang

Welcher seines Alters im 28sten Jahr Ao 1702 den 21isten Maii durch
allzufruehen todt dises zeitliche Leben in Gott seelig beschloßen hat.
Dem zu Christlichen angedenken dessen hindterlassene trauerndte Eltern
diße Gedechtnus setzen lassen. Gott wolle Ihme und allen abgeleibt.
Christglaubigen Seellen ein fröliche Auferstehung verleihen. Amen.

O Christlicher lieber Leser mein
Laß Dir sein Seel befolchen seyn
Ein Vatta unser bette für Sie
Waß der todt mach betrachte hie.

Ganz klopstockisch klingt es, wenn wir auf einem anderen Stein lesen:

Hier ruhet der Wohlgebohren Herr Patritz Anton Felix Kurz von Thurn und
Goldenstein Tyrolischer Landmann, hochfürstlich Saltzburgisch wirklicher
Hot-Rath und Pfleger zu Werfen, Umgelder zu Bischofshofen, dann beeder
Orten Bergrichter, welcher den 24. August im Jahre 1786 Nachts gegen 12
Uhr im 52 Jahre seines Alters in Gott selig verschied.
Er ist dahin, der Seelige,
Im Leben
von Jedermann geschätzt
bei seinem Grabe
Laut beweint.
Gott war in allem sein Geleitsmann,
Gott ruft Ihn
Er genüst der sanftesten Ruhe
Der wahren Glückseeligkeit,
Er verdient Sie;
Der Allmächtige gab sie ihm.

Romantisch-empfindsam lautet es wenige Jahre später:

Den 21 Maii 1799 verstarb die wohlgeborne Fräulein Rosalia von
Stockhammern im 50. Jahre ihres Alters.
Mit mehr als Erde Blühte
Blühst du in diesem Grabeshügel
Der Tugend, Unschuld, Güte
Der Gottesfurcht und Sanftmuth Spiegel.

Ganz im Tone der Wiener Hofkanzlei klingt das Lob des am 10. Juni 1769 geborenen, am 24. Oktober 1807 verstorbenen Landesrates und Pflegers Anton Sauter:

Dem kenntnisreichen Diener, der seine Kraft dem Staate geopfert, dem Manne für Wahrheit und für Recht, dem treuen Freunde seiner Freunde, dem edlen Haupt der Seinigen sezet dieses Denkmal die Liebe.

Die schwarze Urne mit dem darüberhängenden weißen Schleier ist auch bildlich für die Zeit charakteristisch.

Wie aus Fiedges sentimentaler Urania entlehnt, lautet der Vers auf dem Steine des 1843 verstorbenen Pfleggerichts-Vorstandes Karl Aigner, erst vierundvierzig Jahre alt:

Die Gattin weint gebeugt von Scherz
Mit ihr – verwaiste Kinder,
Sein war ihr ganzes Herz,
Das seine ihr nicht minder.
Doch was der Tod jetzt neidisch trennt,
Wird einst die Ewigkeit vereinen,
Dort, wo man den Schmerz nicht kennt,
Erwartet er die Seinen.
Gewidmet von der trauernden Gattin.

Zum Schlusse sei noch des Grabsteines eines Priesters gedacht; seine Inschrift gibt manches zu denken, wenn man damit gewisse Zustände der Jetztzeit vergleicht:

Dem Andeken an den hochwürdigen Herrn Herrn Mathias Bauer durch 27 Jahre Vikar allda, geboren den 5. September 1777, gestorben den 2. Juny 1846, geweiht von seiner trauernden Schwester Anna Bauer.
Er war
Ein Vorgesetzter, treu seinen Pflichten
Geistlich ganz in Wort und That,
ein Christ, der Gottes Willen auszurichten
Sich vor Allem stets bemühet hat.
Ein solcher Mensch, der niemand Leides
Unzählig vielen aber Guts gethan,
Mit einem Worte, er war beydes
Ein frommer Priester und ein edler Mann.

Anmerkungen

1 Die Pfarre gehört zu den erzbischöflichen Tafelgütern, wie Radstadt (Altenmarkt), Haus in Steiermark und St. Martin im Brixentale laut Inkorporations-Bulle Alexanders VI. von 1499. Der Erzbischof hatte einen „ewigen" Vikar, vicarius perpetuus, zu stellen.

2 Das Bürgerbuch und mehrere landesfürstliche Privilegien-Bestätigungen von 1425 (Erzbischof Eberhard III.) bis 1835 (Kaiser Ferdinand I. von Österreich) werden in der Gemeindekanzlei sorgfältig aufbewahrt.

3 Mit der Kirche ist der umfangreiche Pfarrhof verbunden. Besondere Beachtung verdient der solid gebaute, auffallend große Kasten (Getreidespeicher) neben dem Pfarrhause; er deutet auf einstige ergiebige Getreidezehnten hin.

4 Heute Bauernhof Schlaming am rechten Salzachufer bei Pfarrwerfen, einst Edelsitz.

5 Von jedem dieser Kuenburg ist noch je ein zweiter, einfacherer Grabstein in der gleichen Kirche. Erasm hatte die Pflege Werfen von 1560 bis 1582, Christoph von 1582 bis 1592.

6 Fr. Pirckmayr, „Salzburger Zeitung" 1885, Nr. 121. Vielleicht ein Bruder dieses Helden war Matthias Berti, erzbischöflicher Kammerrat und Kommissär der Gold- und Silberbergwerke zu St. Johann in Tirol, dessen Sohn Basilius 1733 bis 1743 als Profeß von St. Peter erscheint. Lindner Pirmin, Profeßbuch von St. Peter, Landeskunde 1906, 152.

Diana cacciatrice

Den Jägern Salzburgs zum Hubertustage 1908

≈ 1908 ≈

In seiner für die Kunstgeschichte des ausgehenden achtzehnten Jahrhunderts wertvollen Lebensbeschreibung des klassizistischen Malers Philipp Hakert (geboren zu Prenzlau in der preussischen Uckermark 1737, gestorben zu Florenz 1807) erzählt Goethe manches Intime aus dem Leben und Treiben des königlichen Hofes von Neapel. Das Land regierte von 1759 bis 1825 König Ferdinand der Vierte (als König beider Sizilien Ferdinand der Erste), der Sohn Karls III., des ersten bourbonischen Fürsten des Landes; Ferdinands Gemahlin war Karoline, die stolze Tochter der Kaiserin Maria Theresia. Über den König berichtet die erwähnte Biographie: „Der König war von Jugend auf ein passionierter Jäger, weil er dazu erzogen war. Seine Gesundheit in seinen Jugendjahren soll sehr schwächlich gewesen sein; durch die Jagd ist er stark, gesund und frisch geworden." Dieser Vorliebe des Königs entsprang das Verlangen, seine Jagdschlösser, Jagden zu Pferd und zu Fuß und die jagdbaren Tiere bildlich dargestellt zu sehen. Das Hauptjagdschloß war Caserta bei Neapel, das von dem seit 1782 als Hofmaler angestellten Hakert mit zahlreichen Gemälden dieser Art, aber auch mit Seestücken, da der König auch ein eifriger Fischer war, ausgestattet wurde.[1]

Weniger bekannt als dieses dürfte die Tatsache sein, daß König Ferdinand und seine Gemahlin als Großmeister einer adeligen Jagdsozietät bezeichnet werden, die den Namen „Diana cacciatrice" „Diana, die Jägerin" – führte. Dieser vornehmen Gesellschaft stand als „deputierter" (stellvertretender) Großmeister Johann Adam Fürst von Auersperg, kaiserlicher Kämmerer und wirklicher geheimer Rat, vor. Sie gliederte sich in fünf Sozietäten, und zwar: 1. die neapolitanische; 2. die wienerische; 3. die görzerische; 4. die laybachische; 5. die salzburgische oder Reichssozietät. Die salzburgische Diana-Sozietät wurde 1790 begründet; aus dem Jahre 1792 stammt ihr Statutenbüchlein: „Auszug der nöthig zu wissenden Instrukzion und Punkten für jedes Mitglied der adelichen Reichssozietät der Diana in Salzburg. Gedruckt in der Duyleschen Buchdruckerey."[2] Danach bestand jede Sozietät „aus einem Oberen, einem Kanzler, vier Assistenten, einem Kaplane und den übrigen adelichen Mitgliedern beiderley Geschlechts". Die Salzburger Gesellschaft hatte „wegen ihrer Weitschichtigkeit und großen Entlegenheit von dem Hauptorte mehrere Sozietätskommissairs im Reiche". Jährlich in den Monaten Mai und November hielt sie ihre Hauptversammlung, bei der kein Mitglied „ohne richtige Ursache" ausbleiben durfte. Auf diesen Versammlungen wurde über die Aufnahmswerber ballotiert; wer zwei Drittel der anwesenden Stimmen erhielt, wurde als Mitglied dekretiert und erhielt im folgenden Kapitel „den Schmuck". Als Aufnahmstaxe waren 16 Gulden Reichsgeld zu entrichten. Der Aufnahmsbewerber mußte „nebst Führung eines guten Lebenswandels, und besitzender Kentnisse von der Jägerey, auch adelich gebohren seyn, und falls deshalb Anstand wäre, muß der Kandidat durch ein von vier Cavalieren unterfertigtes Attestat erweisen, daß er wenigstens von 8 adelichen Ahnen, das ist von 4 väterlicher, und von ebenso viel mütterlicher Seits abstamme". Nur Domherren adelicher Stifte und „in wirklichen Militärsdiensten stehende auch Unadeliche, indem sie durch ihre dem Staate erweisende nützliche Dienste den Adelichen gleich zu halten sind", waren von der Probe befreit. Die Aufnahmsdekrete sind in italienischer oder französischer Sprache auszustellen; eine Liste der Mitglieder ist jährlich dem Großmeister einzusenden. Die Uniform der Sozietät darf außer bei den Versammlungen auf Jagden und Reisen, jedoch „ohne Geschmuck" getragen werden; der Großmeister hat auch versprochen, sich dahin bei Sr. Majestät dem Kaiser zu verwenden, daß sonst niemand sie tragen dürfe, aber die Mitglieder auch bei Hofe. Bei Hauptversammlungen, Sozietätsjagden und Tafeln ist Uniform mit Geschmuck vorgeschrieben, nur Damen sind vom Tragen der Uniform, nicht aber des Schmuckes dispensiert. Der Geschmuck selbst wird nach dem Ableben eines Mitgliedes der Sozietät zurückgestellt; ihn einem Fremden zu leihen, ist bei Strafe der Ausschließung verboten; bei seinem Verluste ist er für den Betrag von vier Dukaten von der Sozietät wieder zu kaufen; eigenmächtige Anschaffung des verlorenen ist bei Strafe von zwölf Dukaten untersagt. Bei jeder Hauptversammlung zahlt jedes Mitglied 2 Gulden 24 Kreuzer. Als Pflicht der Mitglieder erscheint „die Jagd als eine noble Beschäftigung zu schätzen und dieselbe in Ordnung zu erhalten, ... Behutsamkeit im Schießen und Tragung des Gewehres anzuwenden, das Gewehr immer in gutem Stande zu erhalten und sich mit den hier zu Lande üblichen Waidsprüchen bekannt zu machen". Wer auf einer Jagd, wobei sich mehrere Mitglieder einfinden, „ein Stuck hoches oder kleines Wild wider die allgemeine Jägerordnung schießt", zahlt 1 Dukaten, wer in Waidsprüchen fehlt, 1 Gulden Strafe, wer einem Fremden das Zeichen oder Erkenntniswörter entdecken sollte, verfällt „nebst einem scharfen Verweis" in die Strafe von 12 Dukaten, im Wiederbetretungsfalle der Ausschließung. Auch ausgetretene Mitglieder müssen schriftlich Geheimhaltung der Zeichen und Erkenntniswörter versprechen. Aus den Einnahmen werden die Auslagen für Sekretär, Kassier, Korrespondenz und Schmuck bestritten; der Rest wird verwendet: 1. auf in ihren Diensten verunglückte Jäger; 2. deren allenfalls hinterlassene unbemittelte Witwen und Kinder; 3. auf besondere Beiträge für Jägerssöhne zu Erlernung oder Vervollkommnung der Jägerei, wobei 4. solche, deren Eltern oder sie selbst im Dienste eines Mitgliedes stehen, den Vorzug haben.

Jäger. Lithographie von Last nach Lecomte 1817 (SMS).

Beiträge sind pünktlich zu zahlen; bei zweimaliger Erinnerung ist Ausschließung angedroht; „Seine Majestät der Großmeister versehen sich aber, daß wohl keines der adelichen Mitglieder sich prostituieren lasse und die so kleine Abgabe zu entrichten sich weigern werde". Den Schluß der Statuten bildet das Formulare des bei der Aufnahme zu leistenden und eigenhändig zu fertigenden Versprechens.

Aus dem Jahre 1794 liegt eine Liste der Mitglieder der Salzburger oder Reichssozietät vor. Der aus der Offizin Duyle hervorgegangene Druck umfaßt 16 Seiten in Großfolio. Die erste, zugleich Titelseite der französisch geschriebenen „Liste alphabetique de tous ceux qui composent la noble societe de l'empire de Diana cacciatrice depuis l'epoque de son institution à Salzbourg le 10. Mars 1790 jusque à la fin de l'an 1794" zeigt eine geschmackvolle Randleiste aus Jagdnetzen einer-, Hirschgeweihen andererseits zusammengestellt. Die Mitte des unteren Randes bezeichnet ein gut gezeichneter, auf Eichenzweigen liegender Jagdhund, die des oberen ein Medaillon mit einer sitzenden Diana, in den Händen Speer und Jägerhorn, vor der ein Hund kauert. Das Medaillon umgibt ein Perlenkranz. Dürfen wir in ihm den in den Statuten erwähnten „Geschmuck" sehen? Er wird ebenso wenig wie die Uniform jemals beschrieben – man liebte auch hier, wie bei „Zeichen und Erkentniswörtern", noch eine gewisse „freimaurerische" Heimlichkeit.

Die Liste der Mitglieder weist uns eine Blumenlese des hohen katholischen Adels Süddeutschlands und der Rheingegend auf. Namen, Titel und Würden atmen den Geist blühender Feudalität, die noch nichts davon wußte, daß schon am 4. August 1789 in Frankreich der Adel auf seine Rechte verzichtet hatte, noch weniger, daß seit dem 21. September 1792 das alte Königreich eine Republik geworden und sein König am 21. Jänner 1793 den Thron mit dem Schafotte vertauscht hatte! Da finden wir außer dem bereits erwähnten „deputierten" Großmeister, den Superieur der Salzburger Diana, den Salzburger Dompropst Vinzenz Josef von Schrattenbach; ihren Kanzler, den Domdechanten, zugleich Domherr von Köln und Konstanz, Siegmund Christoph Graf Zeil und Trauchburg; die Assistenten Leopold Josef Graf Kuenburg, kaiserlicher Kämmerer, Erbschenk von Salzburg und Oberststallmeister; Hieronymus Graf Lodron Laterano, kais. Kämmerer und Erbmarschall; Freiherrn Christoph von Gemmingen, Kämmerer und Vize-Jägermeister, und Leopold Graf Firmian, kaiserlicher Kämmerer; den Almosenier Johann Anton von Ricci, Domherr von Laibach und Malteserritter, und dessen Ersatzmann, den Kapitular von Berchtesgaden Graf Franz Wika.

Unter den zehn Kommissären im Reiche werden solche für Venedig (!), Würzburg-Bamberg, Oberösterreich, Mainz, Köln, Oberschwaben, Tirol, Bayern und die Pfalz, Franken und Niederschwaben aufgeführt, darunter zwei Domherren. Damen erscheinen in der Liste 28, darunter eine einzige unverheiratete, Maximiliane von Salm-Betburg, Stiftsdame von Essen und Thorn, Kavaliere 146. Davon sind zwei Bischöfe, Josef Konrad von Schroffenberg von Freising und Regensburg, zugleich Propst von Berchtesgaden, und Anton Graf Wolkenstein von Passau und Trostburg (starb 1794). 34 Mitglieder sind Domherren, unter ihnen außer dem genannten Dompropst Schrattenbach und Zeil die salzburgischen Hermann Jakob Graf Attems, Josef Wenzel von Liechtenstein, Friedrich Virgil Graf Lodron, Friedrich Graf Spaur, Anton Graf Wolfsegg-Waldsee, Friedrich Graf Waldstein-Wartenberg. Von den jagdlustigen Berchtesgadener Kapitularen gehörten Graf Wika und noch zwei der Gesellschaft an. Von den hohen Hofwürdenträgern Salzburgs erscheinen außer den schon erwähnten noch der Oberstjägermeister Graf Kinigl, der nach dem Hofschematismus von 1794 als Vize-Oberstjägermeister den Freiherrn von Gemming, als Oberforst- und Wildmeister den Freiherrn Gualbert Dücker, außerdem 7 Ober-, 6 Unterbeamte, 12 Meisterjäger und 76 „Gemeine" unter sich hatte, und der Erbkämmerer des Stiftes, Max Anton Graf von Törring und Tengling.

Von den 28 Kämmerern des Erzbischofs gehörte nur Leopold von Lasser zu den Mitgliedern. Von anderen salzburgischen Adelsgeschlechtern sind keine zu erwähnen; von auswärtigen finden sich klangvolle Namen, so Althann, Clam, Fugger von Dietenheim und Fugger von Glött, Hohenlohe, Hohenzollern, Königsegg-Aulendorf und Königsegg-Rottenfels, Laßberg, Lerchenfeld, Liechtenstein, Oettingen-Spielberg und Oettingen-Wallerstein, Rechberg, Redwitz, Rumerskirchen, Salburg, Salm-Reifferscheid, Schenk zu Castell, Seeau, Sprinzenstein, Thürheim, Thun, Welden, Welsberg, Wolf-Metternich, Wolkenstein. Erwähnt sei noch, daß auch Marquis Gabriel Marie Chateller (gewöhnlich Chasteller geschrieben), der spätere unglückliche Verteidiger Tirols 1809, damals schon Grand von Spanien und Theresienordensritter, verzeichnet ist.

Als Abgeschiedene werden am Schlusse der Liste zwei Damen und dreizehn Herren erwähnt, unter letzteren ein Bodmann, Herberstein, Hutten von Stolzenberg, Ingram, Gandolf Ernst Graf Kuenburg, Bischof von Lavant, und Trapp. Zwei Damen und ein Herr sind ausgetreten, dagegen neu aufgenommen eine Gräfin Zeil, ein Domherr von Augsburg Graf Ferdinand Colloredo und sieben andere Kavaliere. Diese sollten in der Maisitzung 1795 ihren „Geschmuck" als vollberechtigte Mitglieder empfangen. Ob es dazu kam? Die Nachrichten über die edle Gesellschaft enden hier. Kaum hat sie das Jahr 1800 überdauert. Der Kanonendonner auf dem Walserfelde vom 14. Dezember d. J. war das Grabgeläute des geistlichen Fürstentums Salzburg. Schon zwei Jahre früher hatten die Truppen der französischen Republik aus dem Königreiche Neapel die parthenopäische Republik gemacht. Bald schlug auch die Todesstunde aller geistlichen Fürstentümer in Deutschland, und die blutige Kriegszeit ließ keinen Raum mehr für die „noble" Jagd. In den Leibgehegen des Erzbischofs von Salzburg vertrieben sich bald französische Generäle ihre freie Zeit, und zwar nicht so „nobel" und „weidmännisch" wie die vornehmen Mitglieder der „Diana cacciatrice"!

Anmerkungen

1 Zur selben Zeit malte in Caserta auch der Salzburger Andreas Nesselthaler, der 1789 Hofmaler des Erzbischofs Hieronymus Colloredo wurde. Hakerts Biographie erwähnt ihn nicht.
Über seine Gemälde in Caserta schrieb Georg Pezolt in den Mitteilungen der Gesellschaft
für Landeskunde 1877, S. 209–223. Sowohl Hakert als Nesselthaler wurden durch den
österreichischen Ministerpräsidenten am neapolitanischen Hof, Graf Josef Lamberg, der
königlichen Familie empfohlen.

2 Dieses und das weiter unten erwähnte Mitgliederverzeichnis sind in der Salisburgensien-
bibliothek des städt. Museums, Nr. 2727 und 9898.

Hans Makart

Zur Erinnerung an die fünfundzwanzigste Wiederkehr seines Todestages

❧ 1909 ❧

Hans Makart! – Einst wurde sein Name dem Mozarts zur Seite gestellt, heute ist er fast vergessen. Mit Unrecht! War Mozart ein Genie, so ist Makart eines der größten Talente; hat jener unsterbliche Werke der Nachwelt hinterlassen, verstand dieser der Mitwelt unglaublich Schönes zu bieten. – Beide arbeiteten ruhelos, rastlos, als mochten sie fühlen, daß ihnen vom Schicksale nur wenige Jahre gegönnt seien. – Beide hatten Todesahnungen in den Jahren blühendster Männlichkeit, – ihre letzten Gedanken galten dem Grabe. Mozarts, des Neununddreißigjährigen, letztes Werk ist ein Requiem; Makart, der in sein siebenundvierzigstes Lebensjahr getreten war, beschäftigte sich mit Plänen zu einer Fürstengruft, die auf den Tod bezügliche Bilder schmücken sollte! – Schon nach dem Tode seiner ersten Frau, Amalie Roitmayer, und noch mehr nach der Schließung des neuen Ehebundes mit Berta Linda, der üppigen Wiener Schönheit, war der an der Seite der unscheinbaren, sanften ersten Gattin so lebensdurstige Künstler ruhiger und stiller geworden. In seinem prunkvollen Atelier, in seinen fürstlich geschmückten Gemächern wurde keines jener bewunderungswürdigen, mit höchstem künstlerischen Geschmack veranstalteten Feste mehr gefeiert, die all den Glanz und Schimmer der genußkräftigen und schönheitstrunkenen Renaissance für eine kurze Nacht hervorzaubern ten.

Körperliche und geistige Anstrengung hatten im Sommer 1884 des Meisters Kräfte arg bedroht. Ein Aufenthalt in Reichenhall, dann in Payerbach brachte Erholung. Als er in dem niederösterreichischen Alpendorfe mit Munkacsy zusammentraf, der ebenfalls als erkrankt gemeldet, nun wieder alle Zeichen der Gesundung zeigte, konnte Makart im Gefühl körperlichen Wohlseins noch scherzen: „Also, so sehen wir Kranken aus?" – Kaum war Makart nach Wien zurückgekehrt, kaum hatte er Hand an ein neues großes Gemälde „Der Frühling" gelegt, als plötzlich die kalte Schicksalshand ihr „Pinxit – er hat gemalt" auf seine Lebenstafel schrieb. In den letzten Tagen des September erkrankte er an einer Gehirnentzündung, wozu eine Lungenaffektion trat. Nachdem er zwei Tage bewußtlos dagelegen, schloß er seine Augen für immer. Es war am 3. Oktober um 9 Uhr abends. In seinem Atelier wurde er aufgebahrt – am 6. Oktober trug man ihn zu Grabe. –

Wir können uns recht gut erklären, wie in der künstlerischen Umschicht des alten erzbischöflichen Salzburg ein Mozart emporblühen konnte – war doch die Musik die bestgepflegte Kunst am alten Fürstenhofe. Daß aber der kleinen Provinzstadt, die Salzburg seit der Einverleibung des Landes in Österreich geworden war, der Stadt, die ferne allen Mittelpunkten kulturellen und künstlerischen Lebens lag, ein Maler wie Makart entsprießen konnte, erregt Verwunderung. Es gab ja Maler in Salzburg, aber keine Künstler, mit ihnen stand der Knabe Makart in keiner und später als Schüler der einen nur in loser Verbindung.

Und doch haben ähnliche Einflüsse, wie bei Mozart, auch bei dem jungen Makart zur Bildung seiner künstlerischen Eigenart mitgewirkt. Da ist vor allem ein väterliches Erbe, wie bei Mozart, in Betracht zu ziehen. Der Vater des Meisters, gleichfalls Johann, hatte zwar nur eine bescheidene Stellung als Zimmerwärter in dem damals noch dem Kaiserhause gehörigen Schlosse Mirabell, war aber ein nicht ungebildeter Mann und zeigte eine nicht schlechte Anlage zum Landschafter. Einige Arbeiten von seiner Hand, in jüngeren Jahren gemacht, bewahrt unser Museum. Es sind Zeichnungen in der Art der alten Landschafter, wie z. B. Simony zeichnete, fein, sorgfältig, aber unkünstlerisch. Spätere Arbeiten sind gröber, eine farbige Skizze ist ganz schlecht. – Aber noch ein anderes Erbe überkam Hans Makart, ein Erbe noch aus der alten Fürstenzeit, aus dem glanzliebenden Barock, dem farbenfreudigen Rokoko; deren Werke, die Prachtstiege Raphael Donners in Mirabell, Gemälde und Fresken in dessen Gemächern und in der alten Residenz er ja täglich sehen konnte. Er hat denn auch die reizenden Kindergestalten Donners gezeichnet, als er 1858 von Wien zurückgekommen war, wo die Zöpfe der Akademie ihn als talentlos erklärt hatten. Gerade diese Blätter gaben dem damaligen Erzbischofe Maximilian von Tarnoczy Veranlassung, sich des jungen Mannes anzunehmen und ihm den Aufenthalt in München zu ermöglichen, wohin ihn sein mütterlicher Oheim, der Hofkontrolleur Rüssemayr zur Erlernung der Graveurkunst senden wollte. Ich habe noch nicht des Eindruckes des herrlichen Domes Salzburgs gedacht, auch nicht des farbigen Pompes kirchlicher Feiern in diesem glanzvollen Tempel, wo der Purpur und das Violett der Talare, die goldigen Brokate der liturgischen Gewänder, das Flimmern der Silberleuchter, das flackernde Licht der Wachskerzen, die von oben auf all das hereinfallenden Sonnenstrahlen malerische Effekte ergreifendster Art hervorrufen. Und gerade all der Kirchenpomp ist wesentlich barock, – wir bedauern oft, daß die Allongeperücke nicht mehr die charakteristischen Priesterköpfe bedeckt. – Können nicht solche Aufzüge zuerst den Farbenrausch erweckt haben, der für Makart so bezeichnend ist? – –

Wenn auch heute noch keine erschöpfende Definition des Begriffes Genie vorliegt, da jedes Genie als eigene Gottheit aus dem Unendlichen hervorgeht, wie Athene aus dem Haupte des Zeus, so ist doch eines sicher, und zwar: jedes Genie offenbart der Welt etwas Neues, gibt ihr etwas noch nie Dagewesenes. In diesem Sinne ist Mozart ein Genie und Makart nähert sich dem Genie. Jener ist es, da er Formen und Inhalte neuer Art schuf, dieser nähert sich ihm, weil er wenigstens neue Formen fand, – hätte er ihnen auch den entsprechenden Inhalt geben können, wäre er ein Genie. Aber auch für die Form allein müssen wir Makart danken. Inhalt hatte die Malerei eines Cornelius oder Kaulbach oder Schwind genug, gedanklicher Inhalt, gemalte Weltgeschichte, gezeichnete Dichtung, – aber ehrlich langweilend. Erst Piloty wagte wieder Farben zu bringen, Menschen, nicht Schemen zu malen, aber der große Schritt blieb ihm versagt. Erst sein Schüler Makart tat ihn. Seine kecke Sinnlichkeit, seine sprühende Farbenpracht fuhren wie ein funkelnder Blitz in die dumpfe Luft des Ateliers; da enthüllten sich auch für die staunende Menge die herrlichen Frauenleiber und ließen in frischem Reize sehen, was kaum die Phantasie geahnt. – Aber all das geschah auf Kosten der Gegenwart; der Künstler mußte sich eine andere Welt suchen, als jene, die reiz- und farblos ihn umgab. Er fand sie in der Renaissance des 15. Jahrhunderts, – dort an den Fürstenhöfen Italiens oder dem großen Handelsemporium im deutschen Norden. Dort wie hier war die Zeit „furchtbar prächtig" –, war das Leben der vornehmen Kreise eine Symphonie des Schönen, waren alle Künste in den Dienst des Genusses gestellt, und als Mittelpunkt aller Herrlichkeit erhob sich das herrlichste von allen Geschöpfen, das Weib. – Und wie ein Fürst der Renaissance herrschte nun Makart über die Kunst; mit dem feinsten Stilgefühl schuf er sein Atelier und bald huldigte – selbst die Mode ihrem Liebling; auch dieser launischen Dame ward er Herr. –

Aber diese Welt war eben nur ein lebendgewordener Traum, ein farbig gewordenes Ahnen – keine wirkliche Welt. Vor allem, sie war nur Form – nicht ganz, aber fast gehaltlos – und deswegen ist Makart kein Genie, weil er keine neue künstlerische Welt schuf. Vielleicht wäre es ihm gelungen, wenn er länger im Oriente geweilt hätte. Sein Aufenthalt in Ägypten (1876–78) war auf sein Schaffen zwar von großem Einflusse, aber auch hier fand er über die Epoche der Kleopatra hinaus nicht den Weg zu höherem Inhalt.

Mit Recht schrieb der Kunstkritiker Friedrich Pecht wenige Tage nach des Meisters Tod: „Seine Werke erquicken, berauschen, blenden und betören, aber unser Innerstes zu erschüttern und zu erheben, die Seele andächtig zu stimmen, uns den Himmel zu eröffnen, vermögen sie sowenig, wie die Rubens, seines großen Vorgängers. Wie diese wenden sie sich an die Sinne, an das Gemüt selten oder nie. Das Tiefe und Seelenvolle ist Makart ebenso versagt, wie das Hohe und Reine. All das besaß aber unsere Kunst lange vor ihm; was er ihrem Schatz hinzufügte, das Element der reinen Schönheit, des echt künstlich geadelten sinnlichen Zaubers, besaß sie dagegen noch nicht oder doch bei weitem nicht ausreichend, es blieb ihr ewiger Mangel, daraus allein schon erklärt sich sein so beispielloser als vollkommen gerechtfertigter Erfolg." –

Makarts Gemälde sind in alle Welt zerstreut. Salzburg besitzt keines; – nur einige unbedeutende Skizzen hängen im Museum. Dort liegt auch ein Gipsabdruck seiner Hand, der feinsten Künstlerhand, die man sich denken kann, und seine „Totenmaske", die uns seine Leidensgeschichte in krassen Zügen kündet! Ist das derselbe Kopf, der dort von der Leinwand heruntergrüßt, mit den großen dunklen Künstleraugen und dem energischen Ausdrucke in der Stirnpartie, während Mund und Lippe so weich sind, wie die eines Weibes? –

Ich schließe diese Zeilen der Erinnerung mit den Worten Friedrich Pollacks (Österreichische Künstler, Wien 1905): „Er war ein glänzender Komet, der hastig den Horizont durchlief, um in das unergründliche Dunkel zu verschwinden – plötzlich – so wie er aufgetaucht." –

Ob der Komet nicht noch einmal wiederkehrt, sein Name noch einmal gefeiert wird? Es ist doch nach ihm noch keiner gekommen, der es ihm gleichgetan hat!

Der Hexenturm in Salzburg

❧ 1909 ❦

Wenn es nur nicht in mancher Stadt so viel altes Gerümpel gäbe! Da steht ein prächtiges Tor aus guter Zeit der Spätrenaissance quer über eine enge Straße, dort eine alte Waage mit reizendem Dächlein auf einem weiten Platze; auf einem anderen ein Brunnen mit Fischbehältern, die Brunnensäule mit der künstlerisch vollendeten Bronzefigur eines phantastischen Meermanns gekrönt. Anderswo wieder spiegelt sich ein aus Kupfer getriebener Pegasus in einer natürlich ganz überflüssigen Pferdeschwemme; in einer lauschigen Straßenecke fesselte ein Marmorbrunnen mit allerlei Getier und Wappen das Auge; an einer Hausecke sprudelte aus einem mächtigen Löwenkopfe aus Marmor ein lustiges Brünnlein in ein schönes Rundbecken. Ein altes Brauhaus mit einem reizenden Aufgang und einem kunstvollen Schilde bildete die Ecke einer Gasse; da und dort war ein schönes Portal aus rotem Untersberger Marmor mit einem reizenden Oberlichtgitter aus Rundeisen oder ein Balkon von Säulen getragen oder ein zierlicher Erker – doch wozu diese Aufzählung?

Der Hexenturm um 1900, Foto von Würthle und Sohn (AStS, Fotosammlung Kraus).

Vom Renaissancetor bis zum stilvollen Erker ist ja alles verschwunden oder in einen unauffindbaren Winkel gerückt, falls es überhaupt der Erhaltung wert gehalten wurde. Verkehrsbedürfnis, Modernisierung, jede Architektur todschlagende Auslagen räumten ganz gründlich auf. Dagegen beleidigen unser Auge an den schönsten Punkten, auf Plätzen und in Anlagen seit einigen Jahren plumpe Litfaß-Säulen mit grellen Reklamebildern, die neben mächtigen Annoncentafeln ganze Mauern bedecken, während von den Fronten alter Häuser die geistreichen Worte „Kunerol" und „Ceres", auf Dächern und Kuppeln die Firmen von Banken und die Namen von Gasthöfen und Kaffeehäusern sich auf das unliebsamste aufdrängen. Wann wird wieder eine schönheitsfreudigere und künstlerisch denkende Zeit kommen, die all diesen eklen Kram und plumpen Plunder über Bord wirft, wie man es mit den Überresten früherer kunstfroher Jahrhunderte getan hat? Und selbst, wenn es sich nicht immer um ein Kunstwerk handelt, das da der Modernisierungssucht weichen muß, so fällt ihr doch immer ein historisches Denkmal zum Opfer! Ein solches ist auch der sogenannte Hexenturm an der Ecke der Paris Lodron- und Wolf Dietrich-Straße und der daran stoßende Teil der alten Stadtmauer, von der übrigens ein großes Stück bereits Neubauten weichen mußte. Diese alte Stadtmauer und ihr Eckturm, eben der Hexenturm, stammen aus einer Stadtbefestigung des fünfzehnten Jahrhunderts, etwa von 1480, aus der Zeit, wo Kaiser Friedrich III. mit dem Erzbischof Bernhard von Rohr zu hadern begann, weshalb dieser sich an des Kaisers gefürchtetsten Feind, den Ungarnkönig Matthias Corvinus, anschloß. Der Turm selbst ist keineswegs ein künstlerisch wertvoller Bau. Nach außen abgerundet, nach innen gerade abgeschnitten, erhebt er sich zu einer Höhe von etwa 15 m; er ist mit einem Kegeldach gedeckt, dessen Spitze die Gestalt einer Hexe, auf einem Bocke reitend, schmückt; diese Figur aus Eisenblech ist übrigens erst vor etwa dreißig Jahren dort aufgesetzt worden. Kleine Schlitze lassen in das Innere spärliches Licht dringen; die große Öffnung ober dem Tore ist erst in jüngster Zeit zum Zwecke des Warenaufzuges ausgebrochen worden. Denn der Turm wird seit geraumer Zeit als Magazin benützt, daher auch seine Innenteilung heute nicht mehr zu erkennen ist. Nahe dem Dache deuten mächtige Kragsteine auf das einstige Vorhandensein eines hölzernen Wehrganges hin. Ob der Turm jemals Zinnen hatte, läßt sich nicht entscheiden.

Wie schon erwähnt, kann man von einem künstlerischen oder auch nur architektonischen Wert dieses Baues nicht sprechen, wohl aber ist er ein bedeutsames historisches Denkmal. Neben dem Stücke der alten Stadtmauer, rechts am Eingange zum Kapuzinerberg, von der Linzer Gasse aus, ist er der einzig Überrest der mittelalterlichen Stadtbefestigung und als solcher eine Merkwürdigkeit nicht geringen Ranges. Dann ist er, wie sein Name andeutet, eine Erinnerung an die furchtbare Zeit des Hexenwesens und der Hexenprozesse. Unter dem Erzbischof Max Gandolph, einem der stolzesten Herren auf dem Sitze St. Ruperts, wurde er zum Hexenturm. Dieser Erzbischof erwies sich als einer der grausamsten Verfolger der Hexen und der Zauberer. Besonders der Monsterprozeß gegen den „Zauberer Jackl" – einem kühnen Räuber – führte zahlreiche Verdächtige in die Hände der grausamen Justiz jener Tage. Bald waren alle Gefängnisse von unglücklichen Hexen und Zauberern erfüllt. Es gab nicht mehr genug „Keichen" (Gefängnisse) für diese armen Opfer eines blutgierigen Wahnes. Deshalb mußte der Stadtrat auf Befehl des „gnädigsten Herrn" 1678 in diesem Turm Gefängniszellen und eine Wohnung für den Büttel herstellen. Um diese Unholde – es waren Knaben und Mädchen von zehn Jahren bis zu einer Greisin von achtzig – recht sicher zum schrecklichen Tode aufzubewahren, wurden sie in große kupferne Kessel gesteckt, die an der Decke der Zellen hingen! Die notdürftigste Speise wurde ihnen mit langen Stangen gereicht! Als schon lange der Turm diesem furchtbaren Zwecke nimmer diente, waren noch die Kessel vorhanden. Sie kamen entweder beim Verkaufe des Baues unter der kurfürstlichen Regierung von 1804 oder nach einer anderen Angabe bei der Besetzung Salzburgs durch die Bayern und Franzosen 1809 weg – angeblich nach München.[1] Somit ist der Hexenturm in doppelter Beziehung ein seltenes, historisches Denkmal und wäre sein Abbruch doppelt zu beklagen, zumal gerade an der Stelle, wo er steht, von einem Verkehrshindernis keine Rede sein kann, höchstens – von einer Störung der beliebten Richtscheit-Architektur im modernen Städtebau.

Anmerkung

1 Näheres bei Pirckmayer Friedrich, Der Hechsenturm in Salzburg, und Nochmals Hexenturm und Hexenkessel. Mitteilungen der Gesellschaft für Landeskunde 1885 und 1905.

Die vorgeschichtliche Höhlenwohnung bei Elsbethen (Salzburg)

❧ 1910 ❧

Eines schönen Sommerabends saßen wir vor der phantastischen Germanenhütte in dem Schankgarten des Wirtes Leopold Brandauer in Morzg. Wir, das heißt ein junger Techniker M. Hell, ein ebenso junger Baubeflissener M. Knoll und Schreiber dieser Zeilen, hatten soeben die Grundmauer einer kleinen Römeransiedlung, hart hinter der südlichen Mauer des Kirchhofes gelegen, angesehen und konnten daraus die Gewißheit abnehmen, daß Morzg schon zur Römerzeit bewohnt gewesen sei und seinen Namen mit vollem Rechte von einem Marcius ableiten könne, der hier sein Prädium hatte, gerade wie die tirolischen Eppan, Girlan, Prissian ihre Namen einem Appius, Cornelius, Priscus verdanken. Aber auch schon früher muß der Boden besiedelt gewesen sein. Beim Ausheben des Grundes zu einem Neubau hat Hell tief im Lehme einen ornamentierten Scherben vorgeschichtlichen Alters gefunden. Damit war das Gespräch auf jene Urzeit gelenkt, von der die Grabungen des verstorbenen Museumsdirektors Dr. Petter auf dem Rainberge in Salzburg Kunde geben – Grabungen, die auch seither ab und zu fortgesetzt wurden, so von Major von Koblitz und Hell, und mancherlei Kleinfunde zutage förderten.

Unser Wirt Brandauer hat ebenfalls solchen Gegenständen schon lange seine Aufmerksamkeit zugewendet und sprach sich dahin aus, daß er in der Nähe von Glas und Elsbethen, hart an der Reichsstraße nach Hallein, eine vorgeschichtliche Höhlenwohnung vermute, die, falls es tatsächlich so wäre, die erste in Salzburg entdeckte sein dürfte.

Dort, wenige hundert Schritte südlich von der Brücke über den Glasenbach, liegen zwei Hügel; der südlichere, zu einem Bauerngute namens Lackner gehörig, wendet der Straße eine steile Wand zu, die scheinbar überhängt. In Wirklichkeit haben wir es mit einer flachen, etwa zwanzig Meter langen und gegen acht Meter breiten, in der Front wenig über zwei Meter hohen, nach rückwärts rasch abfallenden Höhle zu tun, die dadurch entstand, daß unter dem Konglomerat, dem Hauptgestein des etwa zehn Meter hohen Hügels, liassischer Kalk in Platten mit Zwischenschichten von Mergel liegt, welcher anfangs vielleicht von dem Wasser angegriffen wurde, später auch von Menschenhand entfernt worden sein dürfte, wodurch die Höhle ihre jetzige Gestalt erhielt. Der Dolomit schließt oben mit einem flachen Bogen; seine Wand bekleiden Moose und Flechten; der Hügel ist mit dichtem Jungwald bedeckt.

Einige Tage nach der Sitzung in Morzg zogen Brandauer, Hell und Knoll, mit Haue und Spaten ausgerüstet, gegen Elsbethen. Mir erlaubte man nur den stillen Zuschauer zu machen, als sich die Genannten mit starken Armen an das Auswerfen eines Versuchsgrabens im ersten nördlichen Drittel der Höhle machten. Schon nach Entfernung von dreißig Zentimetern der steinigen Erde bestätigten rohe Scherben von handgeformten Gefäßen, deren Ton mit Graphit oder Kalkkörnern durchsetzt war, das Vorhandensein einer vorgeschichtlichen Wohnstätte. Immer größer wurde die Gewißheit, als sich die Scherben mehrten und zerschlagene Knochen sich fanden. In der Tiefe von siebzig Zentimetern stieß man auf eine gut abgegrenzte, von Holzkohlen durchsetzte Schicht. Hier fanden sich Scherben mit leichten Ornamenten – dann wurde die Erde lichter. Aber noch bemerkte man einzelne Kohlenstückchen und so wurde wieder tiefer gegraben. Wirklich erschien ein Meter fünfzehn Zentimeter unter dem heutigen Boden wieder eine etwa zehn Zentimeter starke Kohlenschicht, die aber keine Scherben, sondern dafür eine bedeutende Anzahl, mehr als hundert Stück, Feuer- und Hornsteinstücke und Splitter barg. Fast alle zeigten die für menschliche Bearbeitung charakteristische Schlagmarke. Doch fanden sich kaum einige fertige Sachen. So eine Art Bohrer aus heimischem Feuerstein, wie er in unseren jurassischen Kalken als knollen- oder bankförmige Konkretion häufig vorkommt. An diesem Stücke zeigt sich noch der Kalk des Muttergesteins, freilich stark angewittert; daß er in der vorliegenden Form gebraucht wurden, beweist die Blankheit und die Abrundung der Kanten. Dann traf man noch auf mehrere schmale Klingen aus Hornstein, zum Teil abgebrochen, und auf Knochen – ob menschlichen oder tierischen, ließ sich augenblicklich nicht entscheiden. Eine weitere Suche nach unten und gegen den Fond der Höhle zu lieferte keine weiteren Stücke.

Obwohl der Versuchsgraben nur etwa siebzig Zentimeter Breite auf drei Meter Länge hatte, zeigten doch die Funde, daß man es hier mit einer vorgeschichtlichen Wohnstätte zu tun hat, die schon in der jüngeren Steinzeit besiedelt war. Das ergibt sich aus den Funden der untersten Schicht. Die nächst obere gehört dem Ende des Jung-Neolithikums an – vielleicht sogar der frühen Metall- (Kupfer- oder Bronze-) Zeit. Das beweisen die ornamentierten Scherben, mit denen vom Rainberg in Salzburg oder von Hammerau bei Reichenhall übereinstimmend. Die oberste Schicht unter der gegenwärtigen Erddecke, wo auch, wie sich bei späteren Untersuchungen herausstellte, ein eiserner Armreif von drei Millimeter Stärke und neun Zentimeter Durchmesser sich fand, ist der La-Tène-Periode zuzuschreiben. Der Befund der untersten Schicht mit den zahlreichen Feuersteinresten läßt fast auf den Bestand einer Werkstätte schließen. Ob die Besiedlungen kontinuierlich aufeinander folgten, entzieht sich unserer Kenntnis, dürfte aber kaum angenommen werden können, da die Kulturschichten doch durch fundlose Erdschichten getrennt sind. Genauere Aufschlüsse könnte nur eine Ausgrabung des ganzen Höhlenraumes gewähren, der wirklich für bescheidene Bedürfnisse durch einige vorgelegte Bäume oder auch nur Astwerk ganz gut wohnlich gemacht werden kann. Noch in neuerer Zeit scheint er von nomadisierenden Naturkindern öfter zu Wohnzwecken benützt worden zu sein, wie eine Warnungstafel andeutet: „Lagern für Fremde ist hier verboten. Gemeinde Elsbethen."

Hoffentlich wird es nicht verboten, einmal wieder umfangreichere Grabungen zu unternehmen, um dieser ersten bekannten vorgeschichtlichen Höhlenwohnung in Salzburg ihre bescheidenen und doch so wertvollen Geheimnisse vollständig zu entlocken.

Das Rathaus in Salzburg

⪰ 1910 ⪯

Zwei Gebäude heben sich in den alten Reichsstädten stolz aus der Masse der bürgerlichen Bauten hervor, das Münster und das Rathaus; in bischöflichen und fürstlichen Städten tritt an die Stelle dieses die Residenz des Landesherrn. Da aber bei der eigentümlichen Gestaltung des staatlichen Lebens in deutschen Landen vom Mittelalter bis tief in die Neuzeit herein mancherlei Aufgaben, die wir heute als staatliche bezeichnen, den Städten oblagen, rückt auch in fürstlichen Residenzen das Rathaus wenigstens an die dritte Stelle. So auch in Salzburg. Wie in Städten ähnlicher Entstehung, muß man auch in der Hauptstadt des größten geistlichen Staates Süddeutschlands ursprünglich zwei Gemeindewesen annehmen, das der unfreien Fronhofsleute, die um die rupertinische Gründung St. Peters, Bischofssitz und Kloster zugleich, sich ansiedeln mußten, und eines freier Leute, besonders der Kaufleute, die sich neben jenen freiwillig niederließen.

Endlich kam noch eine Klasse von Einwohnern dazu, die adeligen erzstiftischen Ministerialen, die sich in der Stadt Wohnsitze erbauten. Jede dieser Klassen stand unter einer anderen Gerichtsbarkeit: die Ministerialen unter der des erzbischöflichen Lehenhofes, die freien Bürger unter dem Stadtrichter, die unfreien Elemente unter dem Burggrafen. Der Stadtrichter hatte zwar nur die Gerichtsbarkeit über Fälle, die nicht mit der Todesstrafe zu sühnen waren, denn diese gehörten vor den Burggrafen; aber zur Ausübung der niederen Rechtspflege waren ihm aus der Gemeinde zwölf Schöffen beigegeben, die als „Genannte" bezeichnet werden, da sie von den Bürgern als ihre Vertrauensmänner bezeichnet (denominati genannt) wurden. Aus dem Kollegium der Schöffen mit dem Richter an der Spitze entwickelte sich eine städtische Obrigkeit, deren Befugnisse schon 1287 aufgezeichnet wurden, der spätere Stadtrat.

In den Jahren 1360 bis 1370 entstand eine umfangreiche Stadtordnung; in ihr wird noch keines Bürgermeisters gedacht; erst 1374 erscheint ein solcher neben dem Stadtrichter. Und von dieser Zeit an, also vom letzten Drittel des vierzehnten Jahrhunderts an, kann man auch von einem Rathause sprechen – früher nur von einem Gerichtshause. Dieses aber – es ist das spätere Gasthaus „zum Erzherzog Karl" (heute Buchdruckerei Kiesel) – stand neben der Schranne an der alten Sankt Michaels-Kirche. Schon 1399 aber kaufte die Stadt von der Familie Käuzl einen Turm der Stadtmauer in der Nähe der Salzachbrücke, der jener erbrechtlich verliehen war, zurück und baute an ihn ein neues Rathaus an, also an derselben Stelle, wo es noch heute steht. Das Aussehen dieses Hauses zeigt uns das berühmte Stadtbild von 1553, eine Zeichnung im Besitze des Klosters

St. Peter (Kopie im Museum, verkleinert wiedergegeben im Bande 1 von Zillners Geschichte der Stadt Salzburg). Es war ein dreistöckiger Bau, mit Zinnen gekrönt, wahrscheinlich mit Spitzbogenfenstern, schmäler als der heutige Bau. Es lehnte sich an den Turm an, der die Stelle des „Berchfrites" einer Burg einnahm. Wie ein solcher war er ein Wacht- und Beobachtungsturm; er trug die Sturmglocke, die bei Gefahr die Bürgerschaft zu den Waffen rief; auf ihm wurde die rote Notfahne bei Auflauf, Mordgerücht, Brand ausgesteckt; auch er hatte Zinnen um die obere Plattform, aus der sich noch ein kleinerer Turm erhob. Das ganze Gebäude hatte also etwas Schloßartiges und hieß noch bis 1462 insgemein der Turm; doch war es nicht etwa zur Bewachung der Brücke so ausgestattet, denn diese führte weiter stromaufwärts von der Klampfergasse auf das rechte Ufer der Salzach hinüber.

In die umfassende Bautätigkeit des Erzbischofs Wolf Dietrich wurde das Rathaus nicht einbezogen. Erst unter seinem Nachfolger, Marx Sittich, wurde es den mittlerweile erstandenen Renaissance-Bauten angepaßt. Es erhielt eine regelmäßigere Gestalt, der Turmaufsatz ein kuppelförmiges Dach; die Zinnen verschwanden. So zeigen es uns die Bilder von 1630 und später. Was uns diese aber nicht zeigen, ist der malerische Schmuck seiner Außenwände. Darüber berichtet uns der gleichzeitige Chronist Johann Stainhauser, der erzbischöfliche Sekretarius,[1] zum Jahre 1617:

Am Turm gegen den Markt (Kranzlmarkt) sah man Concordia (Einigkeit), Fides (Glaube), Spes (Hoffnung), Charitas (Liebe), die Wappen des Erzbischofs Marx Sittich, des Landes und der Stadt, daneben zwei „wilde Männer"; die Geschichte vom Römer Markus Curtius „aus Tito Livio, wie er sambt dem Pferdt in das von sich selbst eröffnete Loch gesprungen"; des Mondscheines Auf- und Abnehmen; ein Uhrschild „auf die große Uhr nemblich 24 Stunden gerichtet". Gegen die Kirchgasse (Siegmund Haffnergasse) hin zeigten sich „Zwölf heidnische Kämpfer sambt etliche römische Capitanes"; die „Historia aus Tito Livio, von den drei Römischen Helden Horatiis, wie solche wider die drei Albaner gestritten, was massen der obsiegte Römer triumphierlich einbegleitet worden, er in solchen seine Schwester erstochen, deßwegen für Gericht gestellt, von seinem Vatter aber widerumben erbeten worden". Gegen die Tragasse (Getreidegasse) war zu sehen: Romulus und Remus an der Wölfin säugend und Romulus den Bruder erschlagend; das Stadtwappen mit zwei wilden Männern als Schildhalter; danaben die Tugenden: Veritas (Wahrheit), Sapientia (Weisheit), Compassio (Mitleid), Potentia (Macht); die Verteidigung der Tiberbrücke durch Horatius Cocles gegen Porsenna; „die Historie auß Cornelio Tacito von Paulo Orosio, wie der Tiranische Khayser Nero die Statt Rom angezundet und guetthails verbrennt hat"; „mehr aus Tito Livio eine schöne Historia von dem gewaltigen Kriegsfürsten und Triumphierer Scipione Aphricano, was gestalt man demselben in eroberung Carthaginis ein gefangne Jungkfrau fürgebracht, die er aber an ihrer Jungkfrauschaft unverletzt sambt Ihren Bräuttigam Lucio, der ein Herr aus Celtiberia war, der gefangknus und Dienstbarkeit entlassen, darzue das Gelt, so Ihme Ihre Eltern der entledigung halben verehrten Ihr zu einem Zuegelt geschenkt hat".

An der Wasserseite endlich erblickte man die Bildnisse von „fünf fürtrefflicher Römischer Helden", als Horatius Cocles, Mutius Scävola, Titus Manlius, Marcus Valerius, Marcus Attilius Regulus. „Ober der schön neugemachten Porten ist die Justitia von weissen Stein künstlich gemacht mit der Wag und den blossen schwerdt."

Am Rathausturm zuoberst am Gitter aber waren die Wappen und Namen der Ratsherren gemalt: Herr Laux von Wolffurth, hochfürstlicher Rat und Stadthauptmann; Johann Khüzmägel, jur. utr. Dr. hochfürstlicher Stadtsyndikus; Kaspar Haan, Burgermeister und Spitlherr; Matthias Scheler, Baumeister und Handelsmann; dann Samuel, Georg und Tobias Alt, Wolf Paurnfeind, Walter Helmeck, Wolf Mayerhauser, Bruderherr und Pfarrkirchen-Propst, Christoph Rechseisen, Alexander Fuchs, Hans Schwabengrub, Michael Paumann und Tobias Briefer, sämtliche Handelsleute.

Auch Laurenz Hübner[2] zählt in seiner „Beschreibung der hochfürstlich erzbischöflichen Haupt- und Residenzstadt Salzburg" (1793), Seite 24, fast alle erwähnten Gemälde auf. Hat er seine Nachricht darüber aus Stainhauser, dessen handschriftliche Chronik damals noch in Salzburg war, oder hat er sie aus einer anderen Quelle, vielleicht sogar noch selbst etwas davon gesehen?

Georg Pezolt, ein namhafter Salzburger Maler und Kunsthistoriker (1810 in Salzburg geboren, 1827 bis 1837 und wieder 1839 bis 1843 in Italien, in seiner Vaterstadt gestorben am 28. Oktober 1878), schrieb 1859, gerade ein Jahr, ehe das Stadtbild von Salzburg infolge der Salzachregulierung und der Auflassung des Befestigungsgürtels so durchgreifende Veränderungen erlitt, im Notizblatte der k. k. Akademie der Wissenschaften einen bemerkenswerten Aufsatz „Der Stadt Salzburg bauliche Vergrößerungen und Verschönerungen während der letzten drei Jahrhunderte". Darin bringt er eine Mitteilung des salzburgischen Historikers Michael Filz (aus Kloster Michaelbeuern, geboren 1777, gestorben 1854), welcher noch mit Andreas Nesselthaler, dem letzten erzbischöflichen Hofmaler (geboren 1748, gestorben 1821), bekannt war. Nach dieser hätte Hübner seine Nachrichten Nesselthaler zu verdanken, der in der Firmianschen Gemäldegalerie in dem Schlosse Leopoldskron Zeichnungen sah, die auch Filz noch kannte. Sie stellten nicht nur jene Szenen aus der römischen Geschichte dar, die am Rathause gemalt waren, sondern auch einen Fries mit einem Gelage von Bacchantinnen. Die Zeichnungen trugen den Stempel der Abtei von St. Peter. Drei der Blätter sollen von der Hand des Mascagni gewesen sein, der das Schloß Hellbrunn mit Wandmalereien schmückte, eine von der Hand Santino Solaris (richtig Antonio Solari der Jüngere[!]), des Dombaumeisters, der für die Kirche von St. Peter das große Gemälde der Kreuzerhöhung mit einem Gehilfen malte und wahrscheinlich alle vier Blätter in dieses Kloster brachte, von wo sie Graf Firmian erworben hätte.

Diese Fresken auf dem Rathause wurden unter Erzbischof Max Gandolph von Kuenburg 1675 übertüncht, da sie schadhaft geworden waren. Doch dürfte Hübner selbst noch einige Reste an der Westseite gesehen haben. In den Jahren 1612 bis 1620 fällt nämlich die Erbauung einer neuen Brücke an der Stelle der heutigen. Damals dürfte zwischen dem Rathause und dem gegenüberliegenden Amtshause, dem Stadtgefängnis, ein Torbogen aufgeführt worden sein, auf dem 1790 ein noch bestehendes, zwei Stockwerke hohes Gebäude errichtet wurde. Bei dieser Gelegenheit seien einige der alten Fresken an dieser Seite zum Vorschein gekommen, die Hübner noch gesehen hat. Ob nun die Entwürfe zu den Gemälden wirklich von Mascagni und Solari sind, läßt sich heute nicht mehr entscheiden. Ihr Inhalt weist auf einen gelehrten Urheber hin. Ausgeführt wurde die Malerei nach den Angaben der Stadtrechnungen[3] durch Wilhelm Weißenkirchner um den Betrag von 1818 fl. Ein einheimischer Bildhauer, Josef Waltburger, machte für 163 fl. das Standbild der Gerechtigkeit ober dem Portale. Dieses und die Mondkugel sind die einzigen Überreste des reichen Mauerschmuckes! Im Innern wurde der Tanzsaal und zwei Stuben bis zur Brusthöhe vertäfelt, die übrige Wand mit aus Venedig bezogenen Ledertapeten bekleidet; der Sitz des Bürgermeisters war mit rotem Damast überzogen und zeigte das in Seide gestickte Stadtwappen; die Sessel der Ratsherren waren aus Holz mit Lederüberzug. Zur Beleuchtung dienten dreizehn je fünfzehn Pfund schwere Leuchter aus Messing und zwölf „englische" Leuchter mit Schalen. Ein Gemach war mit zweiundzwanzig Trachtenbildern aller Völker – wohl Kupferstichen – behängt. Die Kosten für Bau und Einrichtung beliefen sich auf 10.696 fl. Von all diesen Sachen ist jetzt nichts mehr vorhanden. Wahrscheinlich wurde bei einem neuen Umbau in den Jahren 1762 bis 1764 die innere Einrichtung modernisiert. Damals wurde auch der Turmaufsatz erneuert und erhielt wahrscheinlich die gegenwärtige sechseckige Grundform und das Zwiebeldach. Unter Erzbischof Hieronymus erfuhr der große Saal eine Neugestaltung. Er war schon im alten Rathause zu Tänzen und Mahlzeiten verwendet worden. Soll sich doch von einem Tanz auf dem Rathause der junge Domherr Wolf Dietrich von Raitenau die schöne Bürgerstochter Salome Alt geholt haben! Auch Aufführungen von Komödien durch die Schüler des Domes und St. Peters sowie Schwerttänze (1601 und 1607) fanden hier statt. Im Fasching 1655 gaben die vornehmsten Hofherren und Beamten darin einen Mummenschanz, in dem sie eine Bauernhochzeit darstellten[4]. Seit Erzbischof Hieronymus sollten hier alle größeren Bälle abgehalten werden und die Stadt die Wirtschaft auf ihre Rechnung führen. Diese Nebenbestimmung blieb dem Saale bis tief in das vorige Jahrhundert hinein, wo er infolge Platzmangels verbaut wurde und nur ein Teil als Sitzungssaal erhalten blieb.

Im Äußeren blieb das Rathaus fast unverändert bis heute. Nur zwei Dinge sind seitdem verschwunden, die einst seine Stirnseite nicht gerade schmückten. Das eine ist der Pranger, welchen noch 1748 der Bürgermeister Kaspar Wilhelmseder aus Untersberger Marmor neu herstellen ließ. Er wurde wegen der vielen Gantfälle (Konkurse) errichtet, um darauf die verganteten Kaufleute auszustellen! Er dürfte erst unter bayerischer Herrschaft abgebrochen worden sein. Das andere war die „Judensau", ein derbes Spottbild auf die vielgeplagten und verfolgten Anhänger des mosaischen Gesetzes, welches von dem erbärmlichen Tiefstande der ethischen Kultur und von unglaublicher Rohheit der Denk- und Empfindungsweise vergangener Jahrhunderte ein trauriges Zeugnis gibt. Das Spottbild aus Marmor ließ Erzbischof Leonhard im Jahre 1498 anbringen, nachdem er die Juden aus der Hauptstadt und dem ganzen Lande vertrieben hatte. Der Bildhauer Hans Valkenauer, derselbe, den Kaiser Maximilian I. mit der Herstellung eines großen Denkmales für die Kaisergräber im Dom von Speyer beauftragte, machte es. In dem Gedichte Deliciae judaicae (jüdische Ergötzlichkeit) von einem Heinrich Schröter von Weißenhorn, Darmstadt 1613, ist es neben ähnlichen Spottbildern in Magdeburg und Wittenberg erwähnt.[5] Ein anderes derartiges Bild, ein Gemälde, war auch am Brückentore in Frankfurt am Main; nach der Abbildung, die Scheible, Schaltjahr I, 614, gibt, scheint es die Erneuerung eines älteren Gemäldes zu sein und zeigt mehr Personen als das Wittenberger Bild; die Renovierung dürfte um 1677 erfolgt sein, wenigstens weist die Tracht darauf hin sowie die Nachricht, die Verspotteten hätten viel Geld gegeben, damit man das Bild auslösche, was nicht geschah. Das Salzburger Spottbild muß mehr dem Wittenbergschen gleichgesehen haben; von diesem findet sich eine Abbildung in einem von wütendstem Hasse gegen das Judentum erfüllten Büchlein eines Magister Johannes Praetorius, kaiserlich gekrönter Dichter, betitelt „Saturnalia, Das ist Eine Compagnie Weihnachts-Fratzen Oder Centner-Lügen und possirliche Positiones". Leipzig 1663. Darin wird ein lateinisches Gedicht von einem Petrus Winstrupius Danus mitgeteilt, worin das Wittenberger Bild beschrieben und abgebildet ist. Auch Luther beschreibt es in einem seiner Werke. Wir sehen von den unsauberen Phantasien dieser alten Antisemiten ab und geben lediglich das Wittenberger Bild wieder (siehe Abbildung).

Die Wittenberger „Judensau". Von der ähnlich aussehenden am Salzburger Rathaus ist keine Abbildung überliefert. Kupferstich aus: Johannes Praetorius, Saturnalia, Leipzig 1663.

Noch 1784 sah es Johann Pezzl, der Verfasser einer „Reise durch den baierischen Kreis" (Salzburg und Leipzig 1784), der darüber auf Seite 236 schreibt: „Ein Denkmal von einer anderen Art, ein barbarischer Beweis von dem ehemaligen Hasse gegen die Enkel Abrahams findet sich an einer Ecke des Rathauses. Es ist ein aus Stein gehauenes Schwein, an dessen Zitzen einige Juden saugen. Mich wundert es, daß es unter der jetzigen erleuchteten Regierung diese stumpfe Platitüde noch nicht auf die Seite geschafft worden." Was Pezzl gewünscht, geschah. Erzbischof Hieronymus ließ das Bild entfernen und vernichten – wenigstens hat sich keine Spur desselben wiederfinden lassen.

Nicht unerwähnt mag bleiben, daß einst das Rathaus zahlreiche Bewohner beherbergte: den Lesemeister, das ist der Prediger an der Pfarrkirche; den Stadtschreiber; den Stadtturner (Musikmeister); den Weinrufer (Aufseher über den Weinhandel); die Stadthebamme; den Ratsknecht und zwei Turmwächter; den Mautner an der Stadtbrücke; den Pächter des Pflasterzolles; die beiden letzteren sowie ein Barbier, ein Riemer, ein Zugwercher und ein Schlosser zahlten für ihre Wohnungen Zins. Auch die Beschaustube der Parchanter (Baumwollweber), der Geschirrgaden der Faßzieher und die städtische Brotbank waren hier untergebracht. Heute sind nur mehr die Läden im Erdgeschosse vermietet, den übrigen Raum – ein chaotisches Durcheinander von Sitzungszimmern, Kanzleien, Kassen, Schreibstuben, Gängen und Stiegen – beansprucht jetzt die Gemeindeverwaltung.

Wie lange wird es noch dauern, bis die emporblühende Bürgerstadt wieder ein Rathaus erbauen wird, das als Schmuck und Zierde der Stadt betrachtet werden kann, wie es einst dieses alte für die Bischofstadt war?

Anmerkungen

1 Stainhausers „Leben und Regierung des Erzbischofs Wolf Dietrich" ist herausgegeben von W. Hauthaler in den „Mitteilungen der Gesellschaft für Landeskunde" 1873; die Fortsetzung über Marx Sittich ist zum Teil abgedruckt in Adam Wolf: Geschichtliche Bilder aus Oesterreich I (Wien, 1878), 178 ff.; ein Bruchstück aus der Handschrift steht in der Unterhaltungsbeilage der Linzer „Tages-Post" Nr. 8, Jahrgang 1908.
2 Über diesen kenntnisreichen und fruchtbaren Schriftsteller unterrichtet die vorzügliche Arbeit von Dr. Karl Wagner „Die oberdeutsche allgemeine Literatur-Zeitung" („Mitteilungen der Gesellschaft für Landeskunde" 1908).
3 Bei Zillner, Geschichte der Stadt Salzburg, II., 513.
4 Personenverzeichnis veröffentlicht von Fr. Pirckmayer in den „Mitteilungen der Gesellschaft für Landeskunde" 1898.
5 Das Gedichte ließ O. Bukounig in der „Salzburger Zeitung" 1907, Nr. 57, nach dem Neudrucke in Scheible, Schaltjahr (1846), V. Band, Seite 212 ff., wieder abdrucken.

Bäder und Badeärzte in Gasteins älterer Zeit

❧ 1910 ☙

Während der reiche Goldsegen des schönen Gasteinertales im 14. Jahrhunderte entdeckt wurde, scheint man die heilsamen Kräfte seiner warmen Quellen erst seit dem 15. erkannt zu haben. Freilich lassen mehr phantasievolle als kritische Geschichtsschreiber die beiden Schätze in den rauhen Bergen, von denen der eine, das Gold, längst von den neidischen Geistern des Berges in die Teufe versenkt wurde, während das heilsame Wasser in immer gleich reicher Fülle dem Graukogel entspringt, schon viel früher bekannt sein; aber die Beweise für das Bestehen der Bergwerke bereits im 8. Jahrhundert oder der Kenntnis der warmen Quellen sogar im 7. sind noch ausstehend. Nur soviel kann man sagen, daß im Jahre 1342 bereits ein vollkommen eingerichteter Bergwerksbetrieb erscheint, so daß man den Beginn des Bergsegens etwa auf 1300 setzen kann.

Nicht viel besser sind wir über die Entstehung des Wildbades in der Gastein unterrichtet. Sie ist ganz in Dunkel gehüllt. Selbst die Nachricht, Herzog Friedrich von Österreich, nachmals als Kaiser der Dritte dieses Namens, der langlebigste unter allen Herrn des Reiches, habe 1436 das Bad besucht, um Heilung von einer Wunde zu finden, ist nicht recht beglaubigt, ebenso wie die Angabe, er habe dem Erzbischofe Johann II. sogar das Bad abkaufen wollen. Aber der Bestand eines oder vielleicht mehrere Bäder um diese Zeit ist sicher; denn schon 1419 wird in einem Verkaufsbriefe unter den Zeugen ein Jakob Smeltz vom pad genannt, womit die älteste urkundliche Erwähnung des Bades gegeben ist. Nach einer späteren Urkunde von 1442 überläßt ein Lienhard Dienstl, Wirt „in dem Ober Pad in der Gastewn", der das Bad und das Haus, auf dem er sitzt, seinem Schwager gegen Vorbehalt eines Wiederkaufes verkauft hat, dieses Lösungsrecht dem Erzbischofe Friedrich IV. von Salzburg. Im Jahre 1475 erhält bereits ein Wirt bei dem Unterbad, Georg Framringer, einen Wappenbrief, muß also zu den angesehenen Männern gehört haben.

Von einem Mitterbad spricht eine Urkunde von 1490: Wilhelm Dürnpacher, Wechsler und Landrichter in der Gastein, verkauft dem Josef Heckhl dem Älteren, Bürger zu Hof und Spitalmeister des neuen Spitals beim Mitterbad, zu Handen dieses Spitals mehrere Güter. Dieses neue Spital war eine Gründung des reichen Gewerken Konrad Strochner, der bereits 1489 dazu Gülten (Abgaben) im Betrage von 1300 fl. gegeben hatte. Konrad Strochner starb laut der Inschrift auf seinem Grabsteine in Hofgastein am 26. Februar 1489. In seinem

Testamente bedachte er sein Spital mit weiteren Einnahmen. Nach Erledigung aller Erbschaftsangelegenheiten wurde daher für diese am 4. Oktober 1496 von seinen Geschäftsträgern, Hans Serlinger, Verweser der Gusterey (Custodie) des Doms zu Salzburg und Kammerschreiber, Wilhelm Graf zu Schernberg, Pfleger zu Radstadt, und Hans Strochner, Pfleger zu Klammstein (Schloß und Pflegsitz an der Klamm in Gastein), ein neuer Stiftsbrief ausgestellt.

Zu Ende des 15. Jahrhunderts bestanden also in Gastein wenigstens drei Bäder und beim Mitterbad eine Taferne (Gasthaus). Über die weiter Entwicklung des Bades hat Professor Tassilo Lehner von Kremsmünster in seinem Büchlein „Die Familie Straubinger in Badgastein" kulturgeschichtlich höchst bemerkenswerte Angaben gesammelt. Indem ich auf dieses verweise, wende ich mich den Ärzten in Gastein zu, die, wenn sie auch ihren Sitz in Hofgastein oder anderswo hatten, doch zugleich als Badeärzte im Wildbad anzusehen sind.

Als ersten Arzt finden wir in den Listen, die 1497 aus Anlaß der Einhebung des „gemeinen Pfennigs", der ersten von Kaiser Maximilian I. ausgeschriebenen allgemeinen Reichssteuer, angelegt wurden, einen Meister Dietreich; 1502 wird ein Hans Pader der Ältere und 1507 ein Meister Hans Pader genannt. Ob die letztgenannten auch ärztlichen Beruf ausübten oder nur Badinhaber waren, ist schwer zu entscheiden. Doch dürfte wohl ersteres der Fall sein. Für ein weiteres Jahrhundert sind die ärztlichen Verhältnisse noch nicht erhoben; doch ist wohl kein Zweifel, daß Hofgastein und damit auch das Wildbad wenigstens nie ohne einen Wundarzt waren. Erst 1607 hören wir, daß Erzbischof Wolf Dietrich, der den Wert des Gasteinertales, seiner Bergwerke und seines Bades klar erkannte, so daß er hier sogar mit der Gegenreformation Halt machte und den Bekennern der augsburgischen Konfession Duldung angedeihen ließ, einen Arzt und einen Apotheker ins Wildbad sandte. Doch war diese Maßregel nur vorübergehend. Vornehme und reiche Leute brachten ins Wildbad häufig selbst einen Arzt mit, so daß den Badern im Tale nur die Behandlung der Einwohner und ärmerer Badebesucher blieb. Um die Mitte des 17. Jahrhunderts wird ein Thomas Aufhamer als Bader und Wundarzt genannt, der 1673 schon als gestorben erwähnt wird. Wenig früher, 1671, errichtete Erzbischof Max Gandolf von Kuenburg in Radstadt ein Physikat. Der erste Physikus war der Doktor der Medizin und Philosophie Franz Duelli, der auf Berufung auch nach Wildbad reiste, während seine Nachfolger sich zur Sommerszeit sogar dort dauernd aufhielten, somit als eigentliche Badeärzte zu bezeichnen sind. Duelli war ein warmer Freund der Armen. Er stiftete im Wildbad das „Ehrungsbuch zu beyhilflicher Unterhaltung beeder hh. Primi et Feliciani, dann h. Nicolai armen Gotteshäusern bey dem selbst warmen Bade in Gastein, um daß der allmächtige Gott durch Fürbitte dieser hh. Patronen die edle Gabe des heilsamen Badewassers zu Hilf deren dahie ankommenden hoch- und niedern Standes Personen beständig erhalten und selbigen die verlangende Gesundheit verleichen wolle." Im Interesse der Armen untersuchte er auch die warmen Quellen in der Großarlerache, hinter dem oberen Ausgange der Liechtenstenklamm, wo tatsächlich später ein kleines Bad entstand, das aber bald wieder einging. Im Jahr 1694 wurde er Stadtphysikus in Salzburg, wo er 1721 starb. Er war auch kaiserlicher Pfalzgraf. Sein Grab ist im St. Petersfriedhofe.

Sein Nachfolger in Radstadt und Gastein war Tobias Bernhart, der 1726 verschied. Nach ihm wurde Wolfgang Anton Eckhl, Licentiat der Philosophie, Dr. med., hochfürstlich salzburgischer Secundär-, Leib- und Hofarzt, hochf. Rat, Physikus in Radstadt und Badearzt, der über das Wildbad das Werk „Salus rediviva a fonte", das ist: „Heyl- und Wundersames in dem Hohen Ertz-Stift Saltzburg Gasteiner Wild-Bad, Darinnen alle zum Theil schwäriste Kranckheiten deß Menschens (wenig außgenommen) glücklich curieret und geheylet werden zum Nutz und Trost aller bedürfftigen kürtzlich beschrieben." Die erste Auflage erschien 1738, eine zweite 1750, ja noch 1832 eine neue bei Oberer in Salzburg, die mit den früheren genau übereinstimmt – ein schlagender Beweis, wie gering der Fortschritt in der medizinischen Wissenschaft in dem Jahrhundert, das seit der ersten Ausgabe verstrich, gewesen ist.

Der folgende Physikus Joh. Jos. Egger, zugleich hochfürstlicher Rat, starb am 15. Juli 1760 in Badgastein selbst plötzlich, wie sein Grabstein in der Nikolaikirche sagt:

Steh still / O Wandersmann / Sehe Ich / Joann. Joseph Egger / Hochfürstl. Salzb. Rath, der / arzneykunst Doctor in Radstadt und Gastein / villen Menschen schon geholfen hab / Lig augenblycklich selbst im Grab / Da ich den 15. July zu Nachts / gegen 11 Uhr Meines Alters im 64. Jahr / von Schlag getroffen / ganz unverhofft in Gott entschlaffen. / Kom dann, o Wandersmann / Ach komme daher zue / hör meine Bitte an / Wynsch mir die Ewige Ruhe / Amen. /

Nach Radstadt wurde nun Dr. Anton von Wietenstädter, Stadtphysikus in Friesach, berufen, der am 19. November 1787 starb. Ihm folgte ein sehr fruchtbarer Schriftsteller, der in Ingolstadt 1754 geborene Dr. Ignaz Niederhuber, 1779 bis 1791 kurbayrischer Physikus zu Erding. Seine Schrift: Irritabilitas muscularis ad simplices Naturae leges revocata, Angiipoli (Ingolstadt), 1777, ist wohl seine Doktordissertation. 1784 ließ er gleichfalls in Ingolstadt eine „Theorie über die Kräfte der Natur in den Krankheiten des menschlichen Körpers für Anfänger in der Arzneykunde" drucken. In Landshut erschien dann 1789 (2. Aufl. 1791) sein „Neuer gründlicher Unterricht, wie jeder Bewohner des Landes in Mangel eines Arztes bey allen Fällen aufstoßender Krankheiten sich mit Nutzen behelfen kann". 1790 erschien von ihm in München eine Abhandlung über die „epidemisch herrschende Viehseuche, der gelbe Schleim genannt", 1792 in Landshut eine Übersetzung von „Sydenhams (wohl des berühmten englischen Arztes Thomas S., 1624 bis 1689, dessen Werke auch 1786 bis 1787 in Wien deutsch erschienen) Abhandlung über das Podagra und mit Anmerkungen beleuchtet zur notwendigen Warnung wider den gefährlichen Gebrauch spezifisch antipodagrascher Mittel". Als Badearzt in Gastein verfaßte er und ließ bei F. X. Duyle in Salzburg erscheinen: „Einige notwendige praktische Erläuterungen über den nützlichen Gebrauch des im Hochgebirg des Erzstiftes Salzburg gelegene Gasteiner-Bades. Gewidmet den Badgästen aller Art und Standes." 1792. Der „Entwurf einer medizinischen Polizey-Pflege bey herrschenden Viehseuchen" (Salzburg, Mayrische Buchhandlung 1793) scheint sein letztes Werk zu sein. Der fleißige Arbeiter starb 1804 in Radstadt.

Damit sind wir an der Schwelle des 19. Jahrhunderts angelangt und begegnen nun zum ersten Male einem Namen, der für Salzburg noch durch zwei Generationen von Bedeutung war, dem des Dr. Franz von Paul Storch. Er war als Sohn eines armen Kleinhäuslers aus Hermsdorf bei Leitmeritz 1763 geboren, studierte unter großen Entbehrungen in Prag und promovierte 1792 als Dr. med. in Wien. Erzbischof Hieronymus stellte ihn als Landphysikus im Lungau an und verlieh ihm den Titel eines Hofrates. 1801 kam er als Primararzt in das St. Johannsspital nach Salzburg, wo er auch unter der kurzen kurfürstlichen Regierung wirkte. 1804 wurde er als Landschaftsphysikus und Badearzt im Wildbad angestellt, wo er bis 1837 eine eifrige ärztliche und wissenschaftliche Tätigkeit entwickelte, bis ihn das Alter zwang, auf seine Stelle zu verzichten und sich auf sein Landgut Glanegg zurückzuziehen, wo er am 12. Februar 1838 starb. Er schrieb eine ausführliche Monographie des Gasteinertales, deren Manuskript im Museum zu Salzburg liegt. Als fleißiger Mineralog sammelte er eifrig die Gesteinssorten des Tales, die er im Wildbade zur Unterhaltung der Kurgäste im Vereine mit anderen Naturseltenheiten ausstellte. Mit der Erinnerung an diesen Mann, dessen und dessen Gattin wohlgetroffene, anmutige Porträte das Salzburger Museum bewahrt, sei diese anspruchslose Skizze geschlossen. Denn seit der Mitte des verflossenen Jahrhunderts beginnt die Neuzeit des alten Wildbades, das heute zum Weltbade vornehmsten Ranges geworden ist.

Mausoleum und Gruft
des Erzbischofs Wolf Dietrich

❧ 1911 ❧

Zu den reizendsten kirchlichen Bauten Salzburgs gehört die Gabrielskapelle im St. Sebastiansfriedhofe. Zwar ist das Äußere des Baues nicht besonders bemerkenswert, zumal es recht ungünstig gefärbelt ist. Aber schon das stilvolle Marmorgewände des Einganges und das prächtige Gitter aus Schmiedeeisen mit seinen feinstilisierten Ranken, das ihn abschließt – leider wieder durch die weiße Blechwand an der Rückseite in seiner Wirkung beeinträchtigt, versprechen Schönes. Und in der Tat – beim Eintritt in den mäßig großen Raum gerät jeder, der nur einigermaßen Sinn für architektonische Reize und malerische Innendekoration besitzt, geradezu in Erstaunen über die Fülle der Schönheit, die hier aufgespeichert ist. Welch faszinierenden Eindruck macht die bunte Bekleidung aller Wände mit Majoliken; wie reizend sind die Girlanden an der Kuppel, wie machtvoll die Statuen der Evangelisten, wie gediegen die beiden Bronzerahmen des Nürnberger Rotschmiedes Christoph Herolt mit der Weiheinschrift und der Begräbnisanordnung des Stifters der Kapelle, wie edel einfach der Altar in der Chornische mit seinem anmutigen Bilde und der plastischen Deckenverzierung! Leider passen die neueren Fenster zu beiden Seiten des Chores wieder nicht – da gehören solche mit Butzenscheiben oder Malerei, wie sie vielleicht vorhanden waren. In der Mitte des Zentralbaues, gerade unter der Kuppellaterne, schließt eine Marmorplatte die Gruft, in der Wolf Dietrich seine letzte Ruhestätte finden wollte. Schon 1603 war der wunderbare Bau, der seinem Urheber, dem prachtliebenden Fürsten und seinem Schöpfer, dem genialen Architekten Elia Castello alle Ehre macht, vollendet. Damals wiegte sich der glänzende Erzbischof, in der Blüte des männlichen Alters, im Vollbesitze des höchsten Glückes, das Sterblichen gewährt ist. Aber als echter Renaissancemensch fühlte er auch schon die Nichtigkeit alles Irdischen und traf deshalb für seine Beerdigung jene demütigen Bestimmungen, die eine der beiden Erztafeln verewigt: Meinen Leichnam soll man nicht öffnen, nicht länger als 24 Stunden aussetzen, in seinem Alltagskleide sollen ihn niedere Hofdiener in die Gruft senken; seiner Bahre soll nur ein Kreuz und vier Leuchter vorangetragen werden; sechs Mönche aus dem Orden des hl. Franziskus und sonst niemand soll sie begleiten, des Nachts, unter dem Geläute der einzigen Glocke von St. Sebastian soll man ihn zur letzten Ruhe tragen. Niemand soll seinetwegen im Trauerkleid gehen; man soll vielmehr den höchsten Gott um Gnade für die Seele und um Vergebung für die Sünden des Verstorbenen anflehen.

Kaum acht Jahre später, im Herbste 1611, ist der reiche Fürst ein armer Gefangener. Erst in Werfen, dann auf Hohensalzburg wird er allen Demütigungen unterworfen, die der Haß der Feinde erdenken konnte. Trotz seiner Abdankung, trotz aller Versprechungen der Gegner, trotz aller eigenen und anderen Bemühungen, muß er sechs lange Jahre hinter Kerkermauern dahinsiechen, indes sein Nachfolger rauschende Feste feiert und kostbare Bauten beginnt. Erst am 16. Jänner 1617 erlöst ihn der barmherzige Allbefreier Tod. Am 19. Jänner ließ ihn Erzbischof Marcus Sitticus mit all dem Prunke bestatten, der ihm als Erzbischof und Fürst gebührte, – er brauchte den Toten nicht mehr zu fürchten!

Seine Lieblinge bewahrt das Volk in gutem Gedächtnis und windet in ihr Leben und Sterben den Blumenkranz der Sage. Wie es von Karl dem Großen erzählt, er ruhe in der Gruft zu Aachen auf dem Throne sitzend, so erzählte es sich von Wolf Dietrich, er sitze in der Gruft auf einem Stuhle, in den Händen Baupläne und Stiftsbriefe haltend. In der Tat wurde er in einem Sarge beerdigt. Wir wissen nicht, ob bei den Restaurierungsarbeiten an der Grabkapelle unter Erzbischof Guidobald Thun 1665 oder unter Andreas Jakob Dietrichstein 1750 die Grabesruhe des Erbauers gestört wurde. Sicher ist, daß die Gruft 1786 geöffnet wurde, da der Bischof von Chiemsee, Ferdinand Graf von Zeil-Trauchburg, zu den Füßen Wolf Dietrichs ruhen wollte. Damals fand man in der Gruft vermoderte Gebeine und Kleidungsstücke in einem einfachen Holzsarg. Ein zweites Mal öffnete sich die Ruhestätte für den letzten Bischof von Chiemsee und Administrator der Erzdiözese, Siegmund Christoph Graf Waldburg-Zeil 1814. Auch damals scheint man den Sarg Wolf Dietrichs nicht weiter beachtet zu haben. Erst 1848, als Weihbischof Alois Hoffmann beigesetzt wurde, ließ Erzbischof Friedrich Fürst Schwarzenberg die Reste Wolf Dietrichs in eine Holzkiste bergen; die Handschuhe und ein Brustkreuz aus Bronze brachte V. M. Süß ins Museum. Nun hatte die Gruft wieder Ruhe bis 1873, in welchem Jahre Weihbischof Rupert Mayr dort beigesetzt wurde. Da der Sarg Wolf Dietrichs wieder ganz vermodert war, wurde 1876 eine kleine Tumba aus Zement zur Aufnahme der Überreste bestimmt.

Auch diese ist dem Verfalle nahe und die Särge, in denen die vier anderen Leichen ruhen, sind vollständig vermorscht. Es ist Gefahr vorhanden, daß die Zementtumba stürzt und die Überreste aller in der Gruft ruhenden unterschiedslos durcheinander geworfen werden. Um dieses zu verhindern und den Beerdigten würdige Stätten zu schaffen, hat sich der schon so vielfach für seine Vaterstadt als ganz eminent opferwillig erwiesene Inhaber der Leichenbestattungsanstalt Philipp Strasser bereit erklärt, dafür neue Särge zu spenden. Zur Untersuchung der Sachlage wurde am 9. März die Gruft geöffnet und im Beisein des Bürgermeisters Franz Berger, Stadtphysikus Dr. Würtenberger, Architekten Baurat Demel, Archivdirektor Dr. A. Mudrich, Archivkonzipist Doktor Franz Martin, Museumskustos Haupolter und mehrerer anderer Herren besichtigt, die Überreste der in zwei kleinen Särgen liegenden Leichen der Bischöfe Ferdinand

Der Friedhof und das Mausoleum Wolf Dietrichs bei St. Sebastian. Kupferstich von I. M. Wehrlin nach Franz Anton Danreiter, 1735 (SMS).

Christoph von Zeil und Alois Hoffmann provisorisch in andere gelegt, von der Gruft genaue Maße genommen und endlich vom Kustosadjunkt des Museums F. Grillparzer mehrere photographische Aufnahmen der Gruft und der Tumba Wolf Dietrichs gemacht. Es wäre vielleicht nicht ohne Berechtigung, die Särge der vier Weihbischöfe anderswo in einer leeren Gruft von St. Sebastian beizusetzen, – aber der eigene Wunsch und die Ruhe der Toten soll uns heilig sein, und so mögen sie auch ferner neben den Überresten des großen Erzbischofs ruhen. Aber auch dessen Gebeine verdienen ein würdigeres Behältnis, und es wäre meines Erachtens nicht zu viel, sie in einem kleinen Marmorsarge zu verschließen. Wolf Dietrich hat es um Salzburg wohl verdient, hat es wohl verdient um den Friedhof von St. Sebastian allein, der wegen seiner Arkaden und seiner Grabmäler zu den schönsten Friedhöfen gezählt werden dürfte, wenn er nicht so vernachlässigt wäre. Es ist geradezu ein Schlag ins Gesicht für jeden, der noch etwas Kunstsinn oder Pietät für die Werke der Vorfahren besitzt, wenn er sieht, wie Grüfte als Rumpelkammern für Petroleumfässer und Karren benützt sind, wenn er überall die Spuren der Zeit in kahlen Wänden und zerborstenen Bodenplatten findet, und wenn er endlich bemerkt, daß die Felder des Friedhofes zum Teil schon fast geleert sind von Kreuzen und Monumenten, da alle Gräber, die von den Angehörigen nicht mehr gepflegt werden, eingeebnet und die Denkmäler herausgeworfen werden! In irgend einem städtischen Baustadel sollen alte

Eisenkreuze und Steine ruhen, die einst auf dem Friedhofe St. Sebastian standen, wo sie unbegreiflicher Weise nicht mehr stehen durften. Warum sind denn die Friedhöfe, die Campi santi der italienischen Städte, so berühmt und besucht? Weil dort die Denkmäler von Jahrhunderten nicht nur von den alten Zeiten und ihren Menschen, sondern auch von der alten Kunst Zeugnis geben und so Museen ganz eigener Art sind! Und in Salzburg geht man mit dem Friedhofe, der in seiner Eigentümlichkeit dem von St. Peter nicht nur nicht nachsteht, sondern ihn gewissermaßen übertrifft, in derartig verantwortungsloser Weise um! Da wird von Erhaltung des Stadtbildes, von Schutz der Denkmäler, vom historischen Charakter der Bauten gesprochen und geschrieben, – aber in Wirklichkeit sucht man jede Erinnerung an die Vergangenheit zu vernichten! Dem Linzertore wird der Hexenturm folgen, diesem der St. Sebastiansfriedhof, dann der Florianibrunnen und so fort, oder was bleibt wird verstümmelt, wie die Pferdeschwemme auf dem Siegmundsplatze oder wie es das Neutor werden muß, wenn die Bahn nach Riedenburg durchgeführt wird!

Bäuerliches Empire

∽ 1911 ∾

Im Jahre 1908 hat Vizebürgermeister und kaiserlicher Rat Ott von Salzburg im Dörfchen Gries im Pinzgau zwei Möbelstücke erworben, die er dem Museum zur Aufstellung überließ. Beide Stücke sind nicht ohne Interesse für die Geschichte der Stilentwicklung. Sie stammen aus einer alten Mühle, die einst der Propstei Berchtesgaden gehörte und von dieser erbrechtlich verliehen wurde. Im alten Steuerbuche, das bis in das erste Jahrzehnt des achtzehnten Jahrhunderts reicht, wird als letzter Besitzer der Mühle und Bäckerei in der Grieser und Lackner Rott (Kreuztrachten und Rotten waren in früherer Zeit die Unterabteilungen der Pfleggerichte) des Taxenbacher Gerichts Anton Scherntanner genannt, der die gesamte Realität um 5600 Gulden erworben hatte. Auf den Ottschen Möbeln erscheint sowohl auf Kasten, wie Bettstelle der Name Johann Scherndaner, beidemal mit der Jahreszahl 1813. In welcher Beziehung Anton und Johann Scherntanner standen, ist mir unbekannt; vielleicht war letzterer jenes Sohn und die Möbel etwa die Ausstattung bei Johanns Vermählung. Der Gesamtcharakter beider Stücke ist entsprechend dem darauf verzeichneten Jahre Empire; aber einzelne Teile in der Schnitzerei wie die Malerei zeigen noch den Charakter des Barocks. Das Empire bevorzugte ja Einfärbigkeit mit Golddekor. Unsere Möbel tragen reiche Bemalung. Auf dem hochgegiebelten, von der Figur eines Pelikan gekrönten Kopfhaupte der Bettstelle sehen wir eine Darstellung der Taufe Christi durch Johannes, am Fußhaupte ein schlafendes Jesuskind, von zwei Engelsköpfen bewacht. Die Bettseiten schmücken je drei ideale Landschaften, Orte mit Kirchen, Schlössern, mehrere an einem See gelegen, je durch ein Medaillon-Gemälde eines Kinderköpfchens getrennt. Auch das Fußhaupt trägt einen Aufsatz, der von einem Feston aus Lorbeerblättern und barockem Schnörkelwerk umschlossen ist. Die Knäufe an den Aufsätzen zeigen die charakteristische Vasenform des Empire.

Der Kasten erscheint noch mehr barock; ihn zieren an den Seiten je zwei gemalte Vasen mit Blumen in den beliebten Rahmen mit dem Flechtmuster. Die abgeschrägten vorderen Ecken sind durch die Figuren Joachims und Annas, die Mittelleiste zwischen den beiden Türen ist mit der Marias geziert. Die Figuren, ihre Sockel und Krönungen sind nach den Umrissen ausgesägt und an den Körper des Kastens angeleimt. Die Flügeltüren zieren vier Brustbilder, ebenfalls in den vorhin erwähnten Rahmen, und zwar die Heiligen: Papst Gregor, Hieronymus, Augustinus und Ambrosius mit ihren Attributen. Der Kranz des Kastens ist kräftig profiliert, der vergoldete Gesimsabschluß ganz barock. Doch mischen sich einzelne Empiredetails ein, wie auch das Schlüsselschild aus Messing die charakteristische Form dieses Stiles zeigt, während das Schloß selbst an der

Der Kasten aus dem Zimmer mit bäuerlichen Empire-Möbeln
im Salzburger Museum Carolino-Augusteum, Postkarte ca. 1920.

Innenseite sich als eine saubere Barockarbeit erweist. Könnte man beim Kasten auf ein höheres Alter schließen als die aufgemalte Jahreszahl angibt, so ist dies bei der Bettstelle kaum möglich. Zweifellos ist wohl, daß beide Einrichtungsgegenstände einheimisches Erzeugnis sind. Man darf sich ihre Entstehung vielleicht in der Weise erklären, daß man annimmt, die einheimischen Meister, Tischler, Maler und Anstreicher (die figurale und die rein dekorative Malerei sind kaum von dem gleichen Urheber), hätten in dem früheren Stile lang gearbeitet und nun auch versucht, den zur Mode gewordenen Empirestil zu bewältigen. Aber die Anhänglichkeit an die altgeübten Formen und besonders die Vorliebe für bunte Bemalung ließ ein volles Aufgehen in den neuen Stil nicht zu und so entstand eine Mischgattung, die einen ganz reizenden Effekt erzielt.

Das Zimmer, in dem diese Möbel stehen, birgt außerdem einen etwas älteren, aber ganz zu den anderen Stücken passenden Hausaltar, eine ähnliche Kommode mit Uhr, entsprechende Sessel und in die Zeit gehörige Porträts, so daß es uns ein wohlgelungenes Bild eines bäuerlichen Prunkzimmers aus dem Anfange des neunzehnten Jahrhunderts bietet.

Irma von Troll-Borostyáni
(Gestorben 10. Februar 1912)

✑ 1912 ✑

Sind wirklich mehr als zwei Jahrzehnte verflossen, seit ich an einem herrlichen Sommertage auf dem Gipfel des Untersberges die Bekanntschaft mit der geistreichen Frau machte, von deren Tode mir gestern morgens ihre Freundin Adele Esinger tränenden Auges die Nachricht brachte? Ist wirklich ein anderes Jahrzehnt dahin, seit ich in den von Anton Breitner herausgegebenen „Randglossen zur deutschen Literaturgeschichte" (10. Bändchen) über moderne Salzburger Dichter schrieb, darunter auch über Irma von Troll?

Was ich über sie sagte, ist wohl schon so vergessen, daß ich es wagen darf, es heute zu wiederholen, um so mehr wagen darf, als ich noch heute von dem Gesagten kein Wort hinwegnehmen kann, nur noch ein paar hinzugefügt habe.

„Unter uralten Bäumen steht ein altes Haus. In einem stillen Stübchen desselben, in das der sonnen- und sagenumwobene Untersberg hineinsieht, sinnt und schreibt sie. Die Blätter fliegen in die weite Welt – dahin – dorthin. Dann wird eine Anzahl gesammelt und uns erfreut ein Büchlein. Ihr letztes hat den vielsagenden Titel „Hunger und Liebe". (Leipzig bei Friedrich Wilhelm 1899). Novellen, die ganz Tendenz sind und doch so viel Poesie enthalten!

Sie predigen die neue frohe Botschaft der reinen Menschenliebe, kämpfen für die Stellung der Frau, brandmarken moralische Heuchelei, decken den Unterschied zwischen Naturgesetz und Menschensatzung auf und lenken das leidensstumpfe Auge auf das Morgenrot der neuen Weltordnung. Die Erfindung ist meist glücklich, die Charakteristik der Personen zeigt von tiefer Menschenkenntnis. Hübsche Naturschilderungen bieten angenehme Ruhepunkte oder sind Spiegelbilder der seelischen Vorgänge. Wie draußen der Vollmond plötzlich alles mit seinem magischen Lichte überschüttet, so zuckt auch in der Seele der jungen Frau, die aus Dankbarkeit den alten Wohltäter heiratet, die grelle Erkenntnis, daß sie seelisch einem andern angehöre. Der edle Greis erkennt aber „den Irrtum, daß kraftvoll blühende Jugend mit der Entsagung welkenden Alters zu ersprießlichem Bunde aneinander sich schmiegen können" und gibt das junge Leben dem Leben zurück („Ein Kuß"). Die Schutzlosigkeit der armen Arbeiterin ist das Thema in „Brot". – „Laßt die Frauen nicht erwerbsfähig werden, sonst habt ihr nichts für eure Lust" ist die Idee in der packenden Erzählung „Die Stützen der Moral". Der Herr Minister verweigert einer jungen Ärztin die Ausübung der Praxis im Interesse der Familie und der Moral, er, der ein Familienglück zerstört und ein Mädchen verführt, verlassen und der Schande ausgeliefert hat. Und die Tochter dieser „Stütze der Moral" ist die junge Doktorin. Sie weiß die Wahrheit und versteht dem Ministervater reinen Wein einzuschenken! – Die Frage der Heirat der Verführten ist eine jener, deren Lösung fast unmöglich ist. Wie unglücklich eine solche Ehe werden kann, zeigt „Der Vater"; was aus der Verlassenen wird „Das Licht im Fenster". Eine beißende Satyre auf die fadenscheinige Moral der besseren Kreise ist „Lieb Mütterchens Sorge": – man verkuppelt die Tochter an den alten reichen Freier und hält für die Söhne hübsche Dienstmädchen. Rührend ist die Geschichte des armen Bettelbuben „Schipp", boshaft „Non olet", psychologisch interessant „Ein Dankopfer". Als großartiges Phantasiebild muß „In der Sylvesternacht" bezeichnet werden. Glück, Ehre, Religion, Hoffnung, Sinnengenuß, – alles Täuschung, Irrtum, Schaum! Nur die Liebe, aber nicht jene selbstsüchtige, die liebt, um geliebt zu werden, sondern jene heilige erhabene Liebe, die liebt, um Freude zu schaffen, nicht um Freude zu ernten; die Tränen trocknet, Schmerzen heilt, Kummer lindert, – ihrer eigenen Tränen, ihrer eigenen Schmerzen, ihres eigenen Kummers vergessend – nur diese Liebe bringt Stärkung, Genesung, neuen Lebensmut. Endlich sei noch die Erzählung „Eine Beichte" erwähnt, in der die alte und die moderne Weltanschauung zusammenstoßen, um zu zeigen, das I. v. Troll keinem Probleme ausweicht und für jedes eine Lösung findet. Andere Erzählungen sind noch verstreut. Hervorgehoben seien zwei. „Das kleine Scheusal" (Kölnische Zeitung 1902), eine ansprechende Künstlernovelle; sie zeigt die Heilung eines körperlich mißgestalteten und deshalb zum Menschenhasser gewordenen Malers durch die Kraft der Liebe einer Schülerin. In „Höhenluft" (Für alle Welt 1902) führt uns die Verfasserin, eine begeisterte Verehrerin der Hochgebirgswelt, in die großartige Szenerie des Glocknergebietes. Hier findet ein junger Wiener Beamter nicht nur die verlorene Lebenslust, sondern auch die ihm zugedachte Braut, der er entfliehen wollte, weil sie eine Ärztin ist. – Diese Erzählung greift schon in die soziale Frage über, insoferne die Verfasserin mit gewichtigen Gründen die Vereinbarkeit echt weiblichen Wesens mit dem strengen Berufe des Arztes dartut.

Bevor ich jedoch der jener Frage gewidmeten publizistischen Tätigkeit I. v. Trolls gedenke, möchte ich eines Dramas Erwähnung tun, das zwar noch nicht gedruckt, aber am Salzburger Theater eingereicht ist. Es betitelt sich „Der Sohn" und behandelt das Thema der Vererbung mit einer tragischen Wendung, die als originell bezeichnet werden kann.

Auf sozialpolitischem Gebiete verficht v. Troll mit Beredsamkeit und Wärme die Ideen der sozialen Reform. Beweis dessen sind ihre Aufsätze über „Egoismus und Altruismus" (Kyffhäuser 1899), „Jugendliche Selbstmörder" (Die Waage 1902), „Die Aufgabe des Staates hinsichtlich der Jugenderziehung", „Soziale Verantwortlichkeit" (Der Freidenker, Milwaukee 1900 und 1901) u. a. Alle zeigen von tiefem Erfassen der modernen Ideen und warmem Herzen für die Armen oder Entrechteten. Ihr Buch „Verbrechen der Liebe (Leipzig, Max Spohr) ist sogar 1902 in zweiter Auflage erschienen, obwohl oder trotzdem sie darin mit rücksichtsloser Wahrheit, aber auch mit unerbittlichem Ernste eine Wunde bloßlegt, an der die Welt ärger krankt, als die meisten nur ahnen. Möge die Schriftstellerin nicht der Prediger in der Wüste sein, sondern die Schlußworte ihres Buches die verdiente Beherzigung finden, die da lauten: „Mit schmerzbebender Hand habe ich den Spiegel aufgestellt, und daß Ihr das Bild des grausigen Jammers schauet – an dem Ihr so gerne achtlos vorübereilt oder von dem Ihr Euer Auge abwendet, – damit es Euer Herz rühre und in Euch eine heiße starke Sehnsucht erwecke nach jener Reinheit, jener Freiheit, die in Eurer Macht liegt, zu erringen und die allein Euch befähigt, den Born der Liebe, den Ihr in törichter Verblendung zu einer Quelle der Leiden, der Sünde und Verbrechen umgewandelt, zu dem werden zu lassen, was die Natur in ihm uns bieten will: den nieversiegenden Jungbrunnen der Menschheit."

In vorstehenden Zeilen ist nur ein kleiner Bruchteil der Schriften der hochbegabten Frau aufgezählt, die 1878 zuerst mit dem Werke „Die Mission unseres Jahrhunderts" in die Literatur eintrat. In diesem wie in den folgenden Schriften: „Im freien Reiche" (1884), „Herzens- und Gedankensplitter" (1887), dem Roman „Aus der Tiefe" (1892) tritt uns schon das Charakterbild der tapferen Frau entgegen, die es wagte, mit allen den uraltgeheiligten Anschauungen und Formen und Gedanken zu brechen und sich auf den Boden des strengsten, folgerichtigsten, reinen Menschentums zu stellen.

Das Problem, wie sie sich zur höchsten Freiheit der Persönlichkeit emporrang, kann ich nicht lösen, da ich ihre Bildungsgeschichte nicht kenne. Heute liegen mir über ihr Leben nur wenige Daten vor. Irma v. Troll war ein Salzburger Kind; hier wurde sie am 31. März 1847 als Tochter eines kaiserlichen Beamten geboren. Über ihren Bildungsgang kann ich nichts angeben; ihre besten Lehrer waren wohl ihr scharfer Verstand und ihr sinniges Gemüt. Die herrliche Umgebung ihrer Vaterstadt lenkte früh ihre Schritte hinaus und hinauf auf die sonnigen Höhen, die sie auch in späteren Jahren noch heiß liebte. Die Heirat mit Ferdinand Borostyáni, dem Chefredakteur des „Pesti Hirlap", entführte sie der schönen Heimat, in die sie wiederkehrte, als ihr Gemahl in der Eigenschaft eines Korrespondenten deutscher, französischer und englischer Blätter nach Paris zog, wo er am 5. August 1902 verschied. In Salzburg lebte sie in dem anfangs dieser Zeilen geschilderten bescheidenen Landhause der befreundeten Familie Baumgartner, zugleich mit ihrer Schwester Minna, die lange Jahre als Erzieherin in Rußland tätig gewesen war.

Nervenleiden als Folgen anstrengender geistiger Tätigkeit brachten der Verewigten manchen schlimmen Tag; aber eine Fahrt ins Hochgebirge, ein Bad, ein Sommeraufenthalt in einem stillen Alpentale gaben immer wieder frische Kraft und neuen Mut zu neuer Arbeit. So schrieb sie denn noch manches Buch und manchen Artikel.

Im Herbste 1911 suchte sie Erholung an den Ufern des Gardasees. Vor ihrer Heimreise traf ich noch einmal mit ihr zusammen und erfreute mich an ihrem guten Aussehen – seitdem bin ich ihr nicht mehr begegnet – heute stehen ihre Freunde trauernd an ihrem Grabe! – Sei ihr die Erde leicht! – Sie hat ihre Waffen abgelegt, aber das, wofür sie ihr Leben lang gekämpft, überdauert sie: Der freie Gedanke!

Der Pegasus

❧ 1912 ❧

Wenn wir Gemälde oder Stiche aus Salzburgs erzbischöflicher Zeit betrachten, so erfüllt uns stets Bedauern, daß so viele Schöpfungen jener kunstfrohen Tage nur mehr verstümmelt oder in einzelnen Stücken oder am unrechten Platze stehend oder als Ruinen oder aber überhaupt gar nicht mehr vorhanden sind. Zu den für die Barockzeit – denn um diese handelt es sich bei Salzburgs Kunstobjekten hauptsächlich – so charakteristische Anlagen gehören Zierbrunnen und dekorativ ausgestattete Pferdeschwemmen. Glücklicherweise besitzt die Stadt noch den Residenzbrunnen und die Pferdeschwemmen auf dem Kapitel- und Sigmundsplatze. Dagegen ist eine dritte verschwunden, die einst vor der Hauptfront des Schlosses Mirabell lag, der Schöpfung Wolf Dietrichs, aber erst von Marx Sittich ausgebaut und unter Franz Anton Harrach anfangs des 18. Jahrhunderts umgebaut.

Wie den Mittelpunkt der Pferdeschwemme auf dem Sigmundsplatze, die unter Johann Ernst Thun entstand, der prächtige Pferdebändiger von Mandl bildet, so bildete einst den eines Schwanenteiches vor dem Mirabellschlosse ein Pegasus, ein Flügelpferd, eines jener Fabelwesen, in dem die lebhafte Phantasie der Griechen den Schwung der Phantasie verkörperte, das daher Späteren als Symbol der Dichtkunst galt. Aus dem Blute der Medusa entstanden, als ihr Perseus das Haupt abhieb, wurde der Pegasus von Neptun auf den Berg Helikon geschickt, um diesem einen Fußtritt zu versetzen, weil er sich aus lauter Freude über den Gesang der Musen bis zum Himmel erheben wollte. Bei dieser Gelegenheit entsprang unter dem Hufschlage des wunderbaren Pferdes die Quelle Hippokrene; ein Trunk aus dieser setzt die Dichter in Begeisterung. Später wurde der Pegasus in den Olymp versetzt, und Eos oder Aurora spannten ihn vor ihren Wagen.

Jener wundertätige Hufschlag machte das Flügelpferd zum beliebten Schmucke von Brunnen oder Zierteichen, und so ließ auch Guidobald Thun die Pferdeschwemme, die einst mitten auf dem Kapitelplatze lag (die heutige ist erst ein Werk Leopold Anton Firmians von 1732), mit einem Pegasus schmücken, demselben, der heute in einem Winkel des Museums ein wenig beachtetes Dasein führt. Als Schöpfer des Werkes gibt der Musealbericht für 1859 den „erzbischöflich österreichischen Rossierer" Kaspar Großen an, der den Pegasus in den Jahren 1660 und 1661 aus Kupfer trieb, wofür ihm der Erzbischof 530 Gulden bezahlte. Die Größe des als springend dargestellten Fabelwesens übertrifft die eines starken Pferdes nicht viel; die Länge von der Schwanzspitze bis zu den in die Höhe steigenden Vorderhufen ist 2,48 m, die Höhe 2,20 m. Nach dem alten Bilde stand es in der alten Kapitelschwemme auf einem vielleicht drei Meter hohen Felsblocke.

Seit Johann Ernst Thun finden wir den Pegasus in der Pferdeschwemme vor dem Mirabellschlosse. Die Schwemme umgab eine Einfassung aus unbehauenen Steinen. An dieser waren zwei Einhörner und zwei Löwen aufgestellt – wie ein Gemälde auf Leinwand an einer Wand einer Wäschkiste zeigt, die, aus Schloß Mirabell stammend, auf dem Deckel und an drei Seitenwänden Abbildungen vom Mirabell in Holzintarsia zeigt; sie steht im Rokokozimmerchen des Museums. Nach einem anderen alten Bilde in Privatbesitz (Photographie im Museum) waren an der Umfassung vier Einhörner, nach Lorenz Hübners Beschreibung der Stadt Salzburg I, 393 zwei ruhende Löwen und – zwei Rhinozerosse (!). Der Pegasus selbst stand in der Mitte der Schwemme auf dem Durchschnittspunkte zweier sich kreuzenden, aus unbehauenen Steinen aufgebauten Bögen mit dem Kopfe gegen die Mirabellfront. Hier blieb er bis zum Jahre 1818, in dem ein Teil des Schlosses wie eine Reihe anderer Gebäude einem verheerenden Brande um Opfer fiel (30. April). Wahrscheinlich noch im gleichen Jahre wurde die Pferdeschwemme aufgelassen; die Einhörner und die Löwen kamen in den Mirabellgarten; jene stehen heute an der Verbindungsstiege zwischen Garten und Kurpark, diese oberhalb der Stiege zum Zwerglgarten. Der Pegasus fand auf dem Hannibalplatz (heute Makartplatz) eine neue Aufstellung, auf einem Felsaufbau von etwa drei Meter Höhe, aber nicht mehr als Mittelpunkt eines Wasserbeckens, was seine Wirkung erheblich beeinträchtigte. Hier stand er bis zum Jahre 1859; es ist nicht ersichtlich, was die Wächter der Stadt zu seiner Entfernung bewog; ästhetische Rücksichten dürften es kaum gewesen sein, ebenso wenig der Umstand, daß lustige Studenten manchmal den Schweif des Musenpferdes in die Höhe drehten; eher dürfte man an jene damals hervortretende Neuerungssucht, gepaart mit historischer Verständnislosigkeit denken, der so vieles im alten Salzburg zum traurigen Opfer gefallen ist.

Seit 53 Jahren steht nun der gute Pegasus in seinem Winkel. Man hat in dieser Zeit auch in Erkenntnis des Wertes alter Werke einen kleinen Fortschritt gemacht und sucht, so gut es gehen kann, manches früher Getane oder Unterlassene wieder gut zu machen oder nachzuholen. So soll denn auch der alte Pegasus wieder an einem passenden Platze aufgestellt werden, nur das wo? steht noch in Frage. Vor allem ist zu betonen, daß er nur ganz frei, ohne beschränkenden Hintergrund eines Bauwerkes oder von Bäumen zu stehen kommen muß, dann, daß er unbedingt in Verbindung mit Wasser zu bringen ist. Er kann entweder als Schmuck eines naturalistisch angelegten Brunnens oder als Mittelpunkt eines Zierteiches aufgestellt werden oder aber so, daß beides vereinigt wird: in der Mitte eines mäßigen Teiches, auf einem Aufbau roher Felsen, etwa schön vom Wasser ausgewaschener Marmorblöcke, steht in der Höhe von drei Metern das edle Pferd, dem Felsen aber entspringt eine breite Quelle, die sich in

Titelblatt zum ersten, 1791 erschienenen Band von August Franz Heinrich von Naumanns „Sammlung der schönsten Prospecte des Landes Salzburg" (SMS).

Der Pegasus wird dabei wie folgt beschrieben: „Sodann wählte man zum Vordergrunde die bey der hochfürstl. Sommerresidenz Mirabell befindliche Statue des Pegasus auf der Schwemme, mit dem künstlich durchbrochenen Felsen, wodurch die Pferde geschwemmt werden können."

den Zierteich ergießt. Aber auch die Umgebung des barocken Gebildes muß barock sein. Wo findet man eine solche? Es dürfte kaum eine schönere sein, als der Mirabellgarten. In der Mitte des Brunnens aufgestellt, das Haupt der aufgehenden Sonne zugewendet, in seiner dunklen Patina[1] sich wirkungsvoll von den vier Doppelgruppen abhebend und doch farbig von ihnen nicht zu sehr abstechend, würde des alten Meisters Flügelpferd wieder im klaren Sonnenlichte stolz dastehen und manches Auge erfreuen, das ihn bis jetzt in seinem Winkel bemitleidet hat.

Anmerkung

1 Ja das Pferd nicht putzen!

Von der „Thalia"-Reise der österreichischen Flottenvereins-Ortsgruppe Meran-Mais

⮟ 1912 ⮜

Hans Widmann schilderte in einer Artikelserie die Erlebnisse seiner Seereise, die ihn von der Abfahrt mit der Thalia in Genua am 24. Mai 1912 bis nach Hamburg führte, wo er am 24. Juni ankam. Sie führte ihn über Korsika nach Palermo, über Tunesien und Algerien nach Spanien, wo Malaga, Granada, Cordoba und Sevilla besucht wurden. Weitere Stationen der Reise waren Cadiz, Lissabon, Bayonne, Biarritz, San Sebastian und Amsterdam. Hier soll nur sein Bericht aus Afrika gebracht werden, den Widmann während der Reise verfaßte und der noch während der Reise im Salzburger Volksblatt erschien.

Am Bord des Schiffes, 29. Mai 1912

Dem schönen Tage in Palermo folgte ein herrlicher Abend. Noch lange war die Küste Siziliens mit ihren Ortschaften und Leuchttürmen in Sicht. Unsere Blicke fesselte namentlich die Stadt San Giusiano auf dem Gipfel des gleichnamigen Berges, der im Altertum Eryx hieß und ein uraltes Heiligtum der vorphönizischen und phönizischen Bevölkerung trug, das auch bei den Römern noch als solches der Venus Erycina in hoher Geltung stand. Um das Heiligtum entspannen sich im ersten punischen Kriege schwere Kämpfe zwischen Römern und Karthagern, bis jene den Sieg davontrugen. Heute ist die uralte Siedlung, die den noch geltenden Namen vom Normannenfürst Roger erhielt – er sah hier den hl. Julian die Sarazenen in die Flucht schlagen – halb verlassen. Die laue Nacht vereinigte die ganze Gesellschaft zu einem Symphoniekonzerte der trefflichen Bordkapelle auf dem Sonnendeck, während das Schiff fast unmerklich dahinglitt. Was der Vollmondabend versprochen, hielt der kommende Morgen. Als wir um 7 Uhr aufs Deck traten, lag im Glanze der südlichen Sonne das Ufer Afrikas vor uns – kühne Berge, darunter Reihen weißer Häuser – Tunis und die Neubauten auf der Stätte des alten Karthago. Bald fuhr die „Thalia" durch die enge Einfahrt in den See el Bahira ein, durch dessen Mitte ein 1893 vollendeter Kanal von 10 Kilometer Länge selbst großen Dampfern die Zufahrt nach Tunis gestattet. Gegen 10 Uhr landeten wir dort – wir waren auf dem Boden Afrikas – ein neues Leben stieg vor uns empor!

Tunis ist ebensogut eine europäische Stadt, wie eine echt orientalische. Es besteht aus mehreren Teilen: dem europäischen Viertel mit langen Avenuen zwischen modernen Häusern, den zwei Vorstädten Rebet Bab-Djazira und Rebet Beb-Sonika und zwischen beiden die Altstadt Medina. Alle diese tragen echt arabischen Charakter: enge Gassen, fast fensterlose, niedere Hausfronten, kleine Plätze mit Cafés und unendlichem Gewimmel von Eingeborenen verschiedener Religionen und verschiedenen Stammes, teils in eleganten Araberkostümen, teils in zerfetzten Gewändern, alle aber mit der beschaulichen Ruhe des Orientalen daherwandelnd oder vor Cafés an Mauern, in kleinen Läden hockend, nichtstuend oder gemächlich ihr Handwerk betreibend. Hie und da erblickt man eine Gestalt in faltigem Gewande mit dem von dichtem schwarzen Schleier verhüllten Gesichte – nur die Augen frei – ein mohamedanisches Weib. Nur die zahlreichen Jüdinnen gehen unverschleiert, oft durch die spitzen Kegel der Kopfbedeckung auffallend, von der ein weißer Mantel über die ganze Gestalt herunterfließt. Unser erster Besuch galt natürlich den Arabervierteln, namentlich den Souks, den Bazaren, engen überdachten Gassen, wo sich ein Laden an den andern reiht; hier gibt es alle möglichen Waren und alle möglichen Werkstätten, in denen entweder listig blickende Hebräer oder würdig gelassene Mohammedaner ihren Kram ausbreiten oder stillernst auf Käufer und Aufträge warten.

Man betritt die Souks durch das Tor de France und tritt aus ihm auf den Platz an der Rue de la Kasba. Die Kasba, einst die Zitadelle, ist heute eine Zuavenkaserne. An dem Platze der Kasba liegt der Palast des Bey – jetzt verlassen und daher für Besucher zugänglich; er bietet eine Anzahl sehenswerter Gemächer in echt orientalischem Stile, daneben aber solche mit ganz unpassenden fränkischen Möbeln, wie im Ministersaale. Auf dem glatten Dache des Gebäudes genießt man einen lohnenden Ausblick auf die Stadt mit ihren weißen flachen Dächern, die nur manchmal eine Kuppel oder das zierliche Minaret einer Moschee überragt, deren Betreten jedoch nirgends gestattet ist. Dagegen konnte man den in arabischem Stile gebauten Justizpalast ungehindert betreten und sogar einer öffentlichen Gerichtssitzung anwohnen, wobei man die Ruhe der Richter und den Anstand der Aussagenden bewundern mußte. Hinter einem Eisengitter in einem Hofe sah man einen schwarzbärtigen Mann, der nach Aussage unseres Führers, eines ganz intelligenten Negers in Diensten der Reiseunternehmung Cook, dort für das Vergehen büßte, sein Weib geschlagen zu haben.

Ein sehr interessanter Platz ist el-Halfa-ouine, von Cafés umgeben und selbst an gewöhnlichen Tagen ungemein belebt. Die Reihe neuer Eindrücke aus der Araberstadt ist so umfangreich, daß es einem fast im Kopfe schwirrt. Man ist schließlich froh, wieder in europäische Stadtteile zu kommen, wenn es auch dort nicht an Eingeborenen fehlt. Von diesen sind die zahllosen Händler mit einheimischen Erzeugnissen besonders lästig. Vom Aussteigen aus dem Schiffe an bis zur Wiederkehr in dasselbe verfolgen sie uns unaufhörlich; auch weit

Die Thalia, ein Vergnügungsdampfer (3.188 Tonnen) des Österreichischen Lloyds, mit der Hans Widmann 1912 in einem Monat von Genua bis nach Hamburg reiste.

draußen sind wir vor ihnen nicht sicher, so in Bardo, einer weitläufigen Gebäudegruppe in einem Parke, wohin wir Nachmittags durch die sonnverbrannte, staubige Ebene fuhren. In Bardo ist das Museum Alaoui – eine großartige Sammlung von punischen und römischen Funden jeder Art, angefangen von einfachen Steinen mit phönizischen Inschriften, Geräten, Gefäßen, römisch-griechischen Marmorstatuen, zum Teile vorzüglich erhalten, wie eine außerordentlich reizende Ceres aus punischem Marmor, etwa 70 Zentimeter hoch. Sarkophagen aus alter Zeit, Mosaikböden von überraschender Formenfülle und schöner Erhaltung, Reste aus dem altchristlichen Karthago, Werke der Kleinkunst, kurz ein solcher Schatz von Antiken, daß man mehrere Tage nötig hätte, um sie alle genau zu sehen, noch mehrere, um sie eingehend zu würdigen. Auch Reste arabischer Kunst fehlen nicht. Diese selbst tritt im daneben liegenden, nicht mehr bewohnten Palast des Bey in unseren Gesichtskreis. Gemächer und Höfe in bunter Folge fesseln durch ihre Fließdekorationen, nicht minder kostbaren Teppiche und Wandbehänge, alte Geschirre, Tonkrüge, und Schüsseln mit bunter Malerei, Waffen und Schmuck altertümlicher Form. Wie sticht dagegen der große Empfangssaal im Stile von 1850 mit lebensgroßen Porträts fürstlicher Häupter, darunter auch unseres Kaisers Franz Josef I. und den geschmacklosen Möbeln der Zeit ab! – Ungern trennt man sich vom Museum und vom Palaste, vor dessen Tor ein Mann der Garde des Bey als Wache sitzt, neben sich das aufgepflanzte Gewehr, im Munde ein Zigarette.

Die Fahrt durch den von den Franzose angelegten umfangreichen Belvedere-park bot Erholung von den starken Eindrücken des Geschauten. In der Mitte des Gartens steht der Pavillion de la Manoubu, ein zierlicher Bau der Neuzeit in einheimischem Stile. Hier im Angesichte der Stadt, des Meeres, der Uferhöhen hielt der Hauptführer Hugo König, der erste Agent Cooks, einen hörenswerten Vortrag über die Lage und die Geschichte der Stadt, die heute über 160.000 Einwohner zählt, darunter 100.000 Mohammedaner – Mauren, Araber, Berber – und 50.000 Juden, dazu 12.000 Italiener, 8000 Franzosen, 5000 Malteser, dann Griechen und wenige Deutsche. Seit 1881 regiert Frankreich in Tunis, noch immer im Namen des Beys, der aber jeder wirklichen Macht entbehrend, in dem als besonders gesund geltenden Marsa residiert und nur zeitweilig zu Sitzungen in die Stadt kommt. Der Abend wurde zu einem zweiten Besuche des Araber-viertels benützt – um 10 Uhr flutete hier noch das Leben; dann gings in ein europäisches Café an der Avenue de France und zum Schiffe zurück.

Der heutige Vormittag war dem Besuche von Karthago gewidmet, wo auf den Resten der Vergangenheit Kardinal Lavigeri eine Kathedrale und ein Klos-ter erbaut und ein wieder ganz unglaublich schönes Museum mit nur auf dem Boden Karthagos gefundenen Resten angelegt hat, das weißgekleidete Mönche behüten. Freilich erstrecken sich die Ruinen Karthagos von der Zeit an, wo die sagenhafte Dido aus Tyrus hier badete, bis dort, wo die rauhe Faust der Vanda-len vom Lande Besitz ergriff, auf den Zeitraum von fast zwei Jahrtausenden! Hier entstand eine Metropole der semitischen Welt, die in harten Kämpfen end-lich den arischen Römern unterlag; hier blühte aus der Ruine die Punierstadt, die mächtige römische Kolonie, empor; hier fand das junge Christentum hervor-ragende Bekenner und Lehrer; hier tronte der Germane Genserich, herrschte Byzanz, entfaltete sich seit der Mitte des 7. Jahrhunderts die grüne Fahne des Propheten. Unter den Arabern fiel das alte Karthago in Ruinen –, an seine Stelle trat Tunis. – Von der Vergangenheit spricht das Museum des Kardinals, dessen Grabmal in der Kathedrale ein ganz vorzügliches Kunstwerk ist. Hier finden wir zahllose Gegenstände jeder Epoche in schöner Anordnung und meist trefflich erhalten –, man verzeihe mir, wenn ich über die Einzelheiten nichts sage; selbst viele würden die Fülle des Geschauten nicht schildern können. Auch der Garten birgt unzählige Vasen, Särge und Ossarien, Amphoren, Säulen und Säulentrüm-mer. Der Boden auf den Hügeln zeigt uns punische Gräber, römische Mauerreste, darunter ein Theater, byzantinische Festungsbauten, christliche Erinnerungen, darunter die schlichte Gedächtniskapelle an den hier auf der Kreuzfahrt 1270 verstorbenen Franzosenkönig Ludwig den Heiligen. Eine einheimische Sage läßt ihn aber zum Islam übertreten, viele Kinder zeugen und endlich als Heiligen ster-ben, dessen Grab in einem benachbarten Dorfe noch heute so hoch verehrt wird, daß eine Wallfahrt dorthin fast einer nach Mekka gleich geachtete wird.

Wieder heißt es scheiden. Um 11 Uhr dampft die „Thalia" ab. Noch ein Blick auf die heute in heißen Dunst gehüllten Höhen, den zweigipfligen Baalsberg oder Dschebel Bon-Kouruine und den Dschebel Resaß und die anderen anschließenden Hügel und bald liegt ein Stück Orient hinter uns; ein anderes wird sich morgen früh wieder erschließen.

Am Bord der Thalia, 4. Juni.

Wieder pflügte das hochbordige Schiff die salzige Seeflut. Mittwoch, 29. Mai, 11 Uhr, waren die Anker gehoben worden; bald hatten wir die schmale Pforte von Goletta hinter uns und bei herrlichstem Wetter gings nach Westen, Philippeville zu, das wir um 7 Uhr 30 Min. morgens erreichten. Die anmutig an der Südküste des Golfs von Stora gelegene Stadt zeigt sich als ganz moderne Gründung; erst 1838 ließ sie König Ludwig Philipp von Frankreich durch den Marschall Vallée als Hafenstadt für Constantine anlegen. Damals standen einige Hütten an dieser Stelle, wo schon Phönizier gesiedelt und später die Weltherren ihre Colonia Venerca Rusicada erbaut. An sie erinnert noch die Ruine eines Theaters an der Rue Scipion. Leider vergaß ich darauf und sah es nicht – auch nicht das Museum – wie überhaupt der kurze Aufenthalt von etwas mehr als einer Stunde nur den flüchtigen Besuch einiger Gassen gestattete.

Um 8 Uhr 26 Min. entführte uns der Zug nach Constantine. Rasch gehts durch wohlangebautes Hügelland dahin. Man fühlt sich noch nicht in Afrika, vielmehr in einer fast deutschen Mittelgebirgslandschaft. Erst allmählich erinnern uns blasse Olivenbäume, dicht belaubte Korkeichen, mächtige Opuntien und einzelne Palmen bei den Stationgebäuden an den Süden. Bald kommen wir höher. Wir fahren das in üppige Vegetation gehüllte Tal des Sassaf hinauf, sehen mehrere Kolonistendörfer mit ganz netten Häusern, übersetzen das El Kantour-Gebirge, dessen steile, nackte Felskegel an die Nähe der Wüste erinnern, erblicken dann weiter die erste wirkliche Oase du Hama, eine fruchtbare Talmulde mit zahlreichen Obstbäumen; umfahren im großen Bogen das Rhumeltal und erblicken endlich die Felsenstadt Constantine.

Die Araber nennen sie Blad al Hawa, d. i. Stadt der Luft. Und wahrlich, selten wird sich eine Ansiedlung in so luftiger Lage finden, auf einem mächtigen 600 Meter hohen Felsblocke erbaut, auf drei Seiten steil abfallend, nur auf einer durch einen schalen Sattel mit einem langgestreckten, über 1300 Meter Höhe erreichenden Bergzuge zusammenhängend. Die Länge der Felsplatte beträgt 1000, die Breite 600 Meter; sie ist gegen Osten geneigt, daher die Stadt wieder sich in Etagen aufbaut. Die Altstadt mit engen und winkeligen Gassen wird umgeben von neuen Anlagen und geraden, breiten Straßen und hübschen Plätzen. Die ehemalige Kasba oder Burg im Norden ist jetzt eine Kaserne. Noch interessanter ist das Araber- und Judenviertel an der Südspitze, in dem sich alle Szenen wieder abspinnen, die wir in Tunis kennen gelernt haben. Wie neben der christlichen Kathedrale, die aus einer Moschee umgebaut wurde, die mohammedanischen Bethäuser mit ihren Minarets und die jüdischen Synagogen stehen, so treiben sich neben rotbehosten Zuaven, Berbern und Kabylen im weißen Burnus, elegante Französinnen und Araberweiber mit weißverhüllten Gesichtern, üppige Jüdinnen, Offiziere in geschmackvollen Uniformen, Touristen in weißen Tropenhelmen herum, füllen die Cafés und Plätze und Straßen und bieten fast verwirrende kaleidoskopische An- und Einblicke in ein reiches Leben und Treiben. Constantine ist nämlich ein bedeutender Stapelplatz für Getreide und Schafwolle; unter seinen 55.000 Einwohnern sind fast 30.000 Mohammedaner und über 8000 Juden. Es hat eine reiche geschichtliche Vergangenheit, die wieder auf die Phönizier zurückgeht. Diese haben hier zuerst eine Stadt „Kartha" angelegt. Aus ihr wurde die Hauptstadt des numidischen Königreichs. Als dieses geteilt wurde, fiel sie an den Prinzen Adherbal, dem sie Jugurtha entriß, 112 vor Christus. Daraus entspannen sich die furchtbaren Kämpfe mit den Römern, die an die Namen Marius und Sulla anknüpfen und mit dem Triumphe des Volkshelden Marius enden, während Jugurtha im Kerker verhungern mußte. Aus der Numiderstadt wurde das römische Cirta und wie alle Römerstädte reich und blühend. Erst der Thronkampf zwischen Constantin und Maxentius brachte ihm den Untergang. Maxentius erstürmte und zerstörte sie (310), – eine nutzlose Tat, denn auch Maxentius fiel; Constantin triumphierte mit der Hilfe der Christen über alle Gegner! Er baute die Stadt neu auf, gab ihr seinen Namen und machte sie an der Stelle von Lambasis zur Hauptstadt der Provinz Numidien. Als die Vandalen der römischen Herrschaft in Afrika ein Ende bereiteten, scheiterten ihre Versuche, das Felsennest zu erobern. Unter den Arabern war Constantine mehrmals Sitz einheimischer kleiner Staaten, stand dann unter dem Bey von Tunis, verstand 1836 sich den Franzosen erfolgreich zu widersetzen, – 500 französische Krieger wurden in die grause Rhumelschlucht gestürzt, – aber 1837 wurde sie von ihnen erobert und damit begann für das ganze Land eine neue Epoche. Wohl ging auch in Constantine manches römische Bauwerk und mancher Zeuge arabischer Kunst zugrunde[1], aber dafür wurden auch Werke geschaffen, denen die der Alten kaum zur Seite zu stellen sind. Ein solches Werk wurde erst in April dieses Jahres dem Verkehre übergeben, es ist die Kettenbrücke über die Rhumelschlucht; sie verbindet die Kasba mit dem gegenüberliegenden Höhenzuge Sidi M' Cid, einem grünen Waldhügel. Der Blick auf diese Brücke von unten, wo sie wie ein schmaler Weg erscheint, und von ihr selbst, die sich in ansehnlicher Breite und einer Länge von wenigstens 100 Metern über die Schlucht spannt, in diese hinab, ist gleich aufregend, – es ist ein Sieg der Technik, bei dem unsere gewohnten Begriffe vom Schönen versagen.

Begleiten Sie mich nun in die Rhumelschlucht selbst. Wir Salzburger sind an Schluchten und Klammen jeder Art so ziemlich gewöhnt und haben sie in vielerlei Gestalten kennen gelernt. Und doch strenge ich mein Gedächtnis vergebens an, um etwas der Rhumelschlucht Ähnliches zu finden. Die Natur ist eben in ihren Gestaltungen so unerschöpflich als mannigfaltig, und darin besteht ja

Constantine, im Vordergrund die von Widmann beschriebene und als „Stadt-graben" dienende Rhumelschlucht. Stahlstich von 1852.

ihr eigenster Reiz. Bei der Rhumelschlucht kommt zu ihrer natürlichen Gestal-tung noch ihre alte Aufgabe, als unüberschreitbarer Stadtgraben zu dienen, um sie unserer besonderen Beachtung würdig zu machen. Sie erstreckt sich in einer Länge von fast 1½ Kilometern längs der Nord- und Ostseite des Plateaus; ihre Tiefe wird übertrieben auf 200 bis 300 Meter angegeben, sie dürfte aber kaum 80 bis 100 Meter sein. Die Wände Kreidekalkes zeigen, wie sich der Fluß all-mählich in die Felsen eingeschnitten hat; auch die charakteristischen topfförmi-gen Auswaschungen fehlen nicht. Diesen Charakter trägt die Schlucht von der neuen Stiege bei der Brücke El Kantara; wir erblicken bald die Ruinen einer erst 1857 eingestürzten, durch die Einheimischen nach 1792 wiederhergestellten Römerbrücke mit den Reliefs von zwei Elefanten und einer Africa, die nach ihrem Aussehen sogar vorrömisch sein könnte. Oberhalb dieser alten Brücke ist eine neue für die Wasserleitung erbaut. Nun gehts auf gut gesichertem Steig auf- und abwärts gegen das Südende der Schlucht. Von ihrem linken Ufer sehen die Häuser des Eingeborenenviertels hoch herab. Da und dort ergießen sich Abfallwässer; bald führt eine Stiege abwärts zu einem Bade, das eine warme Quelle speist. Auch alte Piscinen, Fischbehälter bemerkt man, ebenso zahlreich hier nistende Tauben. Sperber, Störche haben wir keine gesehen. Wir verfolgen die Schlucht bis zur Teufelsbrücke, Pont de Diable, neben der der Rocher des

Martyrs, Märtyrerfelsen, das Andenken an die frühe Existenz von Christen (3. Jahrhundert) festhält. Hier kehren wir den gleichen Weg bis zum Kassenhäuschen zurück, der uns nochmal die ganze Eigentümlichkeit dieses Teils der Schlucht zeigt. Leider ist der Fluß, dem sie sein Entstehen verdankt, heute ein armes, trübes Gewässer; nach der Schneeschmelze im Atlas oder starken Regengüssen muß das Schauspiel imposanter sein. Beim Kassenhäuschen angekommen, beginnt ein neues Schauspiel. Hier hat das Wasser die Felsen in drei mächtigen Grotten durchbohrt. Sie wölben sich kühn 70 Meter hoch über dem Flußbette und gewähren düsterschöne Einblicke in ein Millionen Jahre altes Wirken der Natur. Nach mehr als einstündiger Wanderung endet die Schlucht mit einer Kaskade, und wir klimmen aus der Unterwelt auf einem Felsensteige zur Straße de la Chroniche hinauf, wandern auf ihr eine Strecke und durch zwei Tunnels weiter gegen die Linie der Bahn, biegen aber dann auf einen Felsenpfad ab und erreichen in glühender Sonnenhitze den kühlen Wald von Sidi M' Cid. Die Pfade durch die Schlucht sind teils in Fels gesprengt, teils auf Eisenschienen ruhende Stege; da und dort ist der Fels selbst durchbohrt, einmal mit einer regelrechten Wendeltreppe. Auf dem Hügel üben gerade Zuaven auf Trommeln und Trompeten. Sie ziehen bald in geordnetem Zuge, einen feschen Marsch blasend, ab und über die prächtige Kettenbrücke ihrer Kaserne zu. Wir folgen den munteren Klängen.

Noch müssen wir dem Araberviertel einen Besuch abstatten, dann erholen wir uns von dem fast vierstündigen Marsche, auf dem Lloydinspektor Schiestl den Führer machte, im Café des Hotel Paris, wo ein Teil der Gesellschaft Wohnung genommen, während der andere im gegenüberliegenden Grandhotel weilt, zwei Häuser, wo Unterkunft und Verpflegung recht gut war. Nach dem Abendessen wurde noch die Platzmusik besucht, – dann gingen einige noch zu einem Derwischtanz oder anderen von Eingeborenen veranstaltete Vorstellungen. Ein genußreicher Tag war wieder geschieden.

„Königin des Ziban", der nördlichen Sahara, des „Reiches der Sonne", nennt der Araber in seiner blumenreichen Sprache jene Stadt, die unser nächstes Ziel war – Biskra, die alte römische Vescera, den alten Treffpunkt der Karawanen aus der großen Wüste, den Ländern der Zuaregs und Timbuktu. Unter dem Herzog von Aumalo besetzten die Franzosen 1844 die alte Araberstadt und legten das Fort St. Germain, heute Kaserne, an; an dieses schloß sich eine regelmäßig gebaute Stadt, die noch ein zweites kleines Fort (Fort de l'Ouest) im Zaume hält. Seit mehreren Jahren ist die Stadt Endpunkt der Saharabahn, deren Fortsetzung bis zur Oase Tongourt schon im Baue ist. – Die Fahrt von Constantine nach Biskra ist reich an abwechselnden Bildern. Anfangs führt die Bahn noch durch wohlbebautes Land; da und dort sehen wir Leute mit dem Waizenschnitt beschäftigt. Auf weiten Weiden erblicken wir Schafe, Rinder und Kamele. Elende, niedrige Hütten mit dunklen Strohdächern bilden Dörfer der Eingeborenen; da und dort sehen wir auch schmutzige Zelte aufgeschlagen.

Immer höher führt die Bahn; bald sind wir auf dem Plateau von Sbakh, einer mit spärlichem Pflanzenwuchs bedeckten Steppe; den Horizont begrenzen kahle Hügel; da glänzt der Spiegel aus Sand auf, das salzhaltige Tinsilt; seine Ufer zeigen weiße Salzkristalle. Immer wüstenartiger wird das Land. Von der Station Fontäne Chaud erblicken wir auf einem wenige Kilometer entfernten Bergrücken einen Bau, einem großen Hause ähnlich; es ist ein uraltes Grabmal, angeblich des Numiderkönigs Massinissa; Medracen nennen es die Eingeborenen. Nun treten wir in ein Tal, dessen Ränder niederer Buschwald bedeckt, und kommen zum Passe zwischen dem Dschebel Azeb und den Bellezmabergen. Immer höher erheben sich die Berge, und bald ist die ansehnliche Station Batna vor uns, 1040 Meter hoch gelegen. In kühnem Bogen gewinnt die Strecke die Wasserscheide zwischen dem Sbakh und der Sahara in 1080 Metern. Wieder senkt sich das Terrain; in eigentümlicher Weise ist es durch die Gewässer der Regenzeit von zahlreichen engen, aber nicht tiefen Schluchten durchrissen. Auf Brücken übersetzt die Strecke wasserlose Flußbette. Nur bei der Station Mac Mahon erfreut eine Oase unser Auge. Ein neuer Sattel zwischen zwei Flüssen wird genommen und nun bauen sich vorne mit mächtigen roten Kalkwänden sonderbare Berggestalten auf, zwischen denen sich eine tiefe Schlucht öffnet. Durch mehrere Tunnels gewinnt sie die Bahn, während unten eine prächtige Straße sie durchzieht und eine Brücke überschreitet, auf der schon die Römerlegionen einherzogen. Calceus Herculis nannten diese den Punkt, El Kantara, die Brücke, nannten ihn die Mohammedaner, Fum-es-Sahara, den Mund der Wüste, die Eingeborenen. Das Tor ist der Wüste würdig; seine beiden Pfeiler, der Djebel Gaons und der Djebel Essor sind Urweltsbauwerke von überwältigender Macht! – Die Wüste Sahra! Welche Ideen erweckt dieses Wort! Und doch beginnt sie recht sanft mit einer Palmenoase, der nördlichsten der Berberei, in der 3500 Berber in Hütten, aus rotem Lehm erbaut, ihr einfaches Leben führen. Sogar eine bescheidene Moschee fehlt nicht; denn wir haben eine wirkliche Oase vor uns, – dieser Palmenwald ist ganz von Steppe umgeben, – und diese wird wieder von rötlich schimmernden kahlen Kegeln eingeschlossen. Der Name einer folgenden Station, Fontaine des Gazelles, ist bezeichnend für das Gebiet dieses reizenden schlanken Wüstentieres. Über ähnliche Steppen, die eine El-Ontaya, d. h. die Ebenen, die andere Dar-el-Aroussa genannt, geht's weiter zum Col de chiens, einer kahlen Schlucht, an einem wasserleeren Flusse – und endlich taucht am Horizonte eine lange grüne Wand auf, die Oase von Biskra – am Oued Biskra, dessen weniges Wasser in die Palmenhaine abgeleitet ist. Die Fahrt von Constantine bis hieher dauert etwa acht Stunden, – heiß brannte die Sonne auf unsere Häupter, als wir schweißtriefend den Wagen entstiegen und uns in die angewiesenen Hotels Zibar und Oasis begaben, die immer geöffnet sind. Die vornehmen Kurhotels Sahara, Royal, Victoria, Palacehotel haben ihre Pforten bereits geschlossen, denn die Saison des Winters ist anfangs Mai beendet. Biskra ist ein hervorragender Kurort für Nieren- und Gichtleidende, beträgt hier die mittlere Wintertemperatur 15 Grad, das Minimum 9 Grad und dauert die winterliche Regenzeit im Jänner etwa 14 Tage. Am Tage unserer Ankunft, 31. Mai, zeigte das Thermometer 35 Grad, Grund genug, uns auszuruhen, zumal wir auf dem Zuge im Speisewagen einen guten Lunch bekommen hatten. Trotzdem machten wir nachmittags einen Gang durch die Stadt, besahen den herrlichen Park der Villa Benevent des Grafen Landon, dessen Reichtum an tropischen Gewächsen überwältigend ist, namentlich an allen Sorten von Palmen. Schattige Wege, gesäumt von Sträuchern, an denen große rote Blumen, wahrscheinlich eine Malvenart, erglühen, führen zu einem Platze, den uralte Gummibäume und Akazien beschatten; dazwischen stehen Kleinhäuser, die nur ein elegantes Zimmer oder ein Mattenlager enthalten. Der Abend vereinte die Gesellschaft auf der Höhe des Forts Ouest, um den Sonnenuntergang zu betrachten; dem Nachtessen folgte wieder eine ruhige Stunde im Kaffeegarten. Andere zogen vor, die Araberstadt zu durchwandern, wo sich, wie überall im Orient, erst jetzt ein reges Treiben entwickelte. Hier konnte man auch die phantastisch aufgeputzten Töchter des Nomadenstammes Oulad-Noël bewundern, die jährlich aus ihrer Heimat am Djebel-Amour herniedersteigen, durch den Gesang und Tanz zum Unterhalt ihrer Familien beizutragen. Jetzt, wo die Saison zu Ende, sollen noch einige ihre Tänze zum Klange von einsaitigen Guittaren und Tamtams aufgeführt haben. Die große Mehrzahl der Gesellschaft begnügte sich mit deren Anblick, ohne sich mit der effektvollen Schilderung ihrer Schönheit und ihrer Anmut in einem französischen Reklamebüchlein über Biskra als einverstanden zu erklären. Der folgende Tag brachte uns in zweistündiger Wagenfahrt durch die von Karawanen belebte Wüste zur Oase Sidi Okba, einem durchaus arabischen Städtchen mit einer uralten Moschee; seltsame Lampen hängen hier an den Wänden; phantastisch ausgestattet ist die Marrab oder Mihrad, die Gebetsnische; daneben das Grab eines heiligen Marabut, der dem Orte den Namen gegeben. Vom Minarete der Moschee übersieht man die einförmige Stadt, die auch ihre Souks, Markthallen und ihren Marktplatz hat. Manches von orientalischen Waren wurde hier und in Souks von Biskra eingekauft, Messer, schlangenförmige Dolche, Gewebe, Flechtwaren, Gazellenhörner.

Am Nachmittag fuhren wir mit einer Pferdebahn zur Therme Hammam-es-Salahine oder Fontaine des Saintes, der Quelle der Heiligen; mit 47 Grad Wärme entspringt hier eine Schwefelquelle. Das Badhaus und die einzelnen Bäder mögen nach der Anschauung der Einheimischen recht hübsch sein, für Europäeraugen waren sie zu wenig reinlich. Der Abend wurde durch einen lustigen Zapfenstreich der Zuaven in Biskra beschlossen, an dem sich Damen und Herren der Reisegesellschaft in bunter Reihe beteiligten.

Sonntag, den 2. Juni stieg die Sonne wieder glühend empor, als uns der Wagen durch die sechs Dörfer der Oase, elende Hütten aus Lehm, bis hinaus in die eigentliche Wüste führten. Hier wehte kühlender Wind, und so war der Spaziergang über die Dünen lockeren Wüstensandes, das Aufsuchen von Wüsteneidechsen,

Algier mit dem Hafen im Hintergrund. Lithographie 1836.

Käfern, Steinen, eigentümlichen kugelförmigen Früchten einer Kürbisart, eine angenehme Unterhaltung. Dann kam das Mittagmahl, noch ein kurzer Besuch der alten Straßen, der Abschied vom majestätischen Erzbilde des Kardinals Lavigerie, dessen ich bei Karthago gedacht habe, und um 3 Uhr 35 Min. entführte uns der Zug, in dessen Speisewagen das Diner serviert wurde, nach Guerrah und von dort im Dunkel der Nacht über Setif nach Algier. In Guerrah mußten wir Wagen wechseln, wobei es einige Verwirrung gab, dann gings durch die stille Nacht dahin. Die um ½ 5 Uhr aufgehende Sonne beleuchtete ein prächtiges Gebirgsbild. Berge und Hügel flogen an uns vorbei; dann wurde ein enges Tal durchfahren, das lebhaft an das Eisacktal zwischen Klausen und Bozen erinnerte, – das Tal Palestron. Bald öffneten sich weite Ausblicke auf waldige Berge, Äcker, Weinberge, endlich auf das Meer! Um 9 Uhr waren wir nach 18stündiger Fahrt in Algier und auf der „Thalia", die wir mit einer seltenen Einstimmigkeit freudig begrüßten. Der kurze Aufenthalt gestattete in Algier, das sich ähnlich wie Genua am hügeligen Ufer malerisch aufbaut, nur eine Wagenfahrt zum Besuche der aus einer Moschee umgebauten Kathedrale, der neuen Medersa oder islamitischen Hochschule, der alten Moschee Sidi Abderahman, ein Bau des 17. Jahrhunderts mit seltsam dekorierten Heiligengräbern und geheimnisvollen Winkeln, in denen da ein Mann, dort eine Frau hockt, kleine

Friedhöfe mit Denkmälern eigentümlichster Form – kurz ein echter Wallfahrtsort, an dem die betenden Frauen am Grabe des Hauptheiligen nicht fehlen. Über eine aussichtsreiche Straße erreichten wir die vom Kardinal Lavigerie erbaute hochgelegene Kirche St. Marie d'Afrique, ein Bau, der in merkwürdiger Weise maurische und romanische Kunst vermittelt. Der Ausblick auf die Stadt, ihre Vororte und ihren Hafen ist hier von überwältigender Schönheit. Durch das schmutzige Araberviertel ging es über steile Wege zum Hafen zurück. Bald nach dem Lunch, um 4 Uhr, verkündet die Dampfpfeife die Abfahrt. Seitdem umfängt uns wieder die blaue See.

Anmerkung

1 Das Museum in Constantine zu besuchen war mir leider auch nicht möglich. Interessant wären dort weniger die römischen, als die byzantinischen und frühmaurischen Reste gewesen.

Die Weitmoser

⁂ 1912 ⁂

Auf dem Rathausberge bei Böckstein im weltberühmten Gasteinertale ist heute noch das einzige Goldbergwerk des Landes Salzburg in schwachem Betriebe.[1] Selten steigt ein Wanderer zu den Höhen hinauf, wo einige Knappen das edle Erz aus dem alten Stollen erschürfen; noch seltener sieht einer, wie das erbeutete Gut im Winter durch den Sackzug nach Böckstein geschafft wird, wo umfangreiche Gebäude von einem einst ganz bedeutenden Bergbau Kunde geben.

In Böckstein selbst sehen wir an der Nordgrenze einer Linie, die sich in südwestlicher Richtung über das Weißental bis zur Alm Schmaranzel hinzieht. Diese Linie bezeichnet den östlichsten Zug der goldführenden Region in den hohen Tauern. Lenken wir die Schritte durch das wildschöne Tal von Böckstein aufwärts zum Naßfelde, so gelangen wir an das Südende eines zweiten Zuges, der sich parallel mit dem ersten nördlich bis zur Erzwiese und zum Silberpfennig erstreckt, deren Namen schon vielsagend genug sind, um auf einstigen Reichtum an edlen Metallen schließen zu lassen. Steigen wir vom Naßfelde über die Riffelscharte zum heute verfallenen Berghause Neubau, so breitet sich vor uns der Goldbergletscher aus; wieder stehen wir am Südende einer Region, die sich nach Norden zu den Westabhängen des Silberpfennigs, nach Westen über den Sonnblick zum Goldzechkopf und zum Hohenar ausbreitet und nach Süden über den Hauptkamm des Gebirges in die kleine Fleiß hinüber erstreckt. Das ist der dritte große Zug goldhältiger Gesteine, die Stätte des Rauriser Bergbaues.[2]

Heute erinnern nur mehr verfallene Mundlöcher von Stollen, alte Pingen, zerbröckelndes, taubes Gestein der Schutthalden an die Zeit, wo Tausende von Knappen in diesen Gebieten Schlägel und Fäustel handhaben, wo aus Schmelzhütten mächtige Rauchsäulen emporstiegen, wo den mühsam erworbenen Reichtum stolze Gewerkenhäuser in Gastein und Rauris zur Schau trugen. Aber noch weiter in die Vergangenheit zurück blickt unser geistiges Auge.

Schon Jahrhunderte vor unserer Zeitrechnung sind die ältesten Bewohner der Täler, die sich hier von Norden oder Süden in den eisbedeckten Kamm der Tauern hinaufziehen, wohl angelockt durch die in dem Schutte der Gebirgsbäche gefundenen Goldkörner, in die unwirtlichen Höhen hinaufgestiegen, um das wertvollste aller Metalle im Muttergesteine selbst aufzusuchen. Der in Griechenland geborene, aber lange in Rom lebende erste Geschichtsschreiber der weltbeherrschenden Stadt, Polybius (geboren 202, gestorben nach 146 vor

Christus), berichtet von einer fabelhaft reichen Goldgrube nördlich von Aquileia bei den Tauriskern. Bald fanden habgierige Italiker auch den Weg dorthin und arbeiteten mehrere Monate mit den einheimischen Bergleuten, wobei sie so viel Geld erwarben, daß dessen Wert in Italien um ein Drittel sank. Da verjagten die Taurisker die Fremdlinge. Der erste wissenschaftliche Geograph der Hellenen, Strabo (geboren 66 vor, gestorben um 5 nach Christus), weiß schon zu erzählen, daß die von Polybius gepriesenen Goldgruben im Besitze der Römer seien. Keine Kunde meldet, wie lange sie von ihnen ausgebeutet wurden; territorial stand das Gebiet der Goldgruben als südlicher Teil der Provinz Norikum unter dem römischen Kaiserreiche, bis die Fäuste der Deutschen den morschen Staat in Trümmer schlugen.

Im Jahre 476 hatte das westliche Kaisertum sein Ende gefunden, um 500 wanderten die Bayern in das verlassene Norikum ein; über die Pässe der Alpen fanden auch schon Slaven die Wege in die Tauerntäler; um 700 gründete der fränkische Priester Rupert dann auf den Trümmern Juvavums das Kloster St. Peter; wieder hundert Jahre später beginnt mit Arn, dem Freunde Karls des Großen, der weitreichende Einfluß der Salzburger Metropoliten, die sich im Laufe der Jahrhunderte zu Fürsten erhoben.

Wohl haben uns Chroniken und Urkunden über die Geschichte des Erzstiftes Salzburg zahlreiche Tatsachen überliefert. Aber, wie wir für das Salzbergwerk auf dem Dürrenberge bis zum Ende des 12. Jahrhundertes keinerlei urkundliche Nachricht besitzen, so hüllt auch ein undurchdringlicher Schleier die Schicksale der Goldbergwerke in den Tauern ein, von der Zeit an, als Strabo seine Nachricht schrieb, bis in das 14. Jahrhundert, als Heinrich von Pirnbrunn auf dem erzbischöflichen Stuhle saß.

Wohl vernehmen wir schon im 12. Jahrhundert von Goldwäschereien an der Salzach und Enns, finden noch im 14. Jahrhundert Abgaben von Goldwäschern in Gold selbst verzeichnet, aber von Goldbergwerken im Lande Salzburg ist noch keine Rede! Und plötzlich stehen wir vor der überraschenden Tatsache eines vollkommen eingerichteten Bergwerksbetriebes in Gastein und Rauris, der sich in einem kurzen Zeitraume entwickelt haben muß! Daß uns keine annalistischen Aufzeichnungen von den gewiß Aufsehen erregenden Funden von Gold in den stillen Bergwinkeln Nachricht geben, ist nicht zu verwundern; denn gerade um diese Zeit fanden die alten Annalen keine Fortsetzer mehr. Aber daß in der Masse der Urkunden, die uns aus allen Jahrhunderten erhalten sind, sich keine Spur eines Bergwerkes auf Edelmetalle in den Tauern entdecken läßt; daß solche des 12. Jahrhunderts wohl von den Silberbergwerken in den kärntnerischen Besitzungen des Erzstiftes melden; daß im 13. Jahrhundert aus Urkunden auf Silbergruben im Lungau, auf „Aerztperge" im Pinzgau geschlossen werden kann; daß im Vertrage, durch den 1297 das zum Herzogtume Bayern gehörige Tal Gastein in den Besitz des Erzbischofs Konrad IV. von Praitenfurt überging, von Bergwerken so wenig wie von den warmen Quellen die Rede ist, läßt uns jene Tatsache geradezu rätselhaft erscheinen. Sie wird erwiesen durch die „Statuta et iura minere et montium in Castuna et Rauris" – die Minen- und Bergrechte in Gastein und Rauris, die nach 1297, aber vor 1342 entstanden sein müssen, denn aus dem Jahre 1342 stammt die erste zeitlich genau bestimmte Urkunde des Erzbischofs Heinrich über die Abgrenzung der Rechte zwischen dem Land- und Bergrichter in Gastein und eine Bestimmung über die Ablösung des erzeugten Goldes an den landesfürstlichen Wechsler. Neuerliche Bestimmungen über die Gewalt des Bergrichters, über Goldbrennen und Goldeinlösung, Freiung, Waffentragen der Knappen und „Einungen" (Verbindungen, Kartelle) geben die Erzbischöfe Ortolf 1346 und Pilgram 1369. Hier kann nicht näher auf die kultur- wie berggeschichtlich außerordentlich bemerkenswerten Bestimmungen dieser zu den ältesten ihrer Art gehörigen Bergordnungen eingegangen werden. Nur so viel sei erwähnt, das Erzbischof Pilgram infolge des reichen Erträgnisses der Goldgruben die ersten Salzburger Goldmünzen schlagen ließ, nach dem Muster der Florentiner „Guldein" (Goldgulden), mit dem Stiftswappen auf der Avers-, dem St. Johann Baptist wie bei den Münzen von Florenz auf der Reverseite, prächtige Stücke in der Größe und dem Gewichte eines österreichischen Dukatens.

Die Geschichte des salzburgischen Bergbaues ist noch nicht geschrieben. An Quellen mangelt es nicht – aber sie harren noch des kundigen Forschers. Hier sei nur ein kurzes Bruchstück gegeben, und zwar die Skizze der Geschichte einer Gewerkenfamilie. Auch für sie konnten keineswegs alle einschlägigen Urkunden und Akten herbeigezogen werden, doch dürfte sie einige bisher weniger beachtete Punkte aufhellen, anderes ergänzen; vielleicht gibt sie Anregung zu tieferen Forschungen von berufener Seite, die höchst dankenswert wären.

Es war die Wende des 15. und 16. Jahrhunderts, die Zeit, in der das Mittelalter und seine Anschauungen einem neuen Geiste wichen und durch die europäische Welt ein Treiben und Drängen ging, das kühne Seefahrer auf unbefahrene Meere lockte, dem Forscher die Herrlichkeit der Kultur der Antike erschloß, einen Cäsar erstehen ließ, der die Welt unterjochen wollte, einen armen Mönch zwang mit dem Worte, das sie „sollen lassen stan", den der Menschheit ehrwürdigsten Bau zu zerstören. Wie sagenhaft tönt noch im Volksmunde die Kunde dieser Zeit und sagenhaft sind auch die Anfänge jenes Mannes, der von gleichem Drange erfüllt wie jene Großen, der Ahnherr eines Geschlechtes wurde, das leuchtend aufging, um nach kurzem Glanze zu verschwinden und nur in sinniger Sage noch des Volkes Phantasie beschäftigt.

Die Sage nennt ihn Erasmus Weitmoser und läßt ihn den Sohn eines Bauern in Gadaunern, einem Dörfchen des Gasteinertales sein, halbwegs auf der alten Straße am rechten Ufer der Ache zwischen Hofgastein und Wildbadgastein liegend. Wie so viele andere versuchte er auch das Bergglück; aber nur taubes Gestein grub er aus seinen Stollen; er verarmte so, daß seine Frau ihren Brautschleier versetzen mußte, um am Ostersonntage ihrem Manne Fleisch auftischen zu können. Da hörte Erzbischof Leonhard von dem tätigen Manne und seinem Mißerfolge und lieh ihm 100 oder gar 600 Taler. Wieder ging Weitmoser mit seinen wenigen Knappen an die Arbeit und bald ergoß sich so reicher Bergsegen über ihn, daß er den alten reichen Gewerken ebenbürtig wurde.

Einer Sage liegt gewöhnlich ein historischer Kern zugrunde, so wohl auch dieser. Der ist aber kein anderer, als daß am Ende des 15. Jahrhunderts in Gastein ein Mann, der Weitmoser hieß, einen Stollen aufschlug, den er St. Erasmus-Stollen nannte nach einem Heiligen, dessen Verehrung im Lande schon alt ist. In der Krypta der Domkirchen von Salzburg war dem hl. Erasmus, – nach der Legende einem Bischofe im Patriarchat Alexandrien, der unter Diokletian den Märtyrertod erlitt, – ein Altar geweiht, neben dem Arns Nachfolger Ammilon (nur 821 genannt) und Erzbischof Liupram (836–859) begraben lagen. Der Name war vielfach gebräuchlich, namentlich in den Formen Rasmus, Rasem, Asmus, Asem. Da wir urkundlich bezeugt haben, daß der Vater des Christoph Weitmoser Hans hieß,[3] aber auch der Name Erasmus für ihn belegt ist,[4] unterliegt es wohl keinem Zweifel, daß der Name des Heiligen, dem die ergiebige Grube geweiht war, auf den Besitzer überging, der unter ihm im Andenken der Nachwelt weiterlebt. Ein Erasmus Weitmoser hat also nur eine entfernte Berechtigung, eigentlich sollte überall, wo er genannt ist, Hans stehen. – Merkwürdig ist, daß der Name Weitmoser aber noch im Jahre 1497, als im ganzen Tale Gastein nach den einzelnen Ortschaften die Namen aller über 15 Jahre alten Personen verzeichnet wurden, die zur Zahlung des von Kaiser Max I. ausgeschriebenen „gemeinen Pfennigs" (einer allgemeinen Reichssteuer) verpflichtet waren, weder in Gadaunern noch in einem anderen der Dörfchen des Tales vorkommt.

Daraus läßt sich kaum ein anderer Schluß ziehen, als der, daß Weitmoser kein Eingeborener war und erst nach 1497 nach Gastein kam, – woher muß unentschieden bleiben. Vielleicht darf man an Rauris oder Kärnten denken. Für letzteres würde der Umstand sprechen, daß einer der beiden Söhne dieses Weitmosers, Hans, als zehnjähriger Knabe 1521 gestorben, seinen Grabstein in der Kirche von Gmünd hat.[5] Der Grabstein zeigt bereits ein Wappen: ein nach rechts springendes Pferd. Dasselbe Wappen führt Christoph in seinem Siegel. Von einer Wappenverleihung ist nichts näheres bekannt; aber schon der Besitz eines Familienwappens zeugt von der angesehenen Stellung des Mannes.

Der St. Erasmus-Stollen liegt auf dem Radhausberge, und zwar im dreizehnten Horizont von oben, wie Bergkarten aus der ersten Hälfte des vorigen Jahrhunderts angeben. Folglich muß Weitmoser schon mit anderen Gewerken in Verbindung gestanden sein, sonst hätte er deren Baue nicht mitbenützen dürfen.

Der versetzte Brautschleier ist ein beliebtes Sagenmotiv, das auch von einem Bergmann zu Eule in Böhmen erzählt wird. Diese Brautschleier waren feine, mit Gold und Silber gestickte Gewebe, mit deren Herstellung sich das Gewerbe der „Slairer" befaßte, also kostbare Stücke, die eine Frau niedern Standes weder besaß, noch tragen durfte. Und endlich die 100 Taler Erzbischof Leonhards! Die offenbare Unzulänglichkeit dieser Summe für eine Bergbauunternehmung hat schon früh den Betrag auf 600 Taler erhöht. Ja, man ist noch weiter gegangen. Der alte Salzburger Chronist Judas Thaddäus Zauner (Chronik von Salzburg VI, 348) bringt die ganze Sage mit Christoph Weitmoser in Verbindung: dessen Frau versetzt den Schleier, ihm leiht der Erzbischof Matthäus Lang 100 Taler, weil dessen Vater Hans nach dem Bauernkriege von 1525 mit Hinterlassung vieler Schulden aus dem Lande geflohen sei![6] – Vom ganzen üppigen Geranke der Sage, die sich an die Anfänge der Weitmoser haftet, bleibt somit nichts mehr übrig als die Tatsache, daß am Ende des 15. oder am Beginne des 16. Jahrhunderts ein Hans Weitmoser auf dem Radhausberge in Gastein reiche Erzgruben baute und bald zu großem Reichtum und Ansehen gelangte. Nach seinem ergiebigsten Stollen, der den Namen Sankt Erasmus führte, wurde er selbst Erasmus Weitmoser genannt.

In das helle Licht der Geschichte tritt Hans – Erasmus Weitmoser erst im Jahre 1525. Die sozialen Mißstände erregten auch im Erzstifte Salzburg eine folgenschwere Bewegung, die durch die reformatorischen Ideen genährt, nach dem Beispiele anderer Teile Deutschlands zu einer bewaffneten Erhebung führte. Die Hauptleitung des Aufstandes gegen den Erzbischof Matthäus Lang hatte in Gastein ihren Sitz; den festen Kern der schlecht bewaffneten Bauernscharen bildeten die gut bewehrten Fähnlein der Gasteiner und Rauriser Knappen; die Schätze der Bergwerke waren die Kriegskassen der Empörten. Hans – Erasmus erscheint als Hauptmann eines solchen Fähnleins Knappen, aber noch öfters als Vertrauensmann der Bauernhäuptlinge. In der Korrespondenz dieser (erhalten in einer späteren Abschrift im geheimen Staatsarchiv in München, herausgegeben von Dr. Friedrich Leist in den Mitteilungen der Gesellschaft für Salzburger Landeskunde 1887) wird sein Name wiederholt, aber stets als Erasmus, Asum, oder Asm genannt. Nur im Jahre 1526 ist er in einem Schreiben an den Anführer des zweiten Aufstandes Marx Neufang neben anderen Gewerken als Hans Weitmoser unterzeichnet. – Im ersten Bauernkriege wird ihm eine Rolle zugeschrieben, die auf seine billige und streng rechtliche Gesinnung ein helles Licht wirft. Als das Bauernheer unter Anführung Michael Grubers den Feldhauptmann der gegen Salzburg ziehenden österreichischen Truppen, Siegmund von Dietrichstein, bei einem kecken Überfalle Schladmings am 2. Juli 1525 mit zahlreichen Edlen gefangen genommen hatte, sprachen die Bauernführer im Lager von Salzburg über ihn und die anderen vornehmen Gefangenen das Todesurteil aus. Weitmoser verhinderte aber, wie Dietrichstein in seinem Berichte über den Schladminger Überfall an Erzherzog Ferdinand erzählt, die Absendung des betreffenden Schreibens an Gruber, worauf die Gefangenen auf Schloß Werfen in die Haft geführt wurden. Eine sehr dramatische Szene hat der Verfasser des Romans „Der Lutherhof von Gastein", Max Vorberg (2. Aufl. 1886, S. 120 f.) aus dieser Begebenheit gemacht. Er läßt den alten Weitmoser auf flüchtigem Pferde dem Boten mit dem Blutbefehle nachjagen; in hartem Kampfe entreißt ihm der Alte, in dem jener den Gott Wodan aus dem Untersberge zu erblicken glaubt, das verhängnisvolle Schreiben und rettet so die Verurteilten. Eine unbeglaubigte Nachricht meldet, daß die Bauern wegen dieses Vorfalles dem Hans Weitmoser selbst zu Leibe gingen, weshalb er sich nach Tirol flüchten mußte. Ebenso unverbürgt ist eine andere, wonach er nach Beendigung des Aufstandes die Huld Erzherzog Ferdinands, deren er als Bergwerksbesitzer in den österreichischen Ländern bedürftig war, dadurch wieder gewonnen habe, daß er dem Fürsten einen silbernen Helm mit Gold gefüllt zu Füßen legte. Des Aufstandes wegen brauchte Hans nicht zu flüchten, da ja alle Teilnehmer Verzeihung erlangten. Er verlor auch keines seiner Güter, denn in dem oben erwähnten Waldstreite werden er und sein Sohn Christoph als Nutznießer des strittigen Waldteiles seit ca. 1510 genannt.

Hans – Erasmus dürfte schon 1526 gestorben sein.[7] Seine Gemahlin soll Bertha Zott, aus der alten Gewerkenfamilie dieses Namens gewesen sein. Er hinterließ nur einen Sohn, Christoph, dessen Geburt 1506 er durch das Anschlagen des St. Christoph-Stollens, unmittelbar unter dem Horizonte des St. Erasmusstollens, feierte. Der zweite Sohn Hans war schon 1521 verschieden.

Christoph Weitmoser führte die Familie auf den Gipfel des Ansehens und des Reichtumes. Obwohl beim Tode seines Vaters kaum zwanzig Jahre alt, entwickelte er sofort eine umfassende Tätigkeit, die vom Glücke in unerhörter Weise begünstigt wurde. Nach den Angaben Josef von Koch-Sternfelds im Werke „Die Tauern, insbesondere das Gasteinertal" (2. Aufl. München 1820, S. 247) war er Gewerke in Gastein, Rauris, Sagritz (in Kärnten), zu Schladming, am Bleiberge bei Villach, im Pinzgau und in Tirol (bei den reichen Silbergruben von Kitzbühel), Herr des Schlosses Winkel, Besitzer des Straßhofes bei Golling, zahlreicher Bauerngüter, Liegenschaften, Zehnten, Hirsch- und Gemsgejaiden in Gastein, Rauris, um Goldegg und anderswo, außerdem Pfandinhaber der Herrschaften Imst und Falkenstein in Tirol.

Die näheren Nachweise über alle seine Erwerbungen müßten erst aus den Acten erhoben werden; namentlich über die Verpfändung der Herrschaften Imst und Falkenstein (welches?) wären Nachforschungen erwünscht.

In der Stadt Salzburg kaufte er 1549 vom Landschreiber Wolfgang Ebinger das Haus Kajetanerplatz Nr. 7, das später (nach 1609) an den Hofratspräsidenten Hans Kaspar von Kuenburg überging. Ein zweites Weitmoserhaus stand am Mozartplatze; es mußte einem Neubau Wolf Dietrichs weichen, der wieder abgerissen wurde; heute steht an seiner Stelle das sogen. Imhoffstöckl (Nr. 5). Auch zu Laufen besaß er ein Haus. Das Schloß Winkel bei Grabenstätt am Chiemsee hatte Hofmarksgerechtsame mit niederem Gerichte. Es war jahrhundertelang ein Besitz der in der salzburgischen Geschichte viel genannten Auer von Winkel, kam von ihnen an einen Burghart von Schellenberg, von diesem mit Kaufvertrag vom 31. Mai 1539 an Christoph Weitmoser. Dieser und seine

Das Weitmoserschlössl, früher auch „Sitz zu Hundsdorf" genannt. Lithographie bei Josef Oberer, um 1835 (SMS).

Erben kauften noch zahlreiche Häuser und Grundstücke dazu, so daß 37 Güter unter der Gerichtsbarkeit der Hofmark standen, andere 15 dem Besitzer stift- und dienstpflichtig waren. Die Rechtspflege übte ein Hofmarksrichter aus. Den Mittelpunkt des Besitzes bildete das Schloß; es wird 1659, als die letzte Eigentümerin Elisabeth, geborene Weitmoser, verehelichte von Daxberg zu Zangberg, starb, als verfallener Burgstall beschrieben; durch Kauf kam die Herrschaft an die Familie Lamberg. (Oberbayrisches Archiv 17, 1897, S. 98 ff.)

Winkel war salzburgisches Lehen. Die Investitur darauf erteilte Herzog Ernst von Bayern[8] dem Christoph am 26. Juli 1541. Dadurch trat dieser in die Reihe der landständischen Geschlechter des Erzstiftes ein. Wann und von wem Christoph den Reichsadel und den Titel eines kaiserlichen Rates erhielt ist nicht bekannt,[9] wahrscheinlich von Karl V. Damals erhielt er wohl auch das vermehrte Wappen: im ersten und vierten Felde das nach rechts springende Pferd auf goldenem und rotem Grunde, im zweiten und dritten Felde auf silbernem und schwarzem Grunde drei natürliche Rohrkolben; das Kleinod ist ein gekrönter Helm mit zwei offenen Adlerflügen in den Wappenfarben geteilt. –

Christophs gewöhnlicher Wohnsitz war Hofgastein. Das wohl schon von seinem Vater erbaute Wohnhaus stand an der Stelle des heutigen Hotel Zentral. Als sein letzter Rest wurden zwei Säulen aus Serpentin betrachtet, die im Hofraume des sogenannten Platzbäckers zuletzt eine hölzerne Gerätschaftskammer stützten und bei deren Wegbruche in das Salzburger Museum kamen. Das Kapitell einer dieser Säulen, in den charakteristischen Formen der späteren Gothik, zeigt acht Wappenschilder; so die Rübe Leonhards von Keutschach, das Türband Matthäus Langs, die Löwenköpfe Ernsts von Bayern (?) und Venedig (?), die Rose der Rosenberge, den dreiblättrigen Klee der Zehentner und mehrere nicht deutbare. Eine Aufzeichnung eines Unbekannten aus dem Jahre 1835 (Museum, Faszikel Weitmoser) spricht die Ansicht aus, diese Säulen hätten vielleicht die Vorhalle des Hauses des landesfürstlichen Wechsler (Einlösers) gestützt; mag dem wie immer sein, wir dürfen sie auch weiterhin als die Weitmoserschen Säulen bezeichnen, da sie jedenfalls seiner Zeit angehören. Als zweite Erinnerung an das Weitmoserhaus bewahrt das Museum mehrere farbige säulenartige Tragfüße eines Zimmerofens, die einen Schluß auf die Schönheit des Ganzen gestatten. In dem Hofgastein gegenüberliegenden Hundsdorf erbaute Christoph ein Schlößchen zum Sommeraufenthalte. Nach J. von Koch-Sternfeld soll eine Marmortafel am Schornstein unter dem Dache (?!) verkünden, das Schlößchen sei am 14. Juni 1553 abgebrannt, der Wiederaufbau am 14. Mai 1554 begonnen und am 14. Juli desselben Jahres beendet worden. Der Bau mit seinen zierlichen Türmen ist noch heute als Weitmoser-Schlößchen ein Schmuck der Gegend und hält die Erinnerung an seinen edlen Besitzer wach. Ihm verdankt Hofgastein auch eine neue bequemere Straße nach dem Wildbade und Böckstein am linken Ufer der Ache, die er im Vereine mit den Gewerken Zott, trotz des Einspruches des Gewerken Strasser errichtete, der an der alten Straße am rechten Ufer eine Taferne in Badbruck besaß. Auch die ehemalige Einbruchsstation ins Gasteinertal, Lend, ist eine Gründung Weitmosers und anderer Gewerken. Zur Schonung der Gasteiner Wälder legten sie an der Hirschfurt genannten Stelle eine Holzlende und Schmelzhütten an.

Christoph genoß seine Mußestunden in seinem neu erstandenen Tusculum nicht mehr lange. Es ist eine ansprechende Vermutung, sich ihn dort vorzustellen, wie er sich mit der Lektüre von Büchern beschäftigt, die zu seinen Tagen geschätzt waren. Er hatte eine gute Bildung erhalten, sei sogar des Lateins kundig gewesen, – zu Hofgastein gab es im 15. und 16. Jahrhunderte lateinische Schulmeister, – wird als Gönner von Gelehrten und Schülern gerühmt. Daher hat ihm auch der Basler Philipp Bechius die Übersetzung des Buches des berühmtesten Kenners des Bergwesens jener Zeit, des Joachimtaler Arztes Georg Agricola (Baur) De re metallica libri XII (Zwölf Bücher vom Bergwesen), erschienen bei Froben in Basel 1557, gewidmet, wie im folgenden Jahr der Drucker Georg Willner in Nürnberg den 1. Band der Folio-Ausgabe der Dichtungen des Hans Sachs.

Christoph machte von seinem Reichtum den edelsten Gebrauch, wie seine Grabschrift rühmt und sein Testament bekundet. Er muß überhaupt ein ebenso freundlicher als gemütvoller Mann gewesen, wie das Schreiben an seinen Verwalter Sebastian Hauenstaller zu Stuhlfelden bezeugt:

Salzburgk.

Getruckt vnd volendt in der Ertz-
bischoflichen statt Salzburgk / durch Hansen Bau-
man / am Freytag vor sandt Laurentzen des
heiligen Marterers tag / Nach der geburt
Christi vnnsers säligmachers.

M. D. LI.

*Letzte Seite der im Jahr 1551 von Hans Baumann in Salzburg gedruckten Salz-
burger Bergordnung mit dem Wappen der Stadt Salzburg und dem Druckvermerk Hans Baumanns. Der Druck dieser von Matthäus Lang 1532 erlassenen
und 1538 ergänzten Bergordnung ging mit großer Wahrscheinlichkeit auch auf
die Initiative von Christof Weitmoser zurück (Privatbesitz, Foto AStS).*

„Innssonders lieber Hauerstaller. Ich winsch euch von Gott dem herrn ain glickseligen Morgen, Euer schreiben sammbt dem einschlus hab ich endpfangen. und aus Euren schreiben Eur schwahait vernommen, welches mir vreulich Laidt ist, Winsch euch auch von Got den Hern Wider besserung. Amen. Datum in eill den 7. Juny 1556."[10]

Im besten Alter von 52 Jahren verschied der edle Mann zu Hofgastein am 2. Mai 1558. Sein Grab in einer Kapelle an der Stirnseite der schönen gotischen Kirche deckte einst eine Marmorplatte, die jetzt an der Seitenwand eingemauert ist. Sie zeigt ihn in voller Gestalt; sein von einem langen Barte umrahmtes, ausdrucksvolles Gesicht ist sicher porträtgetreu; sein Haupt deckt eine Schachtmütze; bekleidet ist er mit einer pelzverbrämten Sammtschaube und engen Beinkleidern. Seine Rechte hält einen Rosenkranz, ein sicheres Zeichen seines katholischen Bekenntnisses. Zu seinen Füßen steht das Wappenschild. Die Inschrift der Platte, die auch einen Sprung zeigt, fehlt heute. Die Ursache gibt eine Aufzeichnung im Museum an, die wörtlich lautet:

„Anno 1760 bin ich A. P. das letztemal darin [in Gastein] gewest und gesehen, daß solcher großer Leichenstein nit mehr ganz, sondern zersprungen ware, so hat mir einer in Geheimb vertraut, dass, weil der Ruef vor den Pfarrer kommen, Weitmoser wäre mit einen kostbaren Ring in der Hand, und um den Hals hangenden langen Ketten begraben worden, solle das Grab heimlich bei der Nacht eröffnet, und sodann im Zuemachen der Stein gebrochn worden sein, oder nit, so weit erstreckt sich [seine Habsucht], daß er auch die Toden in ihren Gräbern nit verschont."

Dieser Leichenraub, von dem auch von Koch-Sternfeld berichtet (Die Tauern, S. 327) muß nach dessen Angaben „vor 60 Jahren", also um 1760 geschehen sein, zur Zeit des Pfarrers Simon Gruber (nach Josef Dürlinger, Pongau 222 von 1748–1768). Eine zweite Marmortafel an der Rückwand feiert in wohlgefeilten lateinischen Distichen den Verstorbenen; sie rühmt seinen Geist und sein Gemüt, seine Kenntnisse und seine Bescheidenheit; seine Freundes- und Nächstenliebe, die ihn zum Vater der Witwen und Waisen, zum Wohltäter armer Gelehrter machte; seine Liebe zur Kunst und Wissenschaft; seine feine Sitte und Gerechtigkeit; jetzt genieße er, der sterbend alle Schätze verachtete, der Seligen Lohn mit Christus bei den Bewohnern des Himmels. In den Worten: „Sterbend sah er auf Gold wie auf eitel trügenden Tand hin", kann man einen Anlaß zur hübschen Sage sehen: Der alte Weitmoser erhielt auf dem Sterbebette die Nachricht von Funde neuer mächtiger Goldgänge in einem seiner Baue; er erwiderte darauf: „Der rechte und schönste Gang ist Jesus mein Herr und mein Heiland; dem will ich bald eingeh'n ins ewige Leben."[11]

Christoph war zweimal vermählt. Die Ehe mit seiner ersten Gattin Bertha von Moosham (aus einem lungauischen Edelgeschlechte, das jedoch mit den alten Ministerialen von Moosham, die Ende des 13. Jahrhunderts ausstarben, nur den Namen gemein hat) scheint kurz gewesen und kinderlos geblieben zu sein. Seine zweite Gemahlin war Elisabeth Vözlin, die Tochter des Faktors (Verwalters) der Pumblischen Bergbaugesellschaft zu Augsburg in Schwaz, Paul Vözl; der „Heiratsbrief" (Ehevertrag) ist vom Erchtag vor Martini (7. November) 1531. Dieser Ehe entsprossen sieben Kinder, drei Söhne und vier Töchter. Um die Töchter bewarben sich Abkömmlinge reicher und vornehmer Familien. Die älteste, Anna, wurde Gattin des Hans Fueger, Gewerken zu Hall in Tirol, dem sie fünf Kinder schenkte. Ein Bruder oder Vetter des Hans, Georg Fueger, kaiserlicher Rat, Salzmayr und Gewerke in Hall, heiratete die vierte, Elisabeth; sie hatten drei Kinder. Gertrud, die zweitgeborene, war in der ersten Ehe mit Wolfgang von Haunsberg, in zweiter mit Wilhelm von Preising vermählt. Auch sie hatte mehrere Sprößlinge. Sybille, die dritte Tochter, hatte Georg von Khevenhiller zum Gatten und hinterließ nur ein Kind.[12]

Christophs Söhne waren Hans, Christoph und Esaias. Alle drei waren beim Tode ihres Vaters noch unmündig. Die beiden älteren studierten damals zu Freiburg im Breisgau. Ihr Präzeptor war ein Humanist Pincius Hessus,[13] der sie auch mit dem oben erwähnten Bechius in Basel bekannt machte. Im Todesjahr ihres Vaters wollten sie ihre Studien in Padua fortsetzen; ihr Begleiter sollte ein Magister Veit Trinkler werden, der sich damals in Innsbruck aufhielt; die salzburgische Regierung suchte dort um seine Entlassung an, damit er in Padua auch das Doktorat erlangen könne. Er dürfte ein Landeskind gewesen sein, doch vernehmen wir nichts mehr von ihm. Vielleicht war er oder Pincius der Verfasser der poetischen Grabschrift.

Hans dürfte 1564 mündig geworden sein; doch ritt er schon 1561 beim Einzuge des Erzbischofs Johann Jakob von Kuen-Belasy in Salzburg in der Reihe der Edelleute mit. Er vermählte sich mit Ursula von Moosham, hatte jedoch keine Nachkommen. Er scheint sich hauptsächlich in Gastein aufgehalten zu haben, wo er 1601 starb. Seine Gattin folgte ihm schon 1603 im Tode nach.

Christoph war in erster Ehe mit Regina Traunerin von Adelstätten, in zweiter Ehe mit Eleonore von Spaur verehelicht. Zur zweiten Hochzeit in Saalfelden am 29. September 1599 war auch der Landesherr Erzbischof Wolf Dietrich geladen, der mit seiner Vertretung den Pfleger von Kaprun Josef Hunt beauftragte. Im Mittelpinzgau waren die Schlösser Ramseiden und Grub mit ausgedehnten Gütern und Waldungen Eigentum der Weitmoser, wohl schon seit dem älteren Christoph. Der jüngere dieses Namens hatte nur drei Töchter: Ursula, Elisabeth und Regina. Sein Todesjahr ist 1603.

Esaias, der jüngste Bruder, soll in Freiburg oder Ingolstadt studiert haben. Er verschied unvermählt schon um 1587.

Im Jahre 1603 ist somit das Geschlecht im Mannesstamme schon ausgestorben.

Noch früher schon war aber der wirtschaftliche Niedergang eingetreten. Die Hauptursache war das Testament Christophs des Älteren vom 25. April 1558.

Der vom kaiserlichen und päpstlichen Notar, dem edlen und hochgelehrten Herrn Matthäus Schmeckenpfrill aufgenommene letzte Wille zeigt von Christophs frommen Sinn, seiner Freude am Wohltun, seiner Anerkennung treuer Dienste. Dem Gotteshause in Hofgastein widmete er 200 fl., jedem Armen, der dem Ersten, Siebenten und Dreißigsten (Seelengottesdienst beim Begräbnisse, am 7. und 30. Tage darauf) beiwohnt, ¼ Taler und „gebürliches" Essen und Trinken; sein Begräbnis soll man ihm „zierlich und seinem Stande gemäß machen lassen". Von der Pfarrgeistlichkeit wird der Pfarrer mit 20 Talern, jeder der zwei Gesellpriester mit 5 fl. bedacht; den Sondersiechen in Gastein werden 20 fl., zur Handverteilung an Arme in Gastein 600, in Rauris 500 Taler angewiesen. Zu einem Stipendium für „arme Schüler, die Lust zum Studieren und Praktizieren haben", spendet er 1000 Taler; die Präsentierung und Verteilung ist dem Erzbischof überlassen; für arme Jungfrauen stiftet er zur Ausstattung 1000 fl. Kleinere Beträge oder Schuldennachlässe werden mehrere gewährt, darunter einem Stephan und einem Veit Weitmoser, deren Kindern er zugleich Heiratsausstattungen verschreibt. Dem Erzbischof Michael soll das beste Silbergeschirr aus allem Silbergeschirr übergeben werden; der Hofkanzler Dr. Sebastian Höflinger erhält 400 Dukaten, der Rat Christoph Perner 1000 Gulden. Auch seine Beamten und Diener bedenkt er: dem Buchhalter Hans Neuhofer und dem Einfahrer Bartlmä Waldner sollen silberne Becher im Werte von 25 fl. gegeben werden, dem Sebastian Lechner als oberstem Faktor und dem Kaspar Vözl, den Gerhaben (Vormündern) seiner Söhne, je 400 Gulden. Die beiden Richter in Gastein erhalten je 20 Taler. „Seinen ainfaltigen Diener Jobst soll man seine stattliche Nahrung geben." – Die Vermächtnisse an seine Familie sind: Seiner Frau Elisabeth testiert er „ihren Heiratstitul, wie solcher aufgerichtet worden" und dazu 500 fl. Von seinen Töchtern erhält jede 75.000 Gulden, als Freigeld „ihr selbst" 5000 Gulden, jedes Kind 1000 Gulden, – das macht zusammen die Summe von 332.000 Gulden aus; sämtliche Vermächtnisse in Geld betragen 339.111 Gulden. Was über diese Summe in Vermögen vorhanden, „es sei aufliegend, an Herrschaften, und fahrenden Stücken und liegende Barschaft, Geldschulden, Silbergeschirr, alle Bergwerk und alle dessen Zugehörung mit sammt allem Vorrat, auch fahrender Habe, Hausrat und dergleichen samt allen denselben Gerechtigkeiten, Verbrieftes und Unverbrieftes, in summa hierinnen nichts ausgenommen, sollen die drei Söhne Hans, Christoph und Elias (irrig für Esaias) zugleich unverteilt inne haben[14], was aber beweglich ist, soll unter sie zu gleichen Teilen verteilt werden".[15]

Ein ganz bedeutendes Kapital ward damit dem Bergbaue für immer entzogen; dazu kam noch die schwierige Bewirtschaftung des weitausgedehnten reichen Besitzes, deren Leitung eine kräftige Hand erfordert hätte. Die männlichen Erben aber waren unmündig! Zwar scheinen sich die Hauptvormünder Lechner und Vözl ihres schwierigen Werkes kräftig angenommen zu haben. Selbst neue Baue wurden in den Erzbergen angeschlagen, – aber der Bergsegen war gewichen. Bereit 1571 vernehmen wir, daß die Gebrüder Weitmoser, die beim „Lender Handel" (der Gewerkenvereinigung in Lend) mit einem Viertel beteiligt waren, bei der Abrechnung 10.153 Gulden 53 Schilling 10 Pfennig schuldig bleiben müssen. Sie tragen ihren Anteil dem Erzbischofe an, da sie verschuldet seien und nicht zahlen können. Man ging am Hofe auf das Anerbieten nicht ein. Sie erneuerten daher ihren Antrag und teilten mit, sie hätten wegen des Verkaufes auch mit den Strasserschen Gerhaben verhandelt, die 7360 fl. 4 Schill. 12 Pfg. Überschuß hätten, die aber vom Kaufe nichts wissen wollen. Die Antwort auf dieses zweite Angebot ist unbekannt. Über den Rückgang der Ausbeute der Gruben in Gastein und Rauris gibt eine Untersuchung der Bergwerke durch den Markscheider Leonhard Waldner, 1569 bis 1572 unternommen, Aufschlüsse. Am Radhausberg waren von 17 Stollen nur 11 in Betrieb, in Rauris waren viele Gruben verlassen, das Erträgnis an Gold und Silber hatte um mehr als die Hälfte abgenommen. Im Jahre 1585 erklärten Hans und Christoph, weder in Rauris noch bei anderen „unhöflichen" (ertragslosen) Bergbauen mehr mittun, sondern ihre Anteile verkaufen und den Handel aufsagen zu wollen. In der Tat traten sie 1589 aus dem Lender Handel aus, der sich nun bald auflöste.

Noch einen glänzenden Tag sah Gastein am 31. Juli 1591. Da zog der prachtliebende Erzbischof Wolf Dietrich mit einem Gefolge von nicht weniger als 240 Personen und 139 Pferden ins Tal zum Besuche. Auf den Wiesen von Laderding empfingen ihn die Gewerken Hans und Christoph Weitmoser, Abraham Katzbeck, die Rosenberge, die Grimming und andere an der Spitze von 600 wohlgerüsteten Knappen, in Fähnlein unter Hauptleuten, Leutnanten und Junkern eingeteilt.[16] Im Weitmoserhause nahm der Erzbischof Absteigequartier, das Gefolge wurde in andere Gewerken- und Bürgerhäuser untergebracht. Es folgten Festlichkeiten und Jagden, aber auch Besprechungen über die Mängel des Bergbaues und die Mittel zu der Abhilfe fanden statt, die ihren Ausdruck in der erneuten Bergordnung vom 17. August d. J. fanden. Doch auch diese neue Ordnung hielt den Verfall nicht auf. Schon 1602 mußte der Erzbischof den Gewerken zur Unterstützung die unmittelbaren fürstlichen Berganteile, mit den dazu gehörigen Wäldern und Gebäuden überlassen und die Frohn auf den zwanzigsten Teil des gebrannten Goldes und Silbers ermäßigen; statt des Umgeltes (Verbrauchsabgabe auf geistige Getränke) bedingt er sich jährlich ein goldenes Trinkgeschirr im Werte von 200 Kronen (Dukaten) aus. Auch gestattete er den Gewerken und Knappen, die schon vorher der Reformation zugetan waren, die Ausübung ihrer Religion, erlaubte ihnen sogar einen eigenen Friedhof, bedrohte jedoch neu Übertretende mit Landsverweisung.

Damit sind wir an den Punkt gelangt, der außer der Zersplitterung der Kapitalien und den schweren Abgaben ein Hauptschaden für den günstigen Betriebserfolg war, den Gegenreformationsversuchen der Salzburger Erzbischöfe seit Matthäus Lang, die bald mit grausamer Härte, bald mit ermüdenden und kleinlichen Mandaten und Verordnungen die Anhänger der Augsburger Konfession verfolgten und zahlreiche Gewerken und Knappen zur Auswanderung trieben. Auch Wolf Dietrich hatte mit strengen Maßregeln begonnen. Als er aber zur

Einsicht kam, daß dadurch seine Haupteinnahmsquellen, das Dürrnberger Salzbergwerk und die Edelmetallbaue in den Tauern, zerstört werden müßten, hielt
er der bergbautreibenden Klasse gegenüber damit ein. Es ist uns nicht überliefert, ob die Weitmoser auch dem Protestantismus zugetan waren, wohl aber, daß
ihre Vermögensverhältnisse sich immer mehr verschlimmerten. Hans wie Christoph mußten bereits Güter und Zehnten verkaufen. Als ersterer zu Ramingstein
im Lungau 1601 starb, überstiegen die Schulden sein hinterlassenes Vermögen
um 15.000 Gulden und betrugen 42.178 Gulden. Hauptgläubiger waren sein
Bruder Christoph mit 16.760 Gulden, die Altischen Erben in Salzburg mit
18.000 Gulden und 4000 Gulden Zinsen und mehrere Gewerken.

Nach zwei Jahren folgte ihm seine Gattin im Tode nach. Sie war Anhängerin
des Augsburgischen Bekenntnisses. Als sie unter Absingen lutherischer Lieder
auf dem protestantischen Friedhofe in Hofgastein beerdigt wurde, erregte das
heftigen Unmut der Katholiken, – ein Zeichen, das die Wehen einer neuen Zeit
ankündigte.[17] Auf sie dürfte die bekannte Sage vom Ring der Weitmoserin und
dem Fluche der Bettlerin bezogen werden. Doch ist von einer gänzlichen Verarmung noch nicht zu sprechen, denn ihr Nachlaß belief sich außer den Klein-
odien auf 6483 Gulden, wie J. von Koch-Sternfeld (Tauern 352) mitgeteilt, der
wahrscheinlich aus Akten der Pflege Gastein schöpfte.

Auch Christophs Finanzen waren zerrüttet; über seine Hinterlassenschaft ist
keine Nachricht vorhanden. Er starb 1603. Seine Erben waren seine drei Töchter, alle bei seinem Tode noch unmündig. Die beiden älteren, Ursula und Elisabeth, kamen deshalb „in die Zucht, Kost und Unterhalt" zu Herrn Josef Hunt
und dessen Frau zu Dorfheim bei Saalfelden und blieben dort bis 1609. Hunt
war der letzte seines alten Geschlechtes, das mit ihm 1620 erlosch. Ursula war
dann noch ein Jahr lang bei Herrn Marx von Gils in Hallein und vermählte sich
1612 (?) mit dem salzburgischen Jägermeister Georg Kaspar von Greiffensee,
der ebenfalls als letzter seines Stammes 1618 starb.[18] Ursula soll sich 1606 mit
einem Balthasar von Hohenburg vermählt haben, der schon 1611 gestorben sei.
Regina endlich hielt sich von 1603 bis 1617 bei Christoph Amann von Juden-
dorf, Pfleger zu Taxenbach, auf und vermählte sich in erster Ehe mit einem
Friedrich Fuchs von Fuchsberg, in zweiter mit einem Daxberg von Zangberg.
Als letzte Besitzerin Weitmoserschen Eigentums, nämlich der Hofmark Winkel,
erscheint noch 1659 Elisabeth, die letzte adelige Weitmoserin.

Neben den adeligen Weitmosern gab es nach v. Koch-Sternfeld (Tauern 252)
noch bäuerliche. Zwei Glieder dieses Zweiges sind im Testamente Christophs des
Älteren bedacht; ein Heinrich wird als 1599 auf dem Rengerlehen zu Gadaunern
verstorben erwähnt, ein Christoph war Knecht bei Hans, der ihm zu einem Lehen
in demselben Gadaunern verhalf; 1606 bittet ein Christian, 25 Jahre lang Knappe,
verheiratet, am Körper verstümmelt, um den Dienst als deutscher Schulmeister in
Hofgastein; ein anderer Hans wird in diesem Jahre als Schmied und Besitzer eines
Häuschens, das ihm Christoph d. J. geschenkt hat, erwähnt. –

Die Verantwortung für diese Angaben müssen dem Autor überlassen werden. Vielleicht hat sich, auf diese Weitmoser in Gadaunern gestützt, im Volksmunde die Sage von der Herkunft des alten Hans Weitmoser gebildet; denn es ist kaum zweifelhaft, daß diese alle aus der uns unbekannten Heimat des Gründers des großen Gewerkengeschlechtes erst nach Gastein zogen.

Schon in den letzten neun Regierungsjahren Wolf Dietrichs hatte der Lender Handel einen Verlust von fast 60.000 Gulden. Mit dem Regierungsantritte Marx Sittichs änderten sich die Verhältnisse noch rascher, da der eitle Nachfolger seines großen Vetters das von diesem unterlassene Werk der Gegenreformation durchzuführen entschlossen war. Nun begannen die Verfolgung und Ausweisung der protestantischen Gewerken, ihrer Beamten und Diener auch in Gastein; ihre Anteile löste die Hofkammer ein; den Lendner Handel erwarb sie 1622; seit 1636 gab es in Gastein, Rauris und den angrenzenden Bergbaugebieten nur mehr landesfürstliche Werke.

So wenig wie die Geschichte des alten, ist es möglich hier die Geschichte des neuen landesfürstlichen Bergwesens auch nur in leichten Strichen zu zeichnen. Auch dieses verfiel allmählig; der Eintritt Salzburgs in die Ländergruppen eines mächtigen Staates beschleunigte den Untergang. – Heute spricht noch ein kümmerlicher Rest und zahlreiche Ruinen von dem entschwundenen Bergsegen.

Die Geschichte der Weitmoser ist aber typisch für die Geschichte aller alten Gewerken, ja für die des Bergbaues selbst: Plötzlicher Aufschwung, rascher Vermögenserwerb, erhöhter Eigenverbrauch, Zersplitterung des Kapitals, gesteigerte und schließlich das Kapital aufzehrende Abgaben, Raubbau und endlich Erschöpfung der Gruben, zum Schlusse Schulden und Verarmung.

Man dürfte kaum daran zweifeln, daß Bartlme Khevenhüller, der ja mit den Weitmosern verschwägert war, diese im Auge hatte, als er in den Lebensregeln für seinen Sohn Christoph 1607 schrieb (Wolf Adam, Geschichtliche Bilder aus Österreich, Wien 1878, I, 142): „Das Bergwerk ist an sich eine schöne Gab Gottes, die den Menschen mit Hoffnung reich oder arm macht, aber man sieht selten, daß solch ein Gut in den dritten Grad haftet. Das Bergwerk hat die Art, so einer sich darein verliebt, daß er nit wol daraus mag; sind immer Leut gnug, die ihm gutes Herz und Hoffnung machen, bis kein Geld mehr vorhanden. Nimm dir das für ein gewiß Exempel, daß tausend verderben und kaum einer reich wird; darum rath ich dir, steh dessen müssig; hüt dich oder es trifft dich."

Anhang

Als kleinen Beitrag zur Geschichte der Verhältnisse in Wildbad und als Muster höflichen Stiles mögen hier noch zwei Briefe aus J. v. Zahn, Steirische Miscellen (Graz 1899), S. 101 ff. angefügt sein.

I. 1566, 15. Juni, Gastein

Hans Weitmoser zu Winkel an Erasmus Frhr. v. Windischgrätz.
Wolgeborner Herr, insbesonders freundtlicher Herr und Schwager[19], Euch sein meine gutwillige Dienst yederzeit bevor. Meinem Euch Herrn getanen Zuesagen nach hab ich zu schreiben nit undterlassen khunnen und den Herrn zu erindern, das ich allen muglichen Fleiß furgewendt, dem Herrn ain Zimmer im Pad zu bestellen, also aber ist dieser Zeit khains ledig gewest. Hab doch nit umbgehen wellen, dieweil mein Schwöster, die von Haunsperg, ir ain Stuben aufhalten lassen, derselben ainen aignen Poten zuschickhen und mich dardurch zu erkhundigen, ob sy noch auszupaden vorhabens sey, darauf sy mir aber, das sy gewislich hereinkhumen werde, zugeschriben hat, derwegen ich dann dieser Zeit dem Herrn khain Zimer finden khin, yedoch hab ich Befelch geben, damit man khains weiter an mein Vorwissen verlaß, und da ains ledig wirt, schreib ich dem Herrn bey aigner Podschaft zue, freundlichen pittundt, mir disen meinen Verzug in khainem Argen aufzunemen, dann ich gern allen muglichen Fleiß furgewendt het, damit der Herr gelegentlich möchte undter khumen, aber es ist dieser Zeit nichte vorhanden gewest. Hoff doch in 14 Tagen ain Zimer (wie ich solches dem Herrn berichten will) ledig werden soll. Das Alles hab ich also dem Herrn zuezuschreiben nit undterlassen wellen. Thue mich hierauf dem Herrn befelhen. Die Gnad Gottes sey mit uns Allen. Datum Gastein, den 15. Juni anno etc. 66.

E. W. Schwager
Hans Weitmoser zu Winckhl

II. 1566, 28. Juni, Gastein.

(Derselbe an denselben.)
Wolgeborner Herr, insbesondes freindtlicher lieber Herr Schwager. Euch sein mein willig Dienst yeder Zeit bevor. Das Schreiben, so Ir Herr mir bey aignen Potten geschickht, hab ich zu meiner Anhaimbskhunft entphangen, und Inhals (als nemlichen, das Ir Herr meines langsamen Schreibens und Ausrichtung Euch verwundert) verstanden. Was aber die Ursach gewest, habt Ir Herr aus meinem vorigen Schreiben ohne Zweifl vernumen, daß es hie vil ain andere Gestalt hat, dieweil das Pad nit dermassen erpaut und mit zimern versechen ist, das man leichtlich mocht undterkhumen, und ist erst in meinem Anwesen

die gröst Stuben ledig worden, der andern wird man khaine in ainer Zeit geraumbt. Man mueß gleichwol über ain Stügen hinauf gehen, aber man khans furwar nit anders gehaben. So sein die überigen zway Stübl khlain und eng, das zu besorgen wer, der Herr wurdt hart behaust sein. Sovil aber die groß Stuben belangt, ist dieselb schon bestät, also das der Herr khumen mag, wans im gelegen ist, und ye ehe es beschiht, ye besser ist es. Das hab ich also dem Herrn ze fraindtlicher Antwurt, [das er] sich darnach zu richten hab, wellen zueschreiben, damit uns Alle Gott befehlent. Datum Gastein den 28. Juni anno 1566.

E. D. W. Schwager.
Hanns Weitmoser zu Winckhl.

* * *

In einem Artikel „Im Geschäfte des Badelebens im 16. Jahrhundert" in der Beilage zur „Grazer Tagespost", vom 21. Mai 1911 erwähnt Hofrat Universitäts-Professor Dr. J. Loserth diese Schreiben und erwähnt noch eines von Windischgräz vom 4. September, worin er das Ende seiner Badekur herbeiwünscht, „denn es ist hier ein ser langweilig wesen, darzue so teuer". Eine Semmel, die in Graz einen Pfennig kostet, muß man hier mit dem Dreifachen bezalen, ein Viertel (beiläufig 1 Liter) Wein kostet 12 Kreuzer, „und von andere viktualien ist nichts oder ser wenig und ser teuer zu bekommen". Der muß, schreibt Windischgräz weiter, wahrlich nicht recht bei Sinnen sein, der zum Vergnügen oder vielleicht um billiger zu leben, hieherkommt. Er selbst werde keine Stunde säumen, von hier zu „verrücken".

„Die teuren Preise werden wohl geblieben sein", schreibt Loserth zum Schlusse, dafür ists jetzt bequemer in dem schönen Gastein geworden, für dessen landschaftliche Reize unser Edelherr recht wenig Sinn zu haben scheint."

Anmerkungen

1 Über die neueste Phase des Baues unterrichtet die „Denkschrift für die Gewerkschaft Rathausberg", dem Gewerkentag vom 25. Mai 1911 vorgelegt von Direktor Karl Imhof (mit Plänen und Karten).

2 Diese Angaben verdanke ich Professor Eberhard Fugger.

3 In einem Streite zwischen den Gerhaben der Weitmoserschen Kinder und der Nachbarschaft zu Dorfgastein, 1562 bis 1564, wird wiederholt als Vater der Pupillen Christoph und als „Endl" (Großvater) der „Alt Hans" genannt. Reg.-Archiv.

4 In der später anzuführenden Veröffentlichung Dr. Friedrich Leists.

5 Gefällige Mitteilung von Dr. Franz Martin.

6 In der Historia Salisburgensis der Gebrüder Mezger, erschienen 1692, Seite 1693 wird gar von dem Privaten, der Weithofer heißt, erzählt, dem Leonhard 1000 Imperialen (Goldstücke) leiht!

7 Einen beglaubigten Stammbaum der Familie nebst anderen urkundlichen Notizen verdanke ich Herrn Archivdirektor Dr. Andreas Mudrich.

8 Hier steht im Original „Erzbischof Matthäus Lang"; da das Datum stimmt, wurde der Fehler berichtigt (Anm. des Hg.).

9 Moritz von Weitenhiller: Der Salzburgische Adel (1883) gibt dafür S. 73 keine Daten an. Reißacher Karl, Bruchstücke aus einer Geschichte des Salzburger Goldbergbaues, Museumsberichte 1860, S. 23, schreibt von Kaiser Max I., was wenig wahrscheinlich ist. In der Landtafel des Erzstifts erschienen die Weitmoser 1592, aber nicht mehr 1620. Nach Weitenhiller mußte auf Verlangen einer nicht genannten, offenbar von einem weiblichen Sprößling der Weitmoser abstammenden Familie am 10. Dezember 1729 die salzburgische Landschaft eine Bestätigung ausstellen, daß das Weitmosersche Geschlecht seit 1560 und bis her und her (?) in der salzburgischen Matrikel einverleibt war.

10 Salzburger Intelligenzblatt 1800.

11 Diese und andere Weitmoser-Sagen bei R. v. Freisauff, Salzburger Sagen, S. 418 ff. Die Inschrift der Gabplatte vielfach gedruckt, zuletzt im Führer durch das Thermalbad Hofgastein, 1909, S. 44, mit Übersetzung.

12 Sie starb 1564; ihr und ihres Gatten Grabstein ist in der Pfarrkirche von Villach.

13 Entweder: Johann Pincius aus Wettera in Hessen, geb. 1521, studierte in Paris, Zürich und Straßburg, dann Pastor in seinem Vaterlande, starb 1591, oder, aber weniger wahrscheinlich, ein Johann Dominikus Hessus, von dem 1586 in Ingolstadt ein Catalogus Episcoporum et Archiepiscoporum Salisburgensium erschienen sei.

14 An das Gemeineigentum der drei Brüder erinnert noch das Tor an der Umfangsmauer des Straßer- (später Tandlfranz-Hofes) in Golling mit dem Weitmoser-Wappen und einer Inschrift, wonach sie die Mauer und einen Gangsteig 1565 neu errichteten.

15 Das Testament bestätigte Erzbischof Michael von Kuenburg, da es wegen der Bestimmung über die Bergwerke für das Erzstift wichtig war.

16 Wolf Prem, ein alter Diener der Weitmoser, hat den Einzug in einer meistersängerischen Reimerei beschrieben. (Gedruckt: Museums-Jahresbericht 1858)

17 Der Friedhof lag in Felding, südlich an Hofgastein, wo sich die beiden Straßen nach Wildbad trennen und 1800 ein Armenhaus erbaut wurde. Er wurde 1615 geschlossen und zerstört. Von Koch-Sternfeld, Tauern 331.

18 Sein Grabstein ist in der Pfarrkirche von Laufen an der Salzach.

19 Hier nur als Höflichkeitsausdruck gebraucht.

Museum und Festung

❧ 1917 ❧

Die städtische Altertümersammlung (das Museum Carolino-Augusteum) ist in ihrer Entwicklung durch Raummangel stark gehemmt. Ein Anbau an das bestehende, einst ganz anderen Zwecken dienende Gebäude, dürfte sich schwierig gestalten, die Einbeziehung der für die Handelsschule verwendeten Teile bringt nur geringe und nicht günstig gestaltete Vermehrung der Belagsfläche. Das einst zu Erweiterungszwecken angekaufte Stieglbräuhaus wurde abgebrochen, um das daran stoßende Nonnenkloster zu vergrößern, obwohl es selbst ein der Erhaltung würdiger Bau war. Das Schlosserhaus in der Griesgasse, das jetzt die Bücherei und Urkundenschätze birgt, ist zu etwas anderem kaum verwendbar; der große Hof, der sich ihm anschließt, und eine darin stehende Kapelle wurde leider nicht miterworben, obgleich der eine wie die andere den Zwecken des Museums recht gut hätte dienstbar gemacht werden können. Von einer geplanten Verwendung des Schlosses Mirabell für die Aufstellung der kostbaren und reichhaltigen Sammlungen wurde Abstand genommen, weil die Stadtgemeinde auf den Mietzins des Gebäudes nicht verzichten wollte. Aber auch andere triftige Gründe sprachen gegen die Verwendung des Gebäudes zu dem angedeuteten Zwecke. Von einem Neubau darf man heute und wohl noch viele Jahre lang überhaupt nicht sprechen.

Ein anderer Plan ist die Verlegung des Museums in die Feste Hohensalzburg, wenn diese durch die Gnade Seiner Majestät des Kaisers in das Eigentum der Stadt übergeht. So wünschenswert, so erfreulich der Besitz dieser geradezu als „des Landes Krone" zu bezeichnenden stolzen Burg für die Stadt wäre, so dürfte doch nicht in Abrede zu stellen sein, daß sich die Gemeinde damit eine schwere Last aufbürdet. Diese Geldfrage ist mehrfach erörtert worden. Die recht großen einmaligen Übertragungskosten all der tausenderlei Gegenstände aus dem Museum in die Feste, die Neuaufstellung und dafür nötige bauliche Änderungen, die immer wiederkehrenden jährlichen Ausgaben würden durch die eigenen Einnahmen des Museums nicht einmal zu einem geringen Teile gedeckt werden und wären unter den gegenwärtigen mißlichen Verhältnissen auch kaum zu rechtfertigen. Welche anderen Gründe gegen die Verwirklichung der scheinbar so bestechenden Idee sprechen, ist bereits von verschiedenen Fachleuten und Kennern ausgesprochen worden; ich nenne nur den Kunstforscher Dr. H. Tietze, den Altertumsforscher Oberst Hettwer, den Architekten Fachvorstand Schubauer.

Wenn ich mir nun gestatte, zu dieser Angelegenheit auch das Wort zu ergreifen, so geschieht es nicht, weil ich mich als Fachmann ausgeben möchte oder gar aus irgend einem persönlichen Grunde, sondern nur, weil ich die trauliche Stadt Salzburg und das herrliche Salzburger Land als zweite Heimatstadt und zweites Vaterland liebe und alles in meinen schwachen Kräften stehende tun möchte, um Stadt und Land zu fördern. Beweise davon liefert meine Geschichte Salzburgs, liefern zahlreiche Aufsätze in den Mitteilungen der Gesellschaft für Salzburger Landeskunde sowie in verschiedenen Zeitschriften und Tagesblättern.

Nun wage ich es, mit einem Vorschlage auf den Plan zu treten, einem Vorschlage, der geeignet sein dürfte, einerseits die weitere Unterbringung von Musealgegenständen im alten Hause zu ermöglichen, andererseits die Kosten der Erhaltung des Schlosses zu vermindern und dazu noch das Schloß zu einem viel sehenswerteren Schaustück machen würde, als es jetzt schon ist. Das Schloß selbst soll Museumsobjekt werden.

Im Museum sind gewisse Räume geradezu mit Gegenständen vollgepfropft. Andere Sachen sind in nicht ganz passenden Räumen untergebracht, die besonders häufig genügender Luftzufuhr entbehren; in den Lagerräumen sind wieder Sachen aufgestapelt, die öffentlicher Ausstellung würdig wären, Wände sind mit Gemälden so eng aneinander behängt, daß ein Genuß einzelner kaum möglich ist und dergleichen mehr. Ich will dabei von systematischer Aufstellung gewisser Gruppen nicht reden; sie ist wohl teilweise durchgeführt, aber unter Schwierigkeiten, die eine gesetzmäßige Entwicklung kaum ahnen lassen.

Wie wäre es denn also, wenn man mit dem Überflusse dem Mangel abhälfe? Die Räume des Hochschlosses sind abgesehen von dem Wandschmucke der Fürstenzimmer leer. Der Waffensaal des Museums ist eigentlich überfüllt. Wo würden Rüstungen und Waffen besser hinpassen als in dem mächtigen Säulensaal der hohen Feste? Wie gut würde sich dort die Gestalt Wolf Dietrichs in dem reichen Prunkharnisch auf dem Streithengst ausnehmen! Wie würdig würden Figuren in den alten Rüstungen und Waffentrophäen an den Wänden dem Raume anstehen! Schon einmal, bei der Hauptversammlung des Deutschen und Österreichischen Alpen-Vereines 1895 hat der sel. Direktor Dr. Alexander Petter einige Stuben mit wenigen Waffenstücken höchst wirkungsvoll auszustatten und zu verschönern verstanden. Ahmen wir sein Beispiel nach! Dabei ist aber nicht die Meinung, als müßten alle Waffen in die Festung kommen; nein, sondern die kleineren, kostbaren, kunstvollen bleiben im Stadtmuseum! Wie ließe sich mit den Werkzeugen der Straf- und Blutgerichtsbarkeit ein Schergenstübchen, mit den Folterwerkzeugen die Folterkammer ausstatten! Unschwer wäre eine alte Kanzlei einzurichten; Möbel dazu fänden sich; schon eine oder mehrere der alten Kassen mit ihren kunstvollen Schlosserarbeiten wäre dazu verwendbar. In die Bücherkammer neben der goldenen Stube sollten wieder alte Folianten in weißen Ledereinbänden in die alten Stellbretter gelegt werden. Irgend ein kleiner Raum könnte als alte Apotheke eingerichtet werden, ein anderer als alchimistische Küche, wie eine solche im Schlosse Hohenwerfen zu sehen ist. Sie würde die Erinnerung an den Erzbischof Ernst von Bayern, den Liebhaber metallurgischer Studien und den großen Paracelsus lebhaft wachrufen. So hübsch im Museum das Wolf Dietrich-Zimmer ist, würde das Andenken dieses genialen Schöpfers der neuen Stadt Salzburg, des Salzburgs der Paläste und großen Plätze, nicht erst recht lebendig werden, wenn man jene Zimmer, in denen er als Gefangener duldete (und 16. Jänner 1617 starb), mit allem, was auf ihn Bezug hat, ausstattete, einschließlich der reizenden, so elend verödeten Erkerkapelle, die nicht allzuschwer in annähernd alter Gestalt wiederherzustellen wäre? Eine mittelalterliche Schenke, ein Armbrustschießstand in einem der Gräben, eine Sattelkammer, eine Wägen-, Schlitten- und Sänfteremise ließe sich einrichten. In den Gemächern des alten Palas, der Hohenstockkaserne, mit ihren hohen und breiten Wänden könnten Gemälde oder Wandbehänge, die ihres Umfanges wegen in den niederen Zimmern des Stadtmuseums keinen Raum finden, aufgehängt werden. In den Höfen und Höfchen ließen sich Kanonen aufstellen, Kugelhaufen aufschütten und dergleichen mehr.

Ich will diesen Faden nicht weiterspinnen, sondern nur kurz den zweiten Teil meines Planes vorlegen. Als vor zwei Jahren die an und für sich großartige Idee der Errichtung eines mächtigen Weltkriegs- und Treubunddenkmals auf dem Mönchsberge auftauchte, hieß es, die untere Halle des Baues habe die Bestimmung, alle die Erinnerungen des einheimischen Infanterie-Regimentes Erzherzog Rainer Nr. 59, also ein Rainer-Museum aufzunehmen. Die geniale Idee hatte das Los vieler anderer, – sie scheiterte an der gemeinen Wirklichkeit. Aber der Gedanke an das Rainer-Museum sollte doch zur Ausführung kommen, und zwar auf Hohensalzburg. Wo paßte auch die geplante Erinnerungsstätte besser hin als dort, wo Jahrzehnte lang Teile des Regimentes lagen und wo man eigentlich ungerne das militärische Element vermißte, wie von anderer Seite erklärt wurde. Die Stadtgemeinde würde gewiß die dem Museum nötigen Räume dem tapferen Hausregimente überlassen und hätte dabei noch etwas gewonnen. Denn das Regiment, falls es wieder nach Salzburg verlegt wird, sonst ein anderes hier in Garnison liegendes, müßte jedenfalls für das militärische Museum die Aufsichts- und Wachmannschaft stellen und würde so die Aufsichtspflicht der Gemeinde für die ihr gehörige Burg wesentlich erleichtern. Aber auch zur städtischen Aufsicht könnten vorzugsweise invalide Krieger herangezogen werden, denen in den Räumlichkeiten des weitläufigen Schloßbaues kleine Wohnungen einzurichten wären, wie solche einst bestanden und noch bestehen. Damit wäre auch ein kleines Stück Fürsorge für Kriegsteilnehmer erledigt. Außerdem würde die städtische Feuerwache jedenfalls bestehen bleiben und wenn allenfalls die Schutzmittel gegen Feuersgefahr etwas vermehrt würden, für die Sicherheit der im Schlosse aufgestellten Gegenstände hinreichend gesorgt sein. Von Ermöglichung einer elektrischen Beleuchtung und von Beheizung der Räume will ich nicht sprechen; – sie entfällt vorderhand, weil ja der Besuch zur kalten Jahreszeit, gerade wie jetzt im Stadtmuseum, doch ausgeschlossen bleibt. Für letzteres wäre eine ausgibige Heizungseinrichtung zwar höchst wünschenswert, aber die Kosten schrecken einstweilen von der Einführung ab.

Um nun wieder auf die Ausgestaltung des Schlosses im angedeuteten Sinne zurückzukommen, denke ich mir ein allmähliches Vorgehen, das sich durch Jahre hinziehen mag, wenn nur jährlich etwas geschieht, und zwar einerseits durch Einrichtung und Ausstattung der Innenräume, andererseits damit Hand in Hand gehende Arbeiten an der baulichen Anlage, Arbeiten, deren Zweck wäre, den Zustand allmählich dem ursprünglichen zu nähern und die Gebrauchsspuren der späteren Zeit zu verwischen, bis endlich der stolze Bau in alter erneuter Schönheit dasteht. Vielleicht finden sich für diese Zwecke, Einrichtung des Inneren und Wiederherstellung des Äußeren, auch Wohltäter. Ich denke dabei an das allerhöchste Kaiserhaus, an die großen Staatsmuseen, an die salzburgischen Adelsfamilien, an bürgerliche, an bäuerliche Kreise, aber auch an Klöster und Kirchen.

Ich bin am Schlusse und möchte nur in aller Bescheidenheit meine Gedanken der Prüfung maßgebender Kreise unterzogen sehen. Salzburg würde im Falle der Durchführung meines Planes nicht zwei Museen haben, sondern nur eines, aber in diesem, wenngleich äußerlich getrennt, doch innerlich ganz dazugehörig, ein Schaustück, dessen sich kein anderes Museum rühmen kann, ein stolzes Hochschloß, an das sich des Landes und seiner alten Fürsten Geschick aufs engste knüpfte, an das sich aber auch knüpft eines der wichtigsten Erfordernisse unserer Jetztzeit, die liebevolle tatkräftige Erinnerung an die große Vergangenheit mit der Hoffnung einer glücklicheren Zukunft.

Abt Willibald Hauthaler von St. Peter

Ein Gedenkblatt zu seinem fünfzigjährigen Priesterjubiliäum

❧ 1918 ❧

Manche alte Stadt gibt es auf deutschem Boden, die ihre Entstehung einer kirchlichen Gründung an der Stelle einer Römersiedlung verdankt. Die wenigsten haben davon mehr als die Erinnerung behalten. Anders ist es mit unserer Heimatstadt. Sie darf sich noch in Besitz des Klosters St. Peter rühmen, von dem sie, wie das Erzbistum, ihren Ursprung herleitet. Die Legende läßt den Franken Rupert gegen das Ende des sechsten nachchristlichen Jahrhunderts den Bayernstamm zum Christentume bekehren und auf dem Trümmerfelde der Römerstadt Juvavum das Kloster St. Peter erbauen. Schon unter ihm begabten die bayerischen Herzoge aus dem Hause der Agilolfinger, wie nicht minder zahlreiche Edle und Gemeinfreie des Landes die neue kirchliche Gründung mit Ländereien, Huben und Hörigen. Als dann Bonifatius, der große Apostel Germaniens, die kirchliche Organisation in Bayern durchführte, machte er Salzburg zum Mittelpunkte einer ausgedehnten Diözese und gab ihr in Person des Abtes von St. Peter einen Bischof. Diese Verbindung der bischöflichen und abtlichen Würde blieb auch bestehen, als Salzburg zum Erzbistum erhoben wurde. Als jedoch die Stellung des Abt-Erzbischofes immer fürstengleicher, der Eigenbesitz der Kirche immer umfangreicher wurde, mußte eine Trennung der beiden Würden eintreten. Erzbischof Friedrich I. vollzog diesen Schritt. Er teilte dem Kloster einen nicht unbedeutenden Teil des Grundbesitzes zu und gab ihm in der Person seines Dompropstes Tito einen eigenen Abt. Doch behielt er und seine Nachfolger noch die Residenz in einem Teile des immer ausgedehnter gewordenen Klosters bei, bis Erzbischof Konrad I. sich 1110 eine eigene erbaute.

Das mächtige geistliche Fürstentum Salzburg ist von den Wogen der Zeit verschlungen worden. Das bescheidene Kloster St. Peter blieb erhalten und erfreut sich noch heute eines Grundbesitzes inner- wie außerhalb des Landes Salzburg, der, aus den ältesten Zeiten stammend, durch Schenkungen und Ankäufe vermehrt, durch sorgfältige Verwaltung nutzbar gemacht, die materielle Grundlage für den Bestand der alten Stiftung St. Rupertus bietet, während die ideelle seine Vorsteher und Insassen blieben und sind, – in treuer Erfüllung ihrer Ordensregel, der des hl. Benedikt, dem Gebete und der Arbeit lebend, bestrebt, das geistige und irdische Erbgut ihrer Vorfahren zu erhalten und zu mehren, dem festen Gefüge des Klosterlebens ungestört von Zeit und Umständen Dauer zu verschaffen, falls es sich aber einmal etwas lockerte, es wiederherzustellen und zu festigen.

Unter den bisherigen 82 Vorstehern des Klosters findet sich eine Auslese der tüchtigsten Männer, die das Kleid des Ordensgründers trugen, neben frommen Asketen tüchtige Ökonomen, neben bewunderten Gelehrten vorzügliche Organisatoren, neben milden Vätern strenge Herren. Alle aber verstanden, ihre geistliche wie weltliche Stellung mit Würde zu behaupten, die anvertraute Stiftung zu fördern, dem Kloster, dem Lande, dem Staate zum besten zu arbeiten und zu wirken.

Morgen (28. Juli 1918) feiert einer der würdigsten Nachfolger so vieler ausgezeichneter Vorgänger den fünfzigsten Jahrestag seiner Priesterweihe, Prälat Willibald Hauthaler. Einem erbgesessenen Bauerngeschlechte in der Gegend von Nußdorf, dem alten Pfarrsitze am Westfuße des Haunsberges im fruchtbaren Tale der Oichten entsprossen, erblickte er am 5. Jänner 1843 das Licht der Welt und wurde auf den Namen Kaspar getauft. Der kerngesunde, talentvolle Bauernknabe, zum geistlichen Stande bestimmt und berufen, machte seine Studien am Gymnasium Borromäum in Salzburg, der Stiftung des Erzbischofes Friedrich Fürst Schwarzenberg, vollendete sie am k. k. Staatsgymnasium. In das Stift St. Peter 1862 eingetreten, empfing er den Ordensnamen Willibald. In Salzburg absolvierte er das theologische Studium an der Fakultät, dem einzigen Überreste der ehemals blühenden Benediktiner-Universität, der hochstrebenden Gründung des Erzbischofs Marx Sittich von Hohenems. Am 29. September 1867 legte er die feierlichen Ordensgelübde ab, am 26. Juli 1868 wurde er zum Priester geweiht. Nachdem er sich einige Zeit der Seelsorge gewidmet, sandte ihn Abt Albert Eder an die Universität Innsbruck, wo er durch zwei Jahre geschichtliche Vorlesungen hörte, – der berühmte Professor Julius Ficker, der liebenswürdige Alfons Huber vertraten damals das historische Fach; jener leitete das historische Seminar, während der elegante Stumpf-Brentano Unterricht in Paläographie und Urkundenlehre gab. – Die Lehramtsprüfung legte der junge Benediktiner mit vorzüglichem Erfolge ab.

Nach Salzburg zurückgekehrt wurde er sofort in den Lehrkörper des Borromäums eingereiht. Seine Erfolge als Pädagog brachten ihm die Ernennung zum Direktor der Anstalt schon als jungen Professor von 36 Jahren, 1879. Um sich ungestört der rein wissenschaftlichen Tätigkeit widmen zu können, legte er diese Stelle nach zehn Jahren ersprießlichster Tätigkeit zurück, mußte sie aber 1897 wieder übernehmen und blieb in ihr bis zu seiner Wahl zum Abte. Eine Unterbrechung seiner Lehrtätigkeit hatte 1884 stattgefunden, in welchem Jahre Hauthaler in Rom auf der vatikanischen Bibliothek arbeitet. Nebenbei war er im Stifte mit dem Amte des Bibliothekars und Archivars betraut, das manche Arbeit erforderte. Sein vorzügliches Wirken als Leiter, Lehrer und Erzieher wurde von geistlicher wie weltlicher hoher Stelle wiederholt anerkannt, so durch die Verleihung des Titels eines k. k. Schulrates 1889, des Ritterkreuzes des Franz Joseph-Ordens 1898, durch Ernennung zum Mitgliede des k. k. Landesschulrates und dem Titel eines geistlichen Rates der Erzdiözese.

Als der äbtliche Stuhl des Stiftes St. Peter durch den Tod des Abtes Romuald Horner erledigt wurde, gab es von vorneherein keinen Zweifel, daß P. Willibald Hauthaler sein Nachfolger sein werde. Daher war das auf den 12. März 1901 ausgeschriebene Wahlkapitel kaum etwas anderes als die Einhaltung der gesetzlichen Form. P. Willibald ging aus ihm als Abt hervor, der Würdigste unten den Würdigen, jung genug, um seinen neuen, schweren Pflichten gewachsen zu sein, alt genug, um allerseits willigen Gehorsam zu fordern und finden zu können.

Als Abt hat P. Willibald seinen früheren Verdiensten als Ordensmann, Professor, Direktor und Pädagog neue angereiht, die hier vollständig zu würdigen nicht möglich ist. Aber einiges sei erwähnt, was aller Augen sehen können. Er hat dem Pracht-Grabmale des Landsknechtobersten Hans Werner von Raitenau, des Vaters des ebenso genialen wie unglücklichen Erzbischofs Wolf Dietrich, einen würdigen Platz in der Klosterkirche gegeben, nachdem es Pietätlosigkeit und Unverstand seines ursprünglichen Platzes in der Mitte des Hauptschiffes in einen finstern Winkel verwiesen hatten; er hat die im Stifte vorhandenen zerstreuten Überreste aus alten Tagen, darunter wertvolle Denkmäler der Kunst und des Kunsthandwerkes gesammelt und würdig aufgestellt; er hat den St. Peterskeller erweitert und stilvoll ausgestaltet; er hat sich die Verbesserung der Ökonomie, die kostbare Weingärten in Niederösterreich, fette Ackerfluren in Kärnten, bedeutende Maiereien und umfangreiche Waldungen in Salzburg in den Bereich ihrer Tätigkeit zu ziehen hat, mit all der Sorgfalt eines trefflichen Haushalters angenommen; er hat das im Stift bestehende Knabenseminar erweitert; er hat für die Waisen auf der Edmundsburg ein neues Haus erbaut; Klostergebäude und Kirche zeugen von seiner Sorgfalt für die Erhaltung oder Wiederherstellung des guten Alten. Seit Beginn des unseligen Weltkrieges hat er im Stifte ein Spital für verwundete Krieger eröffnet; wie viele Akte der Wohltätigkeit er in unseren traurigen Tagen ausgeübt, weiß wohl nur der, der sie einst vergelten soll. Was er im Inneren des Klosters gewirkt, wie er verstand, den Klostergeist zu heben und zu beleben; wie viele junge Klostergeistliche er auf Universitäten gesendet, wie er die Klosterämter , z. B. die des Bibliothekars und Archivars mit eigens hiezu geschulten tatkräftigen Männern besetzte, nicht minder die Klosterpfarren sorgsam mit Vorstehern und Hilfspriestern versah, überhaupt die religiöse, politische und charitative Tätigkeit des Jubilars zu schildern und zu beurteilen, muß einer kundigeren Feder überlassen bleiben.

Nur einer Frucht seiner wissenschaftlichen Tätigkeit sei hier gedacht, des Erscheinens von zwei Bänden des Salzburger Urkundenbuches, eines Werkes, das lange Jahre mühevollster Arbeiten und Studien erforderte, die zum Teil in den

Mitteilungen des Institutes für österreichische Geschichtsforschung, teils in jenen der Gesellschaft für Salzburger Landeskunde erschienen. Einem Laien ist es etwas schwierig, die Arbeiten, die einem so wichtigen und umfangreichen Werke vorangehen müssen, zu schildern. Hatte er in jungen Jahren das Glück, in dem unvergeßlichen Professor Eduard Richter einen trefflichen Mitarbeiter zu finden, so war ihm bei der Vollendung des Werkes eine andere junge Kraft an die Hand gegangen, der diplomatisch und archivalisch aufs trefflichste vorgebildete Salzburger Bürgerssohn Dr. Franz Martin, während sich das Mitglied des Stiftes, P. Gebhard Scheibner der außerordentlich mühsamen Arbeit des Registers unterzog. Ein Verdienst um das Zustandekommen des für die Erkenntnis der ältesten Geschichte und Kultur des Landes Salzburg grundlegenden Werkes gebührt auch der Gesellschaft für Salzburger Landeskunde; ihr Mitglied, seit 1910 Ehrenmitglied, ist Prälat Hauthaler seit dem Jahre 1871. Ein besonderes Verdienst erwarb sich der gelehrte Abt durch die Übernahme der von P. Maurus Kinter in Stift Reigern bei Brünn begründeten „Studien und Mitteilungen aus dem Benediktinerorden", die unter fachkundiger Leitung von Konventualen St. Peters sich zu einem wissenschaftlichen Blatte vornehmsten Ranges ausgestalteten.

Über Prälat Hauthalers Wirken auf dem speziell religiösen und kirchlichen Gebiete steht uns ein Urteil nicht zu. Hier sei nur zu erwähnen gestattet, daß er bei steter Betonung seines kirchlichen Standpunktes sich immer von echt humaner Gesinnung leiten ließ, sich niemals zum Organe extremer Anschauungen machte. Das erklärt auch die Verehrung, die dem würdigen Ordensmanne von a l l e n Seiten gezollt wird. Daher widmen auch wir dem ehrwürdigen Jubilar die aufrichtigsten Glückwünsche zum Feste, das ihm zu begehen vergönnt ist, – wobei wir trauernd des allzufrühen Todes seines Alters- und Studiengenossen Fürsterzbischof Balthasar Kaltner gedenken, den knapp vor dem gleichen Feste ein unerbittliches Schicksal aus der Mitte der Lebenden abberief.

„Nulla dies sine linea" – kein Tag ohne seine zugemessene Arbeit, lautet der Wahlspruch, den sich Abt Hauthaler nach der Wahl zu seiner hohen Würde erkor. Gönne ihm ein gütiges Geschick noch recht lange diesem folgend zu wirken und zu walten wie bisher, im Geiste echter Frömmigkeit, werktätiger Gottes- und Menschenliebe, im Geiste des wahren Humanismus, der nur das Gute sucht, sieht und fördert!

Der Lohbauer

Ein Beitrag zur Geschichte des geistigen Lebens im alten Salzburg

❧ 1923 ❧

Alte Häuser haben ihre Schicksale, alte Bücher ebenso; man findet letztere öfters in jenen und ist erfreut, wenn zwischen beiden ein Zusammenhang besteht.

Im geistlichen Fürstentum Salzburg war das Bierbräuen ein landesfürstliches Fiskal. Es wurde an mehreren Orten betrieben, auch in dem von der Landeshauptstadt wenig über drei Gehstunden entfernten Henndorf, etwas oberhalb des fischreichen Wallersees in den Hügeln der bewegten Moränenlandschaft zwischen dem Gebirge und dem Flachlande eingebettet. Das alte Bräuhaus ist in den letzten Jahren eingegangen, zum Teil sogar abgebrochen worden, die dazu gehörige „Taferne" hat im Laufe der Jahre ein neues und dann wieder ein altertümliches Gewand bekommen. Heute ist sie eines der schmuckesten Landgasthäuser, durch seinen kunstsinnigen und kunstverständigen Besitzer in den Gaststuben und Zimmern mit guten alten Möbeln, entsprechenden alten Bildern, schönem Zinngeschirr, urväterlichen Waffen und manchem Werke der Kleinkunst verflossener Zeiten ausgestattet. Was eben frühere Besitzer der alten Herberge als nicht mehr zeitgemäß, nicht mehr modern (!) auf den Dachboden wandern ließen, wurde wieder hervorgeholt und zu Ehren gebracht. Darunter fand sich das Büchlein: Carl von Lohbauers auserlesene Schrifften. I. Band, Stuttgart, mit Steinklopfischen Schriften 1811. Wem hat wohl das Buch einstmals gehört? Vielleicht stammt es aus der kargen Hinterlassenschaft des besten der oberösterreichischen Dialektdichter, Franz Stelzhammers, dem ein früherer Besitzer des Gasthofes in dessen alten Tagen gastliche Unterkunft in einem seiner Häuser bot, wo der Dichter am 14. Juli 1874 verschied. Seine letzten Stunden hat ein anderer, viel größerer Dichter, Hermann Bahr, in dem Drama „Der Franzl" in einer ergreifenden, tief ins Herz dringenden Weise geschildert. Ehre beiden Dichtern, dem Oberösterreicher und dem Salzburger, deren jeder einen Ruhmestitel der Heimat bildet, deren jeder so echt und so charakteristisch für zwei Epochen ist, die im Grunde neben einander wurzeln, aber in ihren Zweigen so weit auseinanderstreben, daß ein Jahrhundert dazwischen zu liegen scheint!

Seit Jahr und Tag weile ich in dem stillen Henndorf. Meine bescheidene Bücherei ist in Salzburg – ich kann daher nicht aus einer der Literaturgeschichten, in denen die Dichter wohl getrocknet und trocken wie in ein Herbarium eingereiht sind, über die Klassifizierung Lohbauers Auskunft holen, sondern muß mich damit begnügen, meinen Lesern einiges aus der Lebensskizze mitzuteilen, die Lohbauers Schwager, Pfarrer Ludwig Pflaum, dem vorliegenden ersten Bande der Gedichte vorangestellt hat, mehr als Panegyriker des Verewigten, denn als kühler Kritiker und unbefangener Beurteiler.

Carl wurde als Sohn eines württembergischen Beamten in Stuttgart 1777 geboren und genoß im Elternhause eine sorgfältige Erziehung, deren Grundsätze der Vater in einer Selbstbiographie (2 Bände, 1789 und 1801) darlegte. Es unterliegt keinem Zweifel, daß der gute, aber allzu doktrinäre Vater zuviel Gewicht auf die Pflege des Gefühls legte und in dem Sohne eine Schwärmerei weckte, die schon den kleinen Studenten des Gymnasiums den frohen Spielen der Altersgenossen entriß und zu einsamen Spaziergängen drängte. Nach Vollendung der Mittelschule sollte Carl auf der herzoglichen Akademie Kameralia studieren, aber diese Anstalt hörte mit dem Tode ihres Begründers auf; ein Versuch mit dem Studium der Theologie hatte keinen Erfolg. Die Umwälzungen in Frankreich und die drohende Kriegsgefahr für Deutschland machten eine Vermehrung der schwachen Truppenstärke rätlich, und so wurde in Württemberg eine sogenannte Landmiliz errichtet, in deren Offizierskorps der erst sechzehnjährige Lohbauer als Seconde-Lieutnant aufgenommen wurde. Den Dienst sollte er beim regulären Militär erlernen, dessen Offiziere die der Miliz nicht als gleichgestellt betrachten wollten. Der junge Lohbauer wußte sich durch ein Duell die Achtung der Offiziere der Linie zu verschaffen und begann, seinen Gefühlen in schwärmerischen Gedichten Ausdruck zu verleihen, die er 1798 drucken ließ. Es darf nicht Wunder nehmen, wenn er neben zahlreichen andern Mädchen auch eine Laura besang; seit nämlich Schiller das getan hatte, mußte jeder schwäbische Dichterling eine Laura andudeln, – das war sozusagen schon Brauch. –

Zu dieser Zeit begannen auch Lohbauers Beziehungen zu Salzburg, das damals in der literarischen Welt eine Rolle spielte und den gefühlsmäßigen Unterschied zwischen dem wärmer empfindenden Süd- und dem kritisch kühleren Norddeutschland entschieden betonte. Hatte auch mit dem Wegzuge ihres Herausgebers von Salzburg die ganz treffliche „Oberdeutsche Literatturzeitung" an Einfluß verloren, so war doch einer seiner Nachfolger, Josef Wißmayr, als Fortsetzer der Tradition tätig. In seinem Sammelwerke „Blüten und Früchte" (Salzburg 1797 und 1798) hatte er einige Gedichte Lohbauers abgedruckt, zugleich mit einem geradezu überschwänglichen Lobe des jungen Dichters. Man höre: „Diese Lieder verrathen nicht nur ausgezeichnete Dichter-Talente, sondern zugleich auch eine Bildung und Reife der Beurteilungskraft, die sonst nur das Eigentum männlichen Alters und das Resultat vieljähriger Erfahrung zu seyn pflegt. Glückliche Wahl der Gegenstände, vorurteilsfreie Ansicht ihrer interessantesten Seiten, Wahrheiten und Fülle der Gedanken, Zartheit und hie und da

Das Moser Bräu in Henndorf um 1920. Dort fand Widmann das Buch von Karl Lohbauer, um das es in diesem Beitrag geht. Der „kunstsinnige und kunstverständige Besitzer", den er namentlich nicht erwähnt, ist Carl Mayr, der in seiner markanten, selbst entworfenen Tracht am Balkon seines Hauses zu sehen ist. Mitbesitzer des Gasthauses war sein Bruder, der berühmte Sänger Richard Mayr (AStS, Nachlass Franz Ledwinka).

überraschende Kühnheit poetischer Bilder, Reinheit und Delikatesse im Ausdruck dies sind charakteristische Züge der Lohbauerischen Dichtung. Um den Reichtum der sanftesten, edelsten Empfindungen, den beinahe jedes Gedicht enthält, ganz zu genießen, muß man ebenso enthusiastischer Schätzer alles Schönen und Edeln, ebenso zart und richtig fühlender Beobachter der Natur, ebenso warmer Verehrer der Menschheit seyn, wie es Lohbauer ist." Der Kritiker verweist dann noch auf Hölty und Matthisson als Lohbauers Vorbilder, was dieser nur insoweit gelten lassen wollte, als er wie die Genannten „gleichgestimmte Saiten des Gemütes empfangen und daher auch diese Dichter ihn inniger als irgend ein anderer berührten." Wißmayrs Wertschätzung teilte in Salzburg eine Kreis gleichgestimmter junger Menschen, „soll ich sie Schwärmer nennen?" sagt Pflaum. „Wenn jugendliche Geister in dem Gluthgefühl fürs Edle und Große in Eins zusammenschmelzen, und weitausschauende, auf die große Tugend der Entsagung gegründete Pläne für eigne moralische Vollendung und für Beglückung der Menschheit entwerfen, ist das Schwärmerei, ach! So ist's doch gewiß die edelste unter ihren Schwestern und bei weitem die segensreichste" ... Diese Freunde – man denkt unwillkürlich an die Freimaurerei, die auch in der alten Bischofsstadt ihre Loge besessen hatte, aber sich wie anderwärts ins Dunkel hüllte und etwas geheimnisvoll tat – konnte Lohbauer endlich persönlich begrüßen. Der Feldzug des Jahres 1800 sah die württembergischen Truppen an der Seite der Österreicher. Jene lagen in Mühldorf, unter ihnen Lohbauer, der Augenblicke der Ruhe benützte, um seine Salzburger Freunde heimzusuchen, wie auch sie ihn wiederum in Mühldorf. Am 11. Dezember 1801 war er das letztemal in Salzburgs Mauern. „Da feierte die Freundschaft, während zwei Heere einander Verderben drohend gegenüber standen, unter Waffengeklirr ihr hohes Fest. Es waren die seligsten Stunden seines Lebens, und ihre Erinnerung lebte fort in seiner Seele, wie ein Traum aus einer seligen Welt" – erzählt Pflaum. Am Morgen des 12. Dezember, ehe der Tag anbrach, entriß sich Lohbauer den Armen der Freunde und eilte ins Lager, das er erreichte, als schon die ersten Kanonenschüsse donnerten. Die Schlacht auf dem Walserfeld hatte begonnen, sie endete mit der Niederlage der Deutschen. – Die Franzosen rückten in Salzburg ein, für welches dieser Krieg das Ende des geistlichen Fürstentums bedeutete. Man fühlt sich unwillkürlich veranlaßt, zu fragen, wo etwa die Freunde in Salzburg zusammenkamen. Wars das Bierstübchen des Augustinerklosters Mülln, wars in der Weinschenke der Benediktiner von St. Peter oder in einem der bürgerlichen Gasthäuser, etwa im Schiff oder beim Stiegel, oder in der alten Bürgertrinkstube am Waagplatz? Wir wissen es nicht. Aber die Namen wenigstens einiger der Freunde möchten wir gerne kennen, und hier kommt die Liste der Subskribenten auf Lohbauers Werke, die vorliegendem ersten Bande beigedruckt ist, zu statten. In den meisten der in der Stadt Salzburg und deren nächster Umgebung Genannten dürfen wir mit großer Wahrscheinlichkeit solche Freunde des schwäbischen Dichters sehen, und diese Annahme dürfte auch für dessen letzten Besuch in der Salzachstadt gelten. Zu einem solchen kam es im Laufe der Jahre noch einmal. Lohbauer war glücklich aus dem Feldzuge in die Heimat gekehrt; bald darauf verehelichte er sich; leider war er mit seiner Wahl nicht glücklich gewesen. Doch riefen ihn neue Kriege wieder ins Feld. Nachdem Napoleon sich die Kaiserkrone aufs Haupt gesetzt und zum Diktator Europas gemacht, versuchten England, Rußland, Österreich und Schweden als Verbündete nochmals die Herstellung des „europäischen Gleichgewichtes". Württembergs Truppen mußten den Fahnen Frankreichs folgen, ebenso 1806 in den Kampf Napoleons gegen Preußen und Rußland. Die Mühen der Feldzüge erschütterten die bisher ungebrochene Kraft und Gesundheit des Dichters, der erst 1807 wieder in die Heimat zurückkehren konnte, so daß er um seinen Abschied bitten mußte. Kaum genesen, trat er über Aufforderung seines Landesherrn wieder in das Heer ein. Nochmals versuchte Österreich das Joch des Franzosenkaisers zu brechen – es blieb aber allein und mußte trotz Aspern und der kühnen Erhebung Tirols, trotz einem Andreas Hofer, trotz der Versuche eines Schill, eines Friedrich Wilhelm von Braunschweig, Fürsten und Volk aufzurütteln, den verlustreichen Frieden von Wien schließen. Lohbauer stand während des Krieges mit seiner Kompagnie an der württembergischen Grenze gegen Vorarlberg im Städtchen Isny. Gleich den Tirolern erhoben sich die Vorarlberger gegen die Gewaltherrschaft und hatten die Kühnheit, über die Grenze gegen Isny vorzurücken. Es war ein Sonntag, als zwischen den Vorposten ein Geplänkel entstand, das ein Zurückweichen der Württemberger zur Folge hatte. Lohbauer eilte mit seiner Kompagnie zur Unterstützung herbei und griff die schon weit vorgedrungenen Vorarlberger kühn an, als er einen Hals- und einen Brustschuß erhielt. Noch lebend wurde er aus dem Gefechte gebracht, kaum in seiner Wohnung niedergelegt, verschied er.

„Welk ist mein Kranz, geendet hat mein Dasein!
Die matte Flamme wankt im Hauch der Zeit,
Und meines Fluges kühner Flügelschlag
Verliert sich in ein schwaches Luftgesäusel. –
Ich bin gewesen."

Diese Worte hatte er in einer improvisierten Neujahrsfeier von 1808 auf 1809 einem Genius in den Mund gelegt. Jetzt war er selbst gewesen! Mit allen Ehren wurde er in Isny zu Grabe getragen. Freunde setzten ihm ein Denkmal mit der Inschrift: „Die Freundschaft und die Musen trauern hier an Lohbauers Grab." –
Als Lohbauer fiel, gehörte Land und Stadt Salzburg nach kurzem Bestande als Kurfürstentum unter dem ehemaligen Großherzog von Toscana zu Österreich, dem armen geschlagenen Österreich. Das Land selbst war verarmt, das Gewerbe lag darnieder, der einst blühende Handel regte sich nur in schwachen Zügen, die Beamtenschaft darbte, das Handwerk lohnte sich kaum mehr, überall war man miß- und kleinmütig, überzeugt, daß noch große Umwälzungen statt-

finden würden. War da ein Aufschwung zu erwarten, eine Besserung zu erhoffen? – Und dennoch war noch nicht alles Interesse am Schönen, alles Streben nach Idealem, aller Sinn für Kunst und Wissenschaft untergegangen. Das beweist uns die Liste der Abnehmer von Lohbauers Schriften. Und diese Liste läßt uns auch mit einer gewissen Richtigkeit ahnen, wer die persönlichen Freunde des Dichters in der Stadt und der nächsten Umgebung waren, welchen Kreisen sie angehörten, welche Lebensstellung sie einnahmen; sie lehrt uns aber auch Gesinnungsgenossen in allen Teilen des Landes kennen, das einst einen bedeutend größeren Umfang hatte; gehörte dazu ja das alte geistliche Stiftsland Berchtesgaden, dann der Chiemgau mit den Städtchen Laufen, Tittmoning, Mühldorf, Wasserburg. Werfen wir einen Blick auf die Bezieher aus der Stadt und deren Umgebung, so lesen wir Namen (ich nenne nur jene, die eine besondere Beachtung wegen ihrer damaligen oder späteren Stellung oder ihren Leistungen auf diesem und jenem Gebiete oder als Ahnen noch blühender Familien verdienen) wie: Landrat Hieronymus von Auer, Domherr Josef Graf Daun; Mautdirektionsbeamter Johann von Grimming, Mappierungsdirektor Anton Jirasek; Regierungsrat Franz de Paula Pichler; Staatsbuchhalter und Zeitungsredakteur Benedikt Pillwein; Mitterschreiber des Benediktinerstiftes St. Peter Franz Russegger; Regierungskonzipist Joachim von Schidenhofen; Hofrichter des Frauenstiftes Nonnberg Josef Seninger; die Regierungsbeamten Josef Strasser, Jos. Stöckl, Jos. Strobl; Stadtgerichtspraktikant Thaddä Susan, Beamter der Staatsbuchhaltung Anton Zezi; die Kaufleute Eiberger, Feyerle, Hacker (Kunst- und Musikalienhandlung), von Heffter, Mangin, Poschinger, Silverio, Spätz, Waizner, Wallner, Weidinger; Apotheker Georg Hinterhuber; den geistlichen Stand vertreten geistlicher Rat Severin Wallner, Coadjutor Fischer in Gnigl, die Coadjutoren Gobel und Pfäffl in Salzburghofen. Von den Professoren der alten Universität, die 1811 aufgehoben wurde, ist nur Ignaz Thanner verzeichnet; von Lehrern Peter Mayr; von Advokaten Georg Schiffer; noch sei der Goldarbeiter Franz Sturm erwähnt. Wenn die Damen Therese von Braun, Viktorie Eller, Kamille von Medin, Kunigunde von Sarve und andere angereiht werden, ergibt sich eine ganz schöne Liste von Verehrern und wohl auch persönlichen Freunden des schwäbischen Dichters. Auch außerhalb der Stadt Salzburg fand er seine Schätzer. Es seien erwähnt der Pfarrer Reiter in Amering, der Schullehrer Florian Daser in Aigen bei Salzburg; der Pfleger in Goldeck im Pongau Marx Jos. von Trauner; der Pfleggerichtspraktikant Rupert Glück in Golling, der Mitterschreiber (Gerichtsadjunkt) Albert Pichler in Hopfgarten (heute tirolisch), Rat und Pfleger Andreas Seethaler und Lehrer Jakob Unterberger in Laufen (heute bayrisch), der Pfleger Anton Wernsbacher und der Kameral-Brauamtsverweser Ernst von Weingarten in Lofer, der Pfleger von St. Michael im Lungau Johann Kurz von Goldenstein, der Rat und Pfleger von Neuhaus bei Salzburg Leopold Stanislaus Pfest, selbst poetisch nicht unbegabt; der Vikar auf dem Radstätter Tauern (an der alten Römerstraße an der Grenze von Pongau und Lungau, einem einsamen Kirchlein in der Nähe des uralten Gasthauses Wiesenegg) Simon Bittersam; der Oberschreiber (erster Gerichtsadjunkt) Cornel Schwarz in Thalgau; der Pfarrer Ludwig Kurz in Werfen. Im ganzen war das kleine Salzburgerland durch 64 Subskribenten in 16 Orten vertreten, – gewiß Zahlen, die Beachtung verdienen und – auf den Geschmack der gebildeten Klassen schließen lassen, – einem Geschmack, der sich seit den Tagen der „Oberdeutschen Litteraturzeitung" in bewußtem Gegensatze zu norddeutschem Empfinden erhalten und fast bis zu unseren Tagen fortgepflanzt hat.

Lohbauers Dichtungen sind heute wohl fast vergessen. Es soll auch nicht der geringste Versuch gemacht sein, sie wieder zum Leben zu erwecken. Nur das Eine soll gesagt und betont sein: auch das arm gewordene Städtchen und das ausgesogene Land hatte noch in schwerer Zeit der Not nicht alle idealen Bestrebungen aufgegeben und pflegte den Kultus des Schönen trotz alledem und alledem. Mögen die Nachkommen der Väter noch lange nicht nur die landschaftlich herrliche Lage der Stadt und des Landes preisen und daraus Gewinn ziehen, sondern auch, wozu die besten Anfänge gemacht sind, Kunst und Literatur sorgsam hegen und pflegen, um über die schweren Tage hinauszukommen, die den Deutschen beschieden sind! Dem Mutigen helfen die Götter, nur wer sich selbst aufgibt, ist verloren!

Bibliographische Angaben
und Kommentar

Mein erster Zeitungsartikel

Salzburger Volksblatt 1910, Nr. 197.

Die Namen von Professor Ignaz Zingerle, Widmanns Lehrer an der Universität Innsbruck, und des Herrn von Schüllern werden im Zeitungsartikel selbst nur mit Z. bzw. Sch. bezeichnet, im unter „Personalia Hans Widmann" im Salzburger Museum Carolino Augusteum (SMCA) liegenden Ausschnitt dieses Artikels sind sie jedoch handschriftlich aufgelöst.

Fiktive Lebensbeschreibung des Hansen Widmann von Mieringen als Vorrede zur ebenso fiktiven „Chronika der fürnemben, fürstlichen Vestung Hochen-Saltzpurg von der Römer Zeiten bis auf gegenwärtiges Jahr Christi 1650"

Der volle Titel lautet: Chronika der fürnemben, fürstlichen Vestung Hochen-Saltzpurg von der Römer Zeiten bis auf gegenwärtiges Jahr Christi 1650. Zu Nutz und Besten derer von Adel und Geistlichkeit, nit minder Burger und In-wohner der löblichen Stadt Saltzpurg, auch zureisenden frembden aus den be-währtesten auctoribus zusambengetragen durch Hansen Widmann von Mierin-gen, Sr. hochfürstlichen Gnaden von Saltzpurg Rath und Pfleger selbiger Vestung. Zum erstenmal in Druck ausgegangen und zu finden bei Hermannum Kerbern Buechfuerer und Verlegern in Salzburg 1895.

Das insgesamt 20 Druckseiten umfassende Heft ist zur Hauptversammlung des Deutschen und Österreichischen Alpenvereines im Jahr 1895 erschienen. Zur gleichen Veranstaltung wurden auch einige Räume der Festung mit Waffen aus dem Museum Carolino Augusteum geschmückt. Vgl. „Museum und Festung" in diesem Band.
Widmann hat den „Antonius Breitern von Wartstein im Mattiggau", also seinen Freund Anton Breitner, in das 17. Jahrhundert versetzt. Er wird als Pfleger des Fridolin Freiherr von Säkkingen bezeichnet, ein Bezug auf den Verfasser des Trompeters von Säkkingen, Joseph Victor von Scheffel, den Breitner verehrte. In seiner Villa in Mattsee richtete er ein Scheffel-Museum ein und gründete den Scheffelbund. Literatur zu Breitner siehe den Kommentar zu „Anton Breitner. Zu seinem fünfzigsten Geburtstage."

Wie's anno 1809 in Bad-Gastein aussah
(Nach handschriftlicher Quelle)

Salzburger Volksblatt 1895, Nr. 296, S. 5.

Der anonym erschienene Artikel liegt mit dem eigenhändig hinzugesetzten Namen Widmanns und einigen Korrekturen im SMCA unter „Personalia Widmann". Bezeichnenderweise wurde im gedruckten Artikel – wohl durch den Redakteur des Volksblattes – weggelassen, wo die Wanzen und Mäuse beseitigt werden müssen. Der Straubinger war schließlich 1895 eine angesehene Adresse.

Mit der „zuverlässigen Echtheit" der Thermometer im Bericht von 1809 war die volle Funktionstüchtigkeit und richtige Anzeige gemeint und nicht das Gegenteil einer Fälschung.

Schulzeitung
Zur Geschichte eines alten Schulhauses

Beilage zum Salzburger Volksblatt 1898, Nr. 259 und 265.

Es wurde schließlich doch eine neue Schule gebaut und fünf Jahre nach Erscheinen dieses Artikels, im Dezember 1903, eingeweiht. Sie kostete übrigens mit allen Nebenkosten umgerechnet 11.855 fl., also deutlich weniger, als die ursprünglich vom Unterrichtsministerium geforderte Variante.

Gottfried Steinbacher, Chronik der Gemeinde St. Martin am Tennengebirge, S. 163–166.

Der Kampf um die Zaunrith'sche Druckerei
(1801–1802)

Programm des k. k. Staatsgymnasiums in Salzburg 1901, S. 3–15.

Der Beginn des Buchdrucks in Salzburg wird inzwischen durch zwei Werke Hans Baumanns in das Jahr 1550 datiert. Aus der relativ langen Zeit zwischen dem Weggang Hans Baumanns 1561 und dem Beginn der ununterbrochenen Salzburger Druckereigeschichte mit Konrad Kürner im Jahr 1592 ist ein einzelner Druck von Christoph Elbacher aus dem Jahr 1573 bekannt geworden.

Hans Glaser, Salzburger Buchdrucker, in: Mitteilungen der Gesellschaft für Salzburger Landeskunde (MGSL) 98 (1958), S. 149–198.

Helmut W. Lang, Die Buchdrucker des 15. bis 17. Jahrhunderts in Österreich. Bibliotheca Bibliographica Aureliana 42, Baden-Baden 1972, S. 37–39.

Anton Durstmüller, 500 Jahre Druck in Österreich. Die Entwicklungsgeschichte der graphischen Gewerbe von den Anfängen bis zur Gegenwart. Bd. 1: 1482–1848, Wien 1982, S. 61–63, 136–145 und 317–324.

Christian Doppler
Der Entdecker des astrophysischen Prinzips

Salzburger Volksblatt 1903, Nr. 266, S. 1–3.

Zur Gedenktafel auf Christian Doppler: Rudolph Klehr, Gedenktafeln in der Stadt Salzburg (Salzburg Archiv 13), Salzburg 1992, S. 63 f.
Zu Biographie und Werk Christian Dopplers vgl. Helmuth Grössing und Karl Kadletz, Christian Doppler (1803–1853). 2. Bde. (Perspektiven der Wissenschaftsgeschichte 9), Wien–Köln–Weimar 1992.

Moderne Salzburger Dichter

Aus: Anton Breitner (Hg.), Randglossen zur deutschen Literaturgeschichte, Bd. 10 (1904), S. 19–29 (Wrede) und S. 48–59 (Sturm).

Friedrich Fürst Wrede:
Der in Salzburg geborene Friedrich Fürst Wrede (1870–1945) förderte die von ihm vertretenen humanistischen Ideale nicht nur in seinen Romanen, sondern auch, indem er sich an der Antisklavereibewegung des Kardinals Charles Martial Allemand Lavigerie beteiligte – übrigens der gleiche Lavigerie, dessen Bauten in Karthago und Algier Hans Widmann auf seiner „Thalia-Reise" besichtigte (vgl. den Artikel in diesem Band).
Adolf Haslinger und Peter Mittermayer (Hg.), Salzburger Kulturlexikon. 2. Aufl., Salzburg 2001, S. 567.

Bruno Sturm:
Bruno Sturm ist ein Pseudonym für Burghard Breitner (1884–1956). Er war der Sohn von Anton Breitner, mit dem Widmann befreundet war, und außerdem dessen Schüler am k. k. Staatsgymnasium in Salzburg (vgl. die Photographie auf Seite 63). Breitner wurde später ein anerkannter Mediziner; seine selbstlose Arbeit als Arzt in der russischen Kriegsgefangenschaft im und nach dem Ersten Weltkrieg trugen ihm den Beinamen „Engel von Sibirien" ein. 1951 kandidierte er für den VdU für das Amt des Bundespräsidenten.
Widmann entledigte sich der diffizilen Aufgabe, nämlich das moderne Werk des Sohnes von Anton Breitner, der der Moderne ja äußerst negativ gegenüberstand, in einer von eben diesem Anton Breitner herausgegebenen Reihe zu besprechen, mit der für ihn bezeichnenden Ausgewogenheit.
Seine Autobiographie „Hand an zwei Pflügen" erschien 1958 in Innsbruck. Zu seiner frühen literarischen Betätigung – das im Text besprochene Drama verfasste er 1901 mit siebzehn Jahren – vergleiche: Ernst Hanisch und Ulrike Fleischer, Im Schatten berühmter Zeiten. Salzburg in den Jahren Georg Trakls 1887–1914 (Traklstudien, Bd. 13), Salzburg 1986, S. 141 f. Zur Biographie Breitners nach seinem Weggang aus Salzburg vergleiche: Daniela Angetter, Skizzen aus dem Leben des Salzburger Chirurgen und Schriftstellers Burghard

Breitner, in: Bericht über den 23. Österreichischen Historikertag in Salzburg 2002 (Veröffentlichung des Verbandes Österreichischer Historiker und Geschichtsvereine 32), Salzburg 2003, S. 385–396.

Der letzte Schoppermeister
(Mit Notizen zur Salzachschiffahrt in früherer Zeit)

Salzburger Zeitung 1905, Nr. 293, S. 7.

Der Salzabbau am Dürrnberg wurde schon während der römischen Herrschaft (1. bis 5. Jahrhundert n. Chr.) aufgegeben.
Der Setzthaler oder Seßthaller führte am Schiff das Kommando und war keineswegs vorrangig für das Ausschöpfen des eingedrungenen Wassers zuständig.
Zu den Schoppern vgl. Ernst Neweklowsky, Die Salzachschiffe und ihre Erbauer, in: MGSL 100 (1960), S. 273–290. Der Autor verwendet unter anderem einen von Hans Widmann 1910 angelegten Auszug aus dem Handwerksbuch der Schopper von Salzburg; ebenda S. 285 f.
Zur Geschichte der Salzachschifffahrt vgl. Fritz Koller, Die Salzachschiffahrt bis zum 16. Jahrhundert, in: MGSL 123 (1983), S. 1–126 und Heinz Dopsch und Herbert Lämmermeyer, Laufen als Zentrum der Salzachschiffahrt, in: Heinz Dopsch und Hans Roth (Hg.), Laufen und Oberndorf. 1250 Jahre Geschichte, Wirtschaft und Kultur an beiden Ufern der Salzach, Laufen–Oberndorf 1998, S. 61–92.

Resigniert
Eine Salzburger Geschichte

Salzburger Volksblatt, Weihnachtsbeilage 1905, S. 9 f.

Die Verse wurden also schon im Jahr 1904 entdeckt und nicht, wie Eva Stahl meint, erst im Jahr 1905. Zur Flucht und Festnahme vgl. Eva Stahl, Wolf Dietrich von Salzburg. Weltmann auf dem Bischofsthron, Wien–München 1980, S. 334–358, zu den Versen S. 357 f.

Alte Häuser an der Salzach

Unterhaltungsbeilage der Linzer Tages-Post 1905, Nr. 16, S. 4.

Geehrter Herr Redaktionsrat!

Salzburger Volksblatt, Faschingsnummer vom 24. Februar 1906.

Widmann wurde kein „Briefkasteleinwurfsöffnungsdeckeloffenhalter", sondern doch noch ein Rat, nämlich ein Regierungsrat. Dieser Titel wurde ihm zu seinem 75. Geburtstag im Jahr 1922 verliehen. Das Pseudonym wird übrigens in dem im SMCA unter „Personalia Widmann" liegenden Ausschnitt dieses Artikels gelüftet, der aus seinem Nachlass stammt.

Michael Haydn
Ein Nachtrag zu seinem hundertsten Todestage
(10. August 1906)

Unterhaltungsbeilage der Linzer Tages-Post 1906, Nr. 41, S. 1–2.

Zu Michael Haydn, dessen Todestag sich 2006 zum 200. Mal jährt, vgl.: Gerhard Croll und Kurt Vössing, Johann Michael Haydn: sein Leben – sein Schaffen – seine Zeit, Wien 1987.

Das Linzer Tor in Salzburg

Unterhaltungsbeilage der Linzer Tages-Post 1906, Nr. 7, S. 1.

Zur Geschichte des Linzer Tores vgl. Walter Kirchschlager, Salzburger Stadttore, Salzburg 1985, S. 93–95. Zum Abriss des Linzer Tores und seiner Bedeutung für die Geschichte des Denkmalschutzes in Salzburg vgl.: Robert Hoffmann, Erzherzog Franz Ferdinand und der Fortschritt. Altstadterhaltung und bürgerlicher Modernisierungswille in Salzburg, Wien–Köln–Weimar 1994, S. 65 f. mit der älteren Literatur.

Schloss Fischhorn in Salzburg

Unterhaltungsbeilage der Linzer Tages-Post 1906, Nr. 14, S. 3.

Nach einem Großbrand im Jahr 1920 wurde Schloss Fischhorn im Pinzgau in dem Zustand, wie er zur Zeit der Chiemseer Bischöfe bestanden hatte, wieder aufgebaut.
Friederike Zaisberger und Walter Schlegel, Burgen und Schlösser in Salzburg. Bd. 1: Pongau, Pinzgau, Lungau, Wien 1978, S. 87–90.

Vom Mönchsberg in Salzburg:
Achleitner-Villa

Unterhaltungsbeilage der Linzer Tages-Post 1906, Nr. 50, S. 2.

Heute Mönchsberg 17, die folgenden Besitzer nannten das Gebäude Marien-Schlösschen oder Villa Kupelwieser.
Adolf Frank, Der Mönchsberg und seine Baulichkeiten, in: MGSL 70 (1930), S. 1–44, hier S. 22 f.

Oberndorf an der Salzach

Unterhaltungsbeilage der Linzer Tages-Post 1907, Nr. 39, S. 1.

Vgl. dazu Herbert Lämmermeyer, Das Hochwasser 1899 und die Verlegung Oberndorfs, in: Heinz Dopsch und Hans Roth (Hg.), Laufen und Oberndorf. 1250 Jahre Geschichte, Wirtschaft und Kultur an beiden Ufern der Salzach, Laufen–Oberndorf 1998, S. 270–276.

Christoph Braumann, Von der „Grünen Wiese" zur Stadt in hundert Jahren – Die Entwicklung Oberndorfs im zwanzigsten Jahrhundert, in: MGSL 141 (2001), S. 325–342.

Der projektierte neue eiserne Steg anstelle der 1907 gesperrten hölzernen Brücke wurde wegen fehlender Finanzierung nicht gebaut. Vielmehr wurde die hölzerne Brücke repariert, fiel jedoch 1920 einem Hochwasser zum Opfer und wurde nicht mehr aufgebaut.

Hans Roth, Die alte Laufener Salzachbrücke. Das Hochwasser als ständige Gefahr für Brücke und Stadt, in: Salzfass 31 (1997), Heft 1, S. 6–32, hier S. 30.

Befreier Tod

Salzburger Volksblatt 1907, Nr. 294, S. 5–7.

Die Person des Hans Jakob von Rost zu Aufhoven und Khelburg ist historisch. Er ist für die Jahre 1645–1646 als Pflegsverwalter von Lichtenberg (nicht Lichtenfels) für den Pfleger Ferdinand Gottlieb Freiherr von Rehlingen belegt. Vgl. dazu: Chronik Saalfelden. Bd. 2, Saalfelden 1992, S 801, wo allerdings die Unterscheidung zwischen (Absent)-Pfleger und Pflegsverwalter nicht durchgängig getroffen wird.

Zu Rehlingen als Pfleger vgl. auch Franz Martin, Beiträge zur Salzburger Familiengeschichte, 21. Rehlingen, in: MGSL 73 (1933), S. 146.

Die Geschichte selbst ist hingegen wohl nicht historisch.

Faschingsbelustigungen in Salzburg im Jahre 1614

Unterhaltungsbeilage der Linzer Tages-Post 1908, Nr. 8, S. 1 f.

Zu Johann Stainhauser und seinem Werk siehe: Hans Ospald, Johann Stainhauser. Ein Salzburger Historiograph des beginnenden 17. Jahrhunderts (1570–1625), in: MGSL 110/111 (1970/1971), S. 1–124.

Zu den Faschingsumzügen und Quintanarennen unter Marcus Sitticus von Hohenems (1612–1619) vgl.: Eva Stahl, Marcus Sitticus. Leben und Spiele eines geistlichen Fürsten, Wien–München 1988, S. 230–248.

Anton Breitner
Zu seinem fünfzigsten Geburtstage

Salzburger Volksblatt 1908, Nr. 64, S. 1–3.

Zu Anton Breitner, der übrigens im selben Jahr 1928 wie sein Freund Hans Widmann starb, vgl. Ernst Hanisch und Ulrike Fleischer, Im Schatten berühmter Zeiten. Salzburg in den Jahren Georg Trakls 1887–1914 (Traklstudien, Bd. 13), Salzburg 1986, S.132–136.
Zuletzt Renate Ebeling-Winkler, In Scherben tischt auf sein jüngstes Gericht ... Anton Breitners „Literarisches Scherbengericht" (SMCA Kunstwerk des Monats 10. Jg., Blatt 115), November 1997. Dieselbe, Vom Reiz der Verwandlung. Anton Breitner: Die Rose von Wien (SMCA Kunstwerk des Monats 11. Jg., Blatt 122), Juni 1998.

Joachim Haspinger
(Zur Enthüllung der Gedenktafel am 25. März)

Salzburger Volksblatt 1908, Nr. 69, S. 1–4.

Hans Kramer, P. Joachim Haspinger (Schlern-Schriften 41, 1938), Innsbruck 1938. Noch zu Haspingers Lebzeiten ist in Salzburg eine Biographie erschienen: Anton von Schallhammer, Joachim Haspinger, Salzburg 1856.

Das alte Salzburger Schloß Kropfsberg

Salzburger Volksblatt 1908, Nr. 150, S. 2–5.

Es kam zum Glück nicht zum Äußersten, die Ruine wurde nicht abgebrochen und auch kein Landhaus erbaut. 1945 wurde der Palas (= Berchfrit) jedoch durch Bomben weiter beschädigt. In der zweiten Hälfte des 20. Jahrhunderts wurde dem Verfall der Ruine durch Sicherungsarbeiten Einhalt geboten.
Dehio-Handbuch. Die Kunstdenkmäler Österreichs – Tirol, Wien 1980, S. 637 f.

Vom Markte Werfen

Unterhaltungsbeilage der Linzer Tages-Post 1908, Nr. 39, S. 1 f.

Zu Werfen allgemein vgl. Fritz Hörmann (Hg.), Chronik von Werfen, Werfen 1987. Zur Pfarrkirche siehe Fritz Hörmann, Die Pfarrkirche in Werfen, ebenda, S. 350–352 und 354, auch zu den beiden Grabdenkmälern von Franz de Berti und Anton Sauter. Eine Auflistung der Grabdenkmäler, zum Teil mit Beschreibungen, jedoch ohne Inschriften in: Franz Martin, Die Kunstdenkmäler des Landkreises Bischofshofen (Ostmärkische Kunsttopographie [= Österreichische Kunsttopographie] Bd. 28), Baden 1940, S. 208 f.

Die Herleitung des Namens Werfen aus dem Slawischen ist überholt. Er hat seinen Ursprung im mittelhochdeutschen „werve", was „Wirbel, Strudel" heißt und sich auf die Salzach am Fuß der Burg bezieht. Franz Hörburger, Salzburger Ortsnamenbuch (MGSL 9. Erg.-Bd.), Salzburg 1982, S. 153.

Diana cacciatrice
Den Jägern Salzburgs zum Hubertustage 1908

Salzburger Volksblatt 1908, Nr. 249, S. 1–3.

Erwin M. Auer, Die adelige Sozietät der Diana Cacciatrice", in: Ordenskunde 55, Berlin 1980, S. 623–651.
Der Superieur der Salzburger Sozietät, der Salzburger Dompropst Vinzenz Josef von Schrattenbach, dürfte der eigentliche Gründer des Salzburger Zweiges gewesen sein, da er schon seit 20. Februar 1785 Mitglied der Wiener Sozietät war. Vgl. dazu Erwin M. Auer, Die Mitglieder der Wiener adeligen Societät der „Diana Cacciatrice", in: Adler. Zeitschrift für Genealogie und Heraldik, Bd. 13 (1983), Heft 4, S. 110–117, hier S. 113, Nr. 107.
Die beiden zitierten Drucke sind im SMCA nicht auffindbar und dürften zu den Kriegsverlusten gehören.

Hans Makart
Zur Erinnerung an die fünfundzwanzigste Wiederkehr seines Todestages

Salzburger Volksblatt 1909, Nr. 224, S. 1–3.

Arpad Weixlgärtner, Hans Makart, in: Neue Österreichische Biographie 1815–1918, Bd. 6, Wien 1929, S. 15–43.
Emil Pirchan, Hans Makart, Wien 1954.

Der Hexenturm in Salzburg

Unterhaltungsbeilage der Linzer Tages-Post 1909, Nr. 36, S. 2 f.

Zwei Pläne des Hexenturms (Grundriss und Schnitt) bringen Hans Tietze und Franz Martin, Die profanen Denkmale der Stadt Salzburg (Österreichische Kunsttopographie Bd. 13), Wien 1914, S. 289. Zu Umbau und Verwendung als Gefängnis für die „Hexen" 1678: Hans Nagl, Der Zauberer-Jackl-Prozeß. Hexenprozesse im Erzstift Salzburg 1675–1690. Teil 1, in: MGSL 112/113 (1972/1973), S. 385–539, hier S. 502 f.
Der Hexenturm wurde beim zweiten Bombenangriff auf Salzburg am 11. November 1944 beschädigt und beim dritten vom 17. November 1944 völlig zerstört. Erich Marx, „Dann ging es Schlag auf Schlag". Die Bombenangriffe auf

die Stadt Salzburg, in: Derselbe (Hg.), Bomben auf Salzburg. Die „Gauhauptstadt" im „Totalen Krieg" (Schriftenreihe des Archivs der Stadt Salzburg 6), Salzburg 1995, S. 200 f. und S. 218, Abb. S. 213.

Die vorgeschichtliche Höhlenwohnung bei Elsbethen (Salzburg)

Unterhaltungsbeilage der Linzer Tages-Post 1910, Nr. 16, S. 1 f.

Die erwähnten römischen Mauerreste in Morzg und die Funde der Höhlenwohnung in Elsbethen haben dem gerade 24 Jahre alten Martin Hell (1885–1975) zur ersten von weit über tausend Publikationen verholfen: Jahrbuch für Altertumskunde 3 (1909), Sp. 202a–205a und 208a–209b.
Zu Martin Hell vgl. Kurt Willvonseder, Martin Hell und die ur- und frühgeschichtliche Forschung in Salzburg, in: MGSL 101 (1961) (= Festschrift Martin Hell zum 75. Geburtstag), S. 91–112. Literaturverzeichnis ebenda, S. 1–89. Ernst Penninger, Martin Hell zum Gedenken, in: Gedenkschrift für Martin Hell (MGSL 6. Erg.-Bd.), Salzburg 1977, S. 3–6.

Das Rathaus in Salzburg

Unterhaltungsbeilage der Linzer Tages-Post 1910, Nr. 26, S. 1 f.

Aus Anlass des 600-Jahr-Jubiläums des Salzburger Rathauses erscheint 2007 im Rahmen der Schriftenreihe des Archivs der Stadt Salzburg ein Sammelband mit Beiträgen u. a. von Wilfried K. Kovacsovics, Peter F. Kramml und Wilfried Schaber.

Bäder und Badeärzte in Gasteins älterer Zeit

Salzburger Volksblatt 1910, Nr. 227, S. 8.

Mausoleum und Gruft des Erzbischofs Wolf Dietrich

Salzburger Volksblatt 1911, Nr. 58, S. 1 f.

Zum Friedhof, Mausoleum und besonders zu den Öffnungen der Gruft Wolf Dietrichs von Raitenau vgl. Conrad Dorn, Der Friedhof zum Hl. Sebastian in Salzburg, Salzburg 1969.

Bäuerliches Empire

Unterhaltungsbeilage zur Linzer Tages-Post 1911, Nr. 19, S. 1 f.

Irma von Troll-Borostyáni (Gestorben 10. Februar 1912)

Salzburger Volksblatt 1912, Nr. 34, S. 6 f.

Zwei Jahre später schrieb Widmann als Einleitung zu den von der Schwester Troll-Borostyánis, Wilhelmine von Troll, herausgegebenen kleineren Schriften eine ausführlichere Lebensskizze. Fünf Jahr nach ihrem Tod erinnerte Widmann neuerlich an sie, der Artikel erschien auf der ersten Seite (!) des Salzburger Volksblattes, umgeben von Berichten über die Kriegslage. Salzburger Volksblatt 1917, Nr. 38, S. 1 f. Eine aktuelle Biographie von Christa Gürtler findet sich in: Christa Gürtler (Hg.), Irma von Troll-Borostyáni. Ungehalten. Vermächtnis einer Freidenkerin (Salzburg Bibliothek 2), Salzburg–Wien 1994, S. 9–57.

Der Pegasus

Salzburger Volksblatt 1912, Nr. 102, S. 1 f.

Der Pegasus wurde im Jahr 1913 auch wirklich im Mirabellgarten aufgestellt, wo er heute noch steht. Franz Martin, Kunst in Salzburg. 6. Aufl., Salzburg 1987, S. 195.

Von der „Thalia"-Reise der österreichischen Flottenvereins-Ortsgruppe Meran-Mais

Salzburger Volksblatt 1912, Nr. 130, S. 1–3, Nr. 143, S. 1–5.

Die Thalia war ein 1886 gebautes Schiff, das der Österreichische Lloyd im Jahr 1907 zu seinem ersten Vergnügungsdampfer mit Platz für 164 Passagiere umbaute. Dieter Winkler und Georg Pawlik, Der Österreichische Lloyd 1836 bis heute, Graz 1989, S. 38 und 154 f.
Der Österreichische Flottenverein hatte sich die Förderung der österreichischen Seefahrt zur Aufgabe gemacht. Im Jahr 1912 hatte er weit über 20.000 Mitglieder.

Die Weitmoser

Salzburger Volkblatt, Salzburger Weihnachtsheft (Kalender) 1912, S. 75–89.

Der Salzburger Bergbauhistoriker Fritz Gruber arbeitet an einer Biographie über Christof Weitmoser, die auch neue Informationen zur übrigen Familie bringen wird. Damit wird eine merkbare Forschungslücke geschlossen werden. Zum 500. Geburtstag Christof Weitmosers fand im September 2006 ein Symposium im Weitmoserschloss in Bad Hofgastein statt, in dessen Vorträgen er und seine Zeit aus technisch-bergmännischer, wirtschaftlicher, sozialer und kunstgeschichtlicher Sicht beleuchtet wurden. Der Tagungsband dazu wird im Laufe des Jahres 2007 erscheinen.

Museum und Festung

Salzburger Volksblatt 1917, Nr. 22, S. 3 f.

Es sollte noch bis in das Jahr 1952 dauern, bis die von Widmann vorgeschlagene Aufstellung eines Teils der Museumssammlung in der Festung als Dauerausstellung Wirklichkeit wurde. Vgl. Jahresschrift des Salzburger Museums Carolino Augusteum 1 (1955), Salzburg 1956, S. 149.

Die gelungene Neuaufstellung des Festungsmuseums des Jahres 2000 zeigt, wie wirkungsvoll die schon von Hans Widmann angeregte „Inszenierung" von Museumsstücken sein kann.

Wesentlich früher wurde das Rainermuseum in der Festung verwirklicht. Schon im Februar 1918, also noch während des Ersten Weltkrieges, begann die Adaptierung der Räumlichkeiten für das Museum, das schließlich im April 1924 von Landeshauptmann Franz Rehrl eröffnet wurde. Vgl. Führer durch das Museum des ehemaligen salzburgisch-oberösterreichischen Inf.-Reg. Erzherzog Rainer Nr. 59, Salzburg o. J. (1928), S. 3–5.

Abt Willibald Hauthaler von St. Peter
Ein Gedenkblatt zu seinem fünfzigjährigen Priesterjubiläum

Salzburger Volksblatt 1918, Nr. 170, S. 2 f.

Zu Willibald Hauthaler (1843–1922) vgl. Friederike Zaisberger, Willibald Hauthaler als Historiker, in: Ägidius Kolb (Hg.), Festschrift St. Peter zu Salzburg 582–1982 (Studien und Mitteilungen zur Geschichte des Benediktinerordens und seiner Zweige 93, 1982), Salzburg 1982, S. 335–360.

Der Lohbauer
Ein Beitrag zur Geschichte des geistigen Lebens
im alten Salzburg

Florian Asanger, Karl d'Ester und Hans Ludwig Rosegger (Hg.), Deutsch Österreich. Ein Heimatbuch, Leipzig 1923, S. 398–404.

Hermann Niethammer, Karl Lohbauer. Hauptmann und Dichter (1777–1809), in: Hermann Haering (Hg.), Schwäbische Lebensbilder 5 (1950), Stuttgart 1950, S. 179–191.

Zu Carl Mayr, in dessen Haus Hans Widmann die Arbeitsgrundlage für seinen Beitrag über Karl Lohbauer fand, vgl. Walburg Schobersberger, Carl Mayr und sein Umkreis, in: Alfred Stefan Weiß, Karl Ehrenfellner und Sabine Falk (Hg.), Henndorf am Wallersee, Henndorf 1992, S. 351–371.